U0858231

盛唐格局

——唐太宗的国家治理

韩 昇 著

中国方正出版社

目　录

第三编　建设核心价值观和主流文化

引　子

唐太宗面临的烂摊子

在中国古代许许多多的王朝里面，大家公认最为辉煌鼎盛的时期是唐朝，这就是今天许多人想从唐朝的历史中探寻强国盛世奥秘的原因。每一个时代都是在前人给它留下的基础上开始建设的，那么，唐朝接手的是怎样一个摊子呢?

要回答这个问题，我们稍微从纵向观察一下中国古代的历史，就能够看出一些端倪来。

自从秦始皇建立集权制王朝以来，直到最后一个清王朝，除了像宋朝和辽、金、元这种抵抗外部入侵的长期对峙的类型之外，改朝换代基本在几年的时间内完成。唐朝到宋朝之间，有一个五代十国的分裂时代，最多也就是 53 年。然而，从东汉灭亡到唐朝建立的这段时间，新旧王朝的交替显得特别艰难，国家分裂的时间压倒性地长于统一的年代。如果从东汉末年的董卓被杀，朝廷实际上名存实亡的公元 192 年算起，一直到唐朝建立的公元 618 年，总共 426 年。其间统一仅仅出现过两次，第一次是西晋统一了 37 年，其中只有 10 年是有效统治；第二次是隋朝统一了 29 年，统一时间加起来为 66 年，有效的统治也就是 39

年。也就是说，在这四百多年的岁月里，有效的统一仅仅只有十分之一的时间，这在整个中国古代史上是不是空前绝后呢？

分裂有分裂的原因，需要我们仔细将它寻找出来，绝不能让它成为一笔糊涂账，仿佛中国历史就是一个周而复始、不断重复的轮回，或者把它称作所谓的“黄宗羲定律”。这样粗糙地看待历史，就看不到每个具体历史时代的个性。抹杀个性抽象出来的所谓共性是不存在的，至少是不真实的。就像一个人去了动物园回来，别人问他看到了什么？他说看到了动物，吃了睡，醒了吃。至少也应该弄清楚动物里面有老虎、狮子和猴子等种类，而且在人的调教下，狗狗会给小老虎当奶妈，这在自然界恐怕见不到吧？

这么漫长的分裂原因在哪里呢？每一本书都可以举出十条八条来，我想要找出长期而且最深刻影响的因素，有这么三条：

第一条是国家意识形态崩溃所带来的信仰危机。西汉王朝留给后世最宝贵的财产，是建立起以儒家思想为主的统一的意识形态，构成汉民族的共同价值观和行为准则，相信公平正义，崇尚道德。而东汉王朝的灭亡，首先是因为腐败和政府对代表公正的清流官员和士人的镇压，它造成社会不再相信儒家的学说，把美好的道德追求视为包藏险恶的虚伪，大家一起来反对儒家学说，以为是在破除思想的束缚，追求个性的解放。然而，新的社会道德应该是什么，前进的方向在哪里？谁都不知道，破而不能立，大家便在迷茫和怀疑中沉沦，士人整天喝酒，用酒来麻痹内心的空虚，做出许多荒诞奇怪的事情来。比如大家聚在一起，赤身裸体，大碗大碗喝酒，喝醉了一起学驴叫。客人来了，主人裸体相见，客人觉得主人失礼了，主人却说天地是我的房子，房子是我的衣裤，是你钻进了我的裤裆里来，怎么能怪我失礼呢？

这些看似荒诞怪异的言行，反映的是信仰崩溃下的迷茫失落。没有精神的凝聚力，哪会有稳固的国家呢？

第二条是残酷的民族斗争造成的血海深仇。胡族以少数人口进入中原，统治广大的汉族，除了依靠军事力量进行镇压之外，更要命的是挑动民族仇恨，鼓励外来民族奴役汉族，用外来文化更换汉族文明。例如羯族建立的后赵皇帝石虎，算命术士告诉他汉族人多，羯族的气运快要衰落了。石虎很紧张，赶忙求教对策，术士教他兴建大型工程，抓汉人做苦力，借机把他们折磨死，把汉族的气运压下去。石虎以残暴出名，他听了这话，几十万汉族人就遭了殃，凄惨万状，原来名为修建工程实际却是有计划的大规模屠杀。这样的事例在五胡十六国时代屡屡见到。百年残杀，几百年民族压迫，结下了很深的民族仇恨。没有民族和解，呈现出来的就是充满仇恨的撕裂的社会，国家就失去了基础。

第三条是构成社会的基础细胞——乡里组织瓦解。信仰崩溃和残酷的战争，使得整个社会离心离德，乡里社会全面瓦解。民众自发武装起来抵御外来入侵，在各个险要的地方建立据点，自己保卫自己，当时称这种民众自发的武装为“坞壁”，完全独立于国家政权组织之外，渐渐形成为新的自立的乡村组织。根据史书和新发现的当时的史料表明，这种乡村组织遍布整个北方。这就解释了为什么五胡十六国时期建立的许多政权都像走马灯一样很快破灭，因为这些王朝都没有乡村的基础。就像一棵树没有根，生存都困难，更不用说枝繁叶茂。

这三条都凑到一起，那是一个什么样的局面呢？信仰崩溃、民族仇恨、乡里瓦解，还有比这更加严重的吗？所以，东汉灭亡以后，不仅仅是政权更替、战争不断，最可怕的是社会四分五裂，几乎成了一片废墟。不管王朝灭亡的理由有多少条，大多数讲的都是大家看得到的表象，我认为这三条不容易看出来的因素才最为要害。

能够看透历史的人还真不多，就说当时许许多多的政治人物，他们都没有看出来，远远低估了问题的严重性，以为只要国家的控制力大幅度加强，就能够重整社会，恢复统一。如果真的那么简单，事情就好办了。曹操首先自告奋勇，一生都在寻找马上见效的点子，鼓吹急功近利，建立这样一些制度和政策。比如农村的土地被官僚兼并，农民流离失所，他采取的办法是把农民招募为士兵，让他们去种官田，流民解决了失业问题，朝廷收取很重的租税，解决了粮食危机，一举两得。这种做法很见效，但是并没有解决土地兼并的根本性问题，只是临时性的办法，实质是用国家暴力代替权贵的私人暴力。曹操把它变成长期性的国家制度，很快问题就浮现出来了，因为军官腐败，不但官田被侵占，农民也成为军官的依附人口，问题变得更加严重。西晋夺取政权之后，很快就把曹操的这个制度给废除了。

这不是曹操一个人的问题，几乎是当时所有政治人物的通病，他们没有抓到病根，却一个劲儿地下猛药，都想通过急功近利的办法，用高压的手段快速取得成功。好比一个病得东歪西倒的人，不乱动他，可能还能够多撑几天。可是遇到了急性子的江湖医生，几帖重药，不但没有治好病，反而治一次重一次，乱治比不治还惨。

医治病入膏肓的人，首先要找到病根，其次要有耐心，第三是医生要有爱心，真正为病人操心。唐太宗治国，就是从这三条入手的。

“贞观之治”的新画卷

四百多年的分裂动乱，对于国家的伤害是巨大而深刻的，不但社会瓦解、人心溃散了，而且还带来了统治者急功近利的狂躁，眼光短浅，治国无方，给分裂的国家造成更大的伤害。但是中华文明为什么没有因此而泯灭，而是历经劫难而凤凰涅槃、浴火重生呢？原因就在于它深厚而坚韧的文化力量，以及在这种文化教育下不屈不挠的人民，养育出具有民族情怀、博大胸怀和长远眼光的人物，唐太宗及其领导阶层就是其中的杰出代表。

他们通过对历史的洞察，看到了治理国家已经到了改弦更张的大转折时代。他们勇敢地挑起了这副重担，首先，实现了领导集体自身的转变，打铁还得自身硬；其次，成功进行了从军事斗争向和平建设的转型，告别急功近利的军国体制；第三，牢牢树立起以文德治国的思想，以民为本，藏富于民。在唐太宗治理的二十多年中，中国重新站立起来了，和往日的残败形成鲜明的对照，以它的大气磅礴、包容寰宇，展现出民生的富裕和文化的灿烂，成为世界人类史上一个让人永远怀念的辉煌时代。

对于唐朝，后代有识之士都给予高度的评价。宋朝著名政治家、历史学家欧阳修在《新唐书·北狄传》中曾作过这样的评价："唐朝之德十分广大，苍天之下，都臣属于她；四海之内，都成为郡县之地，天下共尊唐朝天子为'天可汗'。自从尧、舜、禹三代以来，没有能超过如此盛大的朝代。以至边远荒地的酋长，要获得唐朝册封才能立国，一旦悖礼不顺，马上被征伐俘虏。蛮夷的珍宝，竞相献于朝廷。……所以说：治己治人，只有圣人才做得到。"这是多么高的评价！我们知道，宋朝也是一个文治繁荣的时代。可是，欧阳修站在宋朝人的立场上，以一名历史学家的洞察，他深深地感到宋朝不能超过唐朝。

这不仅是宋朝人的看法，一直到明朝，中国国力再次强大的时代，明宪宗还是盛赞唐朝为尧、舜、禹三代以来治理得最好的王朝，其中又以唐太宗的"贞观之治"最为繁盛，后人几乎是可望而不可即。他的仰慕之情溢于言表，都留在他为《贞观政要》撰写的序文当中。

当代学者向达评价唐朝道："李唐一代之历史，上汲汉、魏、六朝之余波，下启两宋文明之新运。而其取精用宏，于继袭旧文物而外，并时采撷外来之菁英。两宋学术思想之所以能别焕新彩，不能不溯其源于此也。"（向达《唐代长安与西域文明》）

而我之所以认为唐朝是最好的盛世，是因为我觉得它具备了有利于人的发展和社会进步的几个特质：

• **政治清明**。什么是政治清明的时代呢？我想政治清明的时代起码是一个民主的时代，一个公平的时代，一个讲正义的时代，一个坚决反对腐败的时代。从这个意义上来讲，我们可以说，唐朝是一个政治清明的时代。

• **制度先进**。在中国的历史上，唐朝所以受人尊敬，就因为它拥有一整套先进的制度体系，例如中央朝廷的“三省六部制”。这个制度体现了在古代这个框架内最大限度的民主，对权力进行合理的配置和制约。这个制度让周边国家感觉到很大的优越性，心悦诚服向它学习。

• **法制健全**。先进的制度一定要落实到法律层面上，通过法律规定来保障制度的稳定和延续。唐朝法律对社会生活的方方面面有着严格规定，它不是有多少部法律的问题，而是建构了一套完整的法律体系，这就是有名的律、令、格、式。这一体系从四个层面严格规范政府和社会的行为，用法的公正和权威构成唐朝长期稳定和繁荣的基石。唐朝的法律体系，对于东亚世界产生了非常广泛而深刻的影响，成为古代东方法制史上的一座丰碑。

• **文化昌盛**。盛世一定是文化大繁荣的时代。在唐朝，高度的社会开放和多元文化精神，形成中外文化大交流，促成了儒学、道教和佛教的三教合一，出现了诗歌、绘画、音乐、舞蹈、服饰等文学艺术空前灿烂的盛大局面。唐朝成为世界思想文化的大舞台。

• **经济繁荣**。我们讲的经济，不只是讲经济总量高，更重要的是要讲老百姓的感受，只有老百姓享受到了经济繁荣的好处，我们才能说这是一个经济繁荣的时代。唐朝提出藏富于民的治国理念，目的就在于此。

• **军事强大**。盛世必须有强大的军事力量作支撑，而不能像宋朝那样军事不振，被动挨打。但是，军事强大不是为了穷兵黩武、向外扩张，而是用来保卫国家不受欺负，赢得人们的尊重。

国家做好了这六个方面，成为老百姓强大的靠山，对内产生强大的凝聚力，对外形成巨大的吸引力。生活在这样的国度，老百姓感到幸福，感到自豪。同时，盛世不仅对于国家有要求，对于公民也有一定的标准，如果只是不断地追求金钱和物质，富裕而内心空虚，珠光宝气却行为粗鄙，那绝不会赢得人们的尊重，反而招人鄙视。那么，如何做一个与高度繁荣的社会相适应的公民呢？我想应该具有以下几点：学而有礼、富而有品、强而谦恭、远见卓识。

也就是必须成为有学养内涵，气质高雅，平等待人，并且洞察古今演变大势的人，才会获得世人的尊敬。作为个人，可以成为师表；作为国家，可以引领世界。所以，每当人们提起唐朝，首先想到的一定不是物质的丰富，而是绚丽多彩的诗歌，以及李白、杜甫、王维、李商隐、刘禹锡、白居易等一大批个性鲜明、才华横溢的士人，那种感动，刻骨铭心。无论是当时，还是千年以后的今天，对于唐朝，无需多说什么，只要一提起它的名字，便会引来敬仰的目光。盛世就这么简单，让老百姓感受到，让世人为她自豪，千言万语的介绍都凝结成这么一句朴实无华的话，不需要更多的说明来画蛇添足，就在那一瞬间让你真正体会到什么是盛世。

“贞观之治”的宝典：《贞观政要》

如此辉煌的唐朝，是如何在这么短的时间内建成的呢？这几乎成为一千多年来人们一直在探索的奥秘。

唐朝以后的历朝历代，执政者也都想要好好治理国家。然而，想到了不等于做到了，即使已经开始做了，也不一定能做好。盛世这条辉煌的路，不是用金子粉饰出来的，而是用最为朴实、最贴近民众的砖石一米一米向前铺成的。所谓最朴实、最贴近民众的砖石，那就是我们的优良传统和古今中外的历史经验。

古往今来，任何一个强大的世界帝国，都是在吸取人类文明的成就之上建立起来的，西方第一个世界帝国——罗马帝国，就是在继承希腊文化的基础上建立的。中国出现的唐朝盛世，也是在充分吸收汉族及其他各民族文化的基础上打造的。迄今为止，人类文明史上的盛世，没有一个是在彻底摧残传统文明的废墟上建立的。因此，继承本民族的优良传统和吸收其他民族的文化养分，是构建盛世的重要基础。

作为唐朝的开国帝王，唐太宗给后人留下了什么成功治国的宝贵经验呢？我觉得主要在两个方面：第一个是奠定国家的规模和格局；第二个是开创了国家的规矩和风气。中国的传统是敬重祖宗，所以第一代立下的规矩，往往就成为“祖训”“祖制”，长远而深刻地影响后人。

在传世的历史记载中，唐太宗的政治遗产还是比较丰富的，其中系统性的总结就是《贞观政要》这部宝典。这部书，对于治理国家，乃至对于个人励志成才，都是难得一见、不可不读的好书。经历过明末清初两代的著名思想家王夫之说，读《贞观政要》“可以知治，可以知德，可以治学矣”。

《贞观政要》是唐朝杰出的史学家吴兢撰写的。

吴兢出生在唐高宗总章二年（669 年）前后，死于唐玄宗天宝八载（749 年）。从他懂事以来，经历了高宗、武则天、中宗、睿宗和玄宗时代，特别是从武则天时代起，他进入朝廷的史馆担任史官，接触到大量的官方档案，目睹了唐朝政治的起起落落、风云变幻，看到了唐玄宗上台以来的拨乱反正，经济快速增长，唐朝进入鼎盛时代。从武则天实行高压政治，大规模清洗官员，人人自危，到唐玄宗时代的“稻米流脂粟米白，公私仓廪俱丰实”（杜甫诗句），唐朝社会一派歌舞升平的盛世景象。前后对比，吴兢应该感到非常的满足和欣慰，尽情享受经济的繁荣。

然而情况并非如此。在经济快速增长的背后，是贫富差距快速拉大，同一位诗人杜甫，还写下了“朱门酒肉臭，路有冻死骨”的诗句。

而且，吴兢还看到让他更加担心的情景，那就是统治者陶醉在经济成就之中，已经失去了当年励精图治的锐气，根本不愿意正视社会深层次的矛盾。任何一个社会，任何一个时代，都存在着各种各样的社会矛盾和弊病，正视问题，殚精竭虑从根本上、制度上去解决，那是清明政治的开端。回避问题，掩盖问题，甚至粉饰问题，禁止别人触及问题，那就是政治走向衰败的表现。从开元后期开始，唐玄宗已经显现出政治上的懈怠，重用李林甫这样的“能吏”替他打理朝政，自己越来越耽迷于享乐，听不进不同意见，经常超越铨选程序和制度规定任用自己喜欢的人，形成了朝中李林甫和杨国忠任人唯亲、一手遮天，边疆要地则是安禄山、史思明等藩将手握重兵、觊觎朝堂的局面。在经济繁荣的外表掩盖下，腐败在人们不以为意之中快速蔓延，唐朝的政治形势实际上已经危如累卵。身为直言敢谏的史臣，吴兢非常了解历史的经验教训，他很想提醒唐玄宗注意当下的形势。

直言上书难以被唐玄宗所接受，吴兢只能另外想办法。他利用自己的史臣身份，把唐太宗治理国家的成功经验，采撷其中最具有启示的部分，编撰成书，命名为《贞观政要》。“贞观”是唐太宗的年号，而“贞观之治”被唐朝历代皇帝视为崇高的榜样，唐太宗施政的历史经验便是《贞观政要》。由此可见，吴兢用心良苦，想利用祖训，拿“贞观之治”作为尺度，引导唐玄宗纠正偏差，重新走上唐太宗治国的正确道路。

出于这个目的，吴兢从唐太宗时代众多的档案中，选择了唐太宗和大臣们对于如何治理好国家的深入讨论、影响深远的诏书和奏章、历史事件、人物传记等，采撷节录，分门别类，构成十卷四十篇，涉及政治、经济、文化、制度、军事、礼仪、教育等国家事务的主要方面，尤其对于治国的理念和基本方针，有非常深入的记述。

吴兢以史为鉴、论史谏今的目的似乎没有达到，开元十九年（731年），他被贬出史馆，到荆州担任司马。此后他一直在地方官上迁转，历任台、洪、饶、蕲四州刺史，虽然他十分希望能够重新回京担任史官，但是，当政的李林甫却以他年老为由，不予任用。天宝八年（749年），吴兢终老于家中。六年之后，“安史之乱”爆发了，吴兢的担心变成了事实，所幸的是他没有遭罹这场劫难。

《贞观政要》这部治国宝典的出现，是吴兢心血来潮的偶然之作，还是对唐太宗及其“贞观之治”的吹捧溢美？都不是。即使吴兢非常赞赏唐太宗，但在书中也不乏对唐太宗过失的记载和批评。这样一部以当时的历史记载和历史文献辑录而成的著作，所反映的究竟是吴兢的政治思想，还是唐太宗的治国理念及其经验呢？

有一本书对于回答这个问题至关重要，那就是唐太宗晚年编纂的《帝范》。这部书是唐太宗对于历史上治国经验与教训的整理，也是对于自己治理唐朝二十多年的总结。编纂这部书，不是为了自我夸耀，宣传粉饰，而是为了传给接班人太子李治，让他好好学习，继往开来。因此，这部书无疑体现了唐太宗的政治思想。如果把《帝范》和《贞观政要》作比较，很多问题便可以豁然明朗。先来看看两书的构成及其目录：

《帝范》篇目	《贞观政要》篇目
《君体》	《君道》《政体》
《建亲》	《封建》
《求贤》	《任贤》
《审官》	《择官》
《纳谏》	《纳谏》
《去谗》	《杜谗邪》
《戒盈》	《谦让》
《崇俭》	《俭约》
《赏罚》	《刑法》
《务农》	《务农》
《阅武》	《征伐》《安边》
《崇文》	《崇儒学》《文史》

《帝范》十三篇，去掉总结性的最后一篇，共十二篇，唐太宗告诫李治道：“此十二条者，帝王之大纲也，安危兴废，皆在兹乎。”唐太宗视为最重要的十二个方面，全部吸收在《贞观政要》里面。在此基础上，吴兢又增加了二十五篇，构成四十篇。所增加的有伦理道德等文治的内容，还有农耕赋税等国家施政以及言行举止的休养等篇目。特别是第十卷，列有《论行幸》《论畋猎》《论灾祥》和《论慎终》四篇。这四篇其实是唐太宗在《帝范》最后一篇里对于

李治告诫的展开。显而易见，《贞观政要》深受《帝范》的影响，所反映的是唐太宗的政治思想和治国实践，是一位治理国家取得空前成就的政治家的经验总结，而不是书生的高谈阔论，这就更加值得我们高度重视和深入学习借鉴。

《贞观政要》成书以后，很快就显示出重要的现实价值，玄宗以后的皇帝都曾努力研读，从中汲取治国经验，力图起衰振弊，实现中兴。唐宣宗甚至把《贞观政要》书写在屏风之上，诵读领会。在唐朝，《贞观政要》作为祖训，备受推崇。

唐朝灭亡以后，契丹、女真、蒙古等北方游牧民族南下，分别建立了辽、金、元政权。他们虽然不是汉族，但其统治者也都把《贞观政要》奉为圭臬，专门延请饱学之士，入宫侍讲，学习唐太宗的成功经验，实现治国理政的抱负。也就是说，《贞观政要》已经超越了民族，成为大家一致认同的治国经典。

明朝皇帝把讲读《贞观政要》几乎作为日课，明宪宗亲自推动《贞观政要》刊印，为之作序，大力阐扬。清朝是一个非常重视文化和学习的王朝，人们经常把清朝的文字狱作为其钳制思想、镇压文化的例证，其实，这是一个事物的两个方面。清朝一方面通过文字狱等高压手段来强制对其政权的认同，统一思想；另一方面则鼓励专深的学术研究，注重官吏的文化修养，提高行政的水平和能力。因此《贞观政要》受到重视，就没有什么好奇怪的。清朝皇帝的好学，远胜于明朝。清高宗乾隆在为《贞观政要》写的序言中，感慨道：

> 余尝读其书，想其时，未尝不三复而叹曰：贞观之治盛矣！

从唐朝到清朝，上下一千多年，无论社会发生什么样的变化，《贞观政要》的政治思想和治国原则一直适用于中国。

这样一部系统总结治国经验的著作，不但在中国深受重视，而且在东亚文化圈内的国家也广泛流传，统治者学习模仿，积极传播。从现存的历史记载来看，日本是最早引进《贞观政要》的国家，相当于晚唐时代成书的《日本国见在书目录》里面，赫然可见《贞观政要》目录。据此可知，其传入日本的年代要早于晚唐。从皇家政治到武士政治时代，日本的实际统治者都十分重视研读《贞观政要》，设立博士宣讲，江户幕府时代制定的武士法度中，甚至规定天子必须读《贞观政要》，以明古道。显然，《贞观政要》不仅在中国，而且在东方文明国度，都被视为治理国家的必读之作，其政治思想和理政原则得到广泛的认同，堪称古代东方政治学的一座丰碑。

《贞观政要》不仅受到执政者的高度重视，也得到学者的推崇，不仅是研究唐朝前期历史的重要的第一手史料，而且还成为有志于政治事业的士人学习的榜样，乃至道德修养的范本。

本书就从打开《贞观政要》这座宝藏开始，一点一点地开掘，一步一步地回溯“贞观之治”那段让人萦怀心间的盛世岁月。

第一编

确立治国理念：以文德治国

第一章
贞观初年国策大辩论

从东汉灭亡直到唐朝建立，这期间建立了大大小小二十多个政权，但是没有一个政权实现稳定和繁荣。在唐太宗之前的统治者没有好好总结这其间深刻的原因，而是一味强调用“重典”治国，虽然“重典”越来越重，但国家却灭亡得越来越快。唐太宗看清楚这段惨痛的历史，在魏征的开导下，他醒悟过来，认识到根本的原因不是“重典”不够重，而是这条道路根本走不通，必须改弦更张。唐太宗是东汉灭亡以来第一个彻底觉醒的领袖。

有鉴于此，国家必须对以前治国的指导思想进行反思，重新找到正确的道路。

这么重大的路线调整，不能光靠几个领导人的觉醒，而百官却还停留在旧的模子里面。要推动历史性的重大变更，首先要造成舆论，统一百官的思想，振奋百姓的人心，形成上下一致的局面，才能够事半功倍，顺利推进。

官民一心，要求变革的潮流涌起，便具有了不可阻挡，也不可逆转的巨大力量。可以说，思想理论的大讨论，是在给变革造声势。在这个历史关头，是唐太宗首先发动了关于如何治理国家的理论大辩论，从而吹响了时代变革的号角。

大辩论确立以文德治国的方略

唐太宗即位后，围绕如何治理国家这个根本性的问题，召集群臣一起讨论，希望能够找到一条合适的道路。《贞观政要》第一卷《政体》记载了当时的讨论：

> 贞观七年，太宗与秘书监魏征从容论自古理政得失，因曰："当今大乱之后，造次不可致理。"
>
> 征曰："不然。凡人在危困则忧死亡，忧死亡则思理，思理则易教。然则乱后易教，犹饥人易食也。"

这场辩论的时间，《贞观政要》多个版本写作"贞观七年"，但是，根据《新唐书》和《资治通鉴》的记载，应该是"贞观四年"，也就是唐太宗在即位四年时回顾当年的这场大辩论。实际上，从上面引文最后一段中唐太宗回忆此事以及下面一段唐太宗对长孙无忌说的话，都说到这场辩论发生在"贞观初"，完全可以确定此事的时间在唐太宗即位当初。

这次大辩论是由唐太宗发起的，他和掌管朝廷图书文籍的秘书监魏征讨论如何治国，从而引发了多位朝臣在一起的国策辩论。

唐太宗首先发言，说道："当今天下大乱之后，短时间内国家难以治理好。"

魏征说："并非如此，大凡人在危难的时候就会害怕死亡，怕死就会盼望太平，盼望太平就容易调教了。这就像人在饥饿的时候容易喂食一样。"

太宗说："善人治国还需要百年的时间才能够克服暴虐残杀的戾

气，大乱之后想要获得治理，难道指日可望吗？”

魏征说：“这是对常人的说法，并非对圣哲而言。如果是圣哲施政，上下同心，人们像声音回响那样迅速响应，做事不图快也会迅速推进，一年见成效，相信不是什么难事，三年成功，都觉得太慢了。”太宗以为有道理。

封德彝等大臣说道：“夏商周三代以后，人心越来越险诈，所以秦朝使用刑罚来治理，汉朝则兼用王道和霸道治国，都希望天下大治却无法达到，难道是能够做到的他们不做吗？所以，如果相信魏征所说的话，恐怕会导致国家败乱。”

魏征反驳道：“五帝和三王都在一代之内达到大治，行帝道就成为帝，行王道则成为王，当时采取的办法只是教化其民而已。这些情况都能够从史籍记载了解到。昔日黄帝和蚩尤七十多战，乱得不得了，胜利之后，便达到太平。九黎作乱，颛顼征伐他们，打下来后不失治理。夏朝的桀王是暴君，商朝的汤王放逐他，就在汤王一代达到太平。商朝的纣王无道，周武王讨伐他，到周成王时代，同样达到太平。因此，如果说人心都变得奸险，不再纯朴，那么今天应该都成为鬼蜮世界了，哪里还谈得上治理呢？”封德彝难以反驳，但坚决反对魏征的主张。

唐太宗积极实行魏征的主张，力行不倦，几年内海内康宁，突厥破灭。因此，他对众臣们说道：“贞观当初，大家都持不同意见，说当今绝不能推行帝道、王道。只有魏征尽力劝我，我采纳他的意见，只不过几年，便实现华夏安宁、远戎宾服。自古以来突厥经常是中国的劲敌，现在其酋长佩刀担任宿卫，整个部落都穿戴衣冠。我取得如此成就，都是魏征的功劳。”

唐太宗望着魏征，说道：“玉虽然有美好的质地，但藏在石头之间，如果没遇上良工，就和瓦砾没有区别。如果遇上良工，便成为万世之宝。我虽然没有美质，但因为有您琢磨，引导我实行仁义，开导我以道德，使我的功业达到如此地步，您也完全称得上是良工。”

这场争论围绕着以下两点展开：第一是要树立什么样的基本国策？第二是为什么要树立这样的国策，其历史根据在哪里？

关于第一点，魏征的主张非常明确，那就是实行仁政。对此，封德彝坚决反对，他主张实行的是什么政治呢？《贞观政要·论诚信》中另外有一段相同的记载：

> 太宗尝谓长孙无忌等曰："朕即位之初，有上书者非一，或言人主必须威权独任，不得委任群下；或欲耀兵振武，慑服四夷。惟有魏征劝朕'偃革兴文，布德施惠，中国既安，远人自服'。朕从此语，天下大宁，绝域君长，皆来朝贡，九夷重译，相望于道。凡此等事，皆魏征之力也。朕任用岂不得人？"

唐太宗这样对长孙无忌等大臣说：朕即位之初，有不少人上书，或者建议皇帝必须大权独揽，不能放权给部下；或者建议耀武扬威，震慑周边国家。只有魏征劝我："息武兴文，广施恩德，中国安定了，远方的国家自然也就顺服了。"我听从他的话，天下非常太平，连天涯海角的酋长都来朝贡，远方的部族通过一道道的辗转翻译，纷纷前来中国。这些事业，都是魏征出的力，我任用的人能说不得力吗？

这就说得更加清楚了，太宗即位当初，众臣们纷纷向唐太宗上书提出治国之道，归纳起来，和封德彝的主张基本相同，就是劝唐太宗实行法家的帝王术，大权独揽，恩威难测，耀兵振武，震慑四夷。这正是唐朝以前几个朝代都实行的政策。然而，这几个王朝没有一个长治久安，更不要说成为世界帝国，因此都没有达到唐太宗的理想，他对于前代的政策显然不满足。封德彝一班大臣的主张落入俗套，对唐太宗不会有太大的说服力。

魏征主张改弦更张，实行仁政，这对于唐太宗是有吸引力的。首先，它是对前朝失败的拨乱反正，吸取教训，不去重蹈覆辙。其次，它提出了大治天下的更高的国家目标，符合唐太宗要超越历史造就盛世的宏伟志向。

众臣们为什么反对以文德治国呢？就个人而言，他们还都是一批品德优良的人，并不是权谋奸诈之徒。他们的反对，最主要的一条，是担心文德治国好听却无法实行，属于书生空谈。他们的担心并非毫无道理，历史上有多少人奢谈文德治国，乃至专制暴君也会吹嘘得口沫四溅，舌灿莲花。然而，要把以文德治国变成国家政策确实难度很大，付出甚多，需要的时间也很长，必须毫不松懈，持之以恒。很多人做不到，或者有始无终，所以成功者甚少，没有多少经验可以遵循，难怪大臣们纷纷表示担忧。

从上面的讨论可以看出，封德彝等人所站的政治高度太低，眼界太窄，唐太宗超过他们甚远。因此，这场讨论实际上已经变为唐太宗和魏征两人的对话，讨论的是盛世做得到与否，以及达到盛世所需要的时间。与此同时，唐太宗也吸收另一方大臣思想中他认为合理的因素，那就是在相当长的一段时间内，要采用国家严格控制的手段来训政。对此，魏征提出反对意见，认为国家的高压手段，远不如建立在诚信基础上的人性化管理为佳。最后他说服了唐太宗。显然，唐太宗和魏征在文德治国的认识上是一致的，只是唐太宗不如魏征那样充满信心。但是这样也好，君臣对于落实文德治国的艰巨性有了充分的思想准备，唐太宗对于现实政治非凡的驾驭能力，和魏征对于政治理想的热烈追求，构成了最佳搭配。这场大辩论最后的成果，就是确立了以文德治国的基本国策。

治理国家首先要实现三大转变

要把以文德治国的理念落到实处，必须改变以往的思想认识，对此，《贞观政要》进行了深入的探索。

《贞观政要》第一卷共有两篇，分别是：《论君道第一》和《论政体第二》，篇数很少，却十分精练。它反映出唐太宗认为治理国家最重要的，首先是要明确两大问题，那就是“君道”和“政体”，只有解决了这两大问题，才谈得上其他的事项。而在这两大问题中，又以“君道”为首。所谓的“君道”，具体包含哪些内容呢？《君道》篇一开头就说：

> 贞观初，太宗谓侍臣曰：“为君之道，必须先存百姓，若损百姓以奉其身，犹割股以啖腹，腹饱而身毙。若安天下，必须先正其身，未有身正而影曲，上治而下乱者。”

意思是说：贞观初年，唐太宗对身边的大臣们说道：“做君主的根本原则，必须首先存育百姓，如果用损害百姓的办法来养肥自己，就像割腿上的肉来喂饱肚子，肚子饱了，人却死了。因此，如果想要安定天下，就必须先把自己坐正，没有身子正而影子斜，上面治理了而下面却混乱的事。”

接着又有一段话，贞观十年，太宗谓侍臣曰：“帝王之业，草创与守成孰难？”

同样一个问题，唐太宗问了多次，光是在本篇中就留下两段记载：

贞观十五年，太宗谓侍臣曰：“守天下难易？”

实际上，唐太宗在《君道》篇里，提出了三个大问题，那就是：**如何当好领导人？创业和守成的历史转变？国家政策之本是什么？**

这三个问题的提出，改变了迄止唐朝的国家理论，建立起新的政治学说，意义十分重大。在三个方面，唐太宗触及帝国赖以建立的根本，那就是：

皇帝是否永远都是正确的，对于天下兴亡有没有责任？帝国需要什么样的君主，如何做一个负责任的领袖？

打天下的时代同和平年代有没有质的区别，需不需要与时俱进，尽快转型？

帝国政策的根本出发点是什么？这就涉及国家的本质和政权的合法性问题。

这三大问题，是在唐朝夺取天下、李世民登基称帝之后提出来的，从时间上看，提得非常及时，表现出领导人对于时代脉搏的准确把握和高瞻远瞩的历史洞察。因为这三个问题，不仅需要具有理论深度的认识，更需要通过政治实践做出完美的回答，而其背后，实质上是三大转型，那就是：**领袖自身的转型；打天下与治天下的转型；朝廷治国理念的转型。**

只有完成这三大转型才能回应时代的需要，引领历史的潮流。

超越数百年间的政治轮回

《贞观政要·君臣鉴戒》记录了唐太宗对确立文德治国国策的思考，他说道：

> 朕闻周、秦初得天下，其事不异。然周则惟善是务，积功累德，所以能保八百之基。秦乃恣其奢淫，好行刑罚，不过二世而灭。岂非为善者福祚延长，为恶者降年不永？朕又闻桀、纣，帝王也，以匹夫比之，则以为辱，颜、闵，匹夫也，以帝王比之，则以为荣。此亦帝王深耻也。朕每将此事以为鉴戒，常恐不逮，为人所笑。

唐太宗说：我听说周朝和秦朝得天下之初，并没有什么不同。然而，周朝一心一意推行善政，积累功德，所以能够保持八百年的基业，而秦朝乃恣意奢靡，动辄处以刑罚，只维持了两代就灭亡了。这岂不是说明行善者福祚延长，作恶者年岁早夭吗？我又听说桀和纣虽然身是帝王，但是拿匹夫比喻他俩，人们还觉得受辱；而孔子的弟子颜回和闵损，用帝王比喻他俩，似乎让人感到沾光了。这是作为帝王应该深深感到羞耻的事情。我总是以此为鉴戒，常常害怕做不好，为人所笑。

这段话披露了唐太宗内心以史为鉴的自我惕励，他从历史中学习的不是实用主义的权谋手段，而是在总结形成盛世的原因，认为是推行善政的结果。这就和魏征的想法不谋而合了，因此，君臣自然走到一起。

唐太宗和魏征的政治思想，同魏晋以来的政治思潮很不一样，特别引人注目。我们简单地回顾一下秦朝以来中国统治思想的变迁。秦始皇重用法家，实行高度集权与恐怖高压政策，也就是唐太宗所批评的“恣其奢淫，好行刑罚”，导致秦朝迅速灭亡。汉朝刘邦总结秦朝的教训，在相当长的时期实行“与民休息”的政策，国家少作为、轻赋税，促使社会经济和民生的恢复，人们将其政策称作“无为而治”。其实“无为”不是无所作为，尸位素餐。用汉朝主张“无为而治”的宰相曹参的话来说，国家重点要抓的是两个方面：第一是司法的公平公正，以确保社会有一个良好的法治环境；第二是尊重人民生产生活的规律，不要随意去骚扰。汉朝的政策取得了很大的成功，奠定了长治久安的基础。但是，仍有严重的欠缺，是什么呢？

我们来认识一下所谓的统一，大家常说的统一往往是军事统一，战而胜之，消灭敌对势力，国家似乎就统一了。这虽然没错，但只是最低层次的统一。建国之后，国家致力于建设政治制度和适用于全国的法律，这是从军事统一走向政治统一。接着，国家大力促进经济和发展民生，统一货币、度量衡和市场，更深层次整合经济与社会，实现经济统

一、社会统一。在这几个层次，汉朝都做得很出色。那么，它还缺什么呢？缺乏最高层次的文化统一。

汉武帝在汉朝七十年积蓄的基础之上，采取了“罢黜百家、独尊儒术”的文化政策，积极为汉朝建立国家意识形态。董仲舒应运而生，他杂糅道家、墨家、阴阳、五行等各家学说的合理因素于儒家之中，建立以“天”为最高权威、代表公平正义的“天人合一”的新儒学，支持天子为代表的中央集权政治，同时也通过对公平正义的诉求，对国家权力的合法性、正义性作了规定，一方面树立起皇帝的高度政治权威，另一方面又通过“天意”和“德”来制约皇权，使得国家和民众的利益在这里得到平衡，建立起国家支持的社会道德。董仲舒的新儒学基本完成了国家意识形态的建设任务，此后一直影响着中国的政治文化。汉朝因此完成了从军事统一到政治统一直至文化统一的历史使命，构建了十分稳固的国家社会基础，维持了汉朝约四百年的统治。

东汉末年因为政治腐败造成社会凋敝，贪婪的统治者残酷镇压要求反对腐败、清明政治的清流官员和学生，这就是历史上著名的“党锢之祸”。其严重后果是摧残了民众对于国家代表公平正义的信心，大家发现原来自己长期迷信的天子正是腐败政治的总后台，使得社会的政治信仰彻底崩溃。士人一方面对于统治意识形态强烈逆反，另一方面则对于取而代之的新文化没有共识而陷入一片迷茫之中，整个社会因此在无所适从中彷徨，各种反抗主流文化的思潮纷纷涌起，其中以道家批判性的“无”影响最大，出现各种异端思想和行为，谁都无法凝聚人心。

这时候以曹操为代表的年轻一代政治家出现了，他们主张用实用主义的法家集权政治来统一社会，在政治上集权高压，经济上国家全面介入控制，文化上钳制镇压，他们提不出新的政治文化思想，主张用严厉的政令刑罚来维持社会。曹操还通过三次发布《求贤令》，公开提出反道德的政治主张，提倡不问人品只求政绩的实用主义人才观。曹操强调治乱世用重典，企图通过高压政治达到立竿见影的效果，可以说他是功利主义政治的代表。曹操的政治主张代表了那个时代的主要政治思潮，三国的魏、蜀、吴都推行实用主义的“重典”治国。这就出现了文化上士人与国家的离异和政治上专制功利这样两股矛盾的潮流。中国无法统一的根本原因不在于军事力量的强弱，而在于谁都无法造成一股势不可挡的向心力来凝聚社会。

但是当时的政治人物并没有认清这一点，他们反而认为是因为国家力量不足的缘故，所以一味强化国家机器。没有理想，只讲功利，政客间的争权夺利就是必然的现象。西晋短暂的军事统一没有带来社会的重新凝聚，而是很快陷入“八王之乱”的不义内战之中，并引诱边疆民族助战，导致中国北方全面沦陷，五个边疆民族入主中原，相互混战，民族残杀。在这片乱局中政客们更强化了实力就是硬道理的观念，把唯权力论推到了极端。从结果来看，出现了让他们哭笑不得的悖论，军事力量越强大的国家，灭亡得越快。五胡先后建立的十六个国家，没有一个能够维持长久，政坛就是一个乱哄哄的舞台，各种人物粉墨登场，转瞬即逝。贞观年间，监察大臣马周给唐太宗写了一封上疏，沉痛地总结这段历史，说道：

> 臣历睹前代，自夏、殷、周及汉氏之有天下，传祚相继，多者八百余年，少者犹四五百年，皆为积德累业，恩结于人心。岂无辟王，赖前哲以免尔！自魏、晋已还，降及周、隋，多者不过五六十年，少者才二三十年而亡，良由创业之君不务广恩化，当时仅能自守，后无遗德可思。故传嗣之主政教少衰，一夫大呼而天下土崩矣。(《贞观政要·论奢纵》)

马周指出，从夏、商、周乃至汉朝的历史来看，国运绵长，多的有八百余年，少的也有四五百年，都是因为积德所致，恩在人心。这些朝代并不是没有不好的君主，却因为历代明君的恩泽而没有酿成祸端。自从魏晋以来，一直到北周、隋朝，王朝长的不过五六十年，短的只有二三十年，都是因为创业的君主不广立恩德，自己还勉强能够保得住，却没有遗泽荫庇后嗣。所以，后来的继承人政治有所差池，马上就有人起来反对，一呼百应，天下土崩瓦解。马周总结的成败兴亡教训，值得好好汲取。

就这样，从秦朝以来，中国历史走了一个大轮回，从功利主义的高压专制政治走向黄老的无为而治，再提升到重视文化道德的儒家政治，获得很大的成功。然而文化过度政治化，把日常问题都提到政治和道德的高度，变成道德主义的专制，反过来扼杀人性，走向虚伪，最终必定破产。于是在信仰破灭背景下，急功近利的政治人物出现了，从文化政治转向法术政治，重新回到高压和专制的道路上。换言之，国家社会从失败走向成功，再走向失败。而魏晋以来功利主义、实用主义和唯权力论都走到了极端，制造了中国历史上最漫长的分裂和最血腥的战乱。从东汉灭亡到唐朝之前，中国实际上没有真正统一过，反而是在分裂瓦解的泥沼中越陷越深，长达约四百年，物欲、权力欲、暴力和反道德、反文化等各种功利主义政治都有过赤裸裸的表演，结果证明这些路没有一条走得通，在相互残杀的丛林法则下，所有的强者和自以为是的强者都被潜伏于四周的危险吞噬掉，没有一个真正的胜利者。

历史走到了转折的关头。很多人还没有认识到这一点，但是唐太宗和魏征却看清楚了。唐太宗为了统一大臣们的思想，曾经引导他们分析西周长治久安而秦朝短命的道理，大臣们认为商朝的纣王荒淫无道，周武王除暴安良，顺应人心；秦始皇灭的六国都是无辜的，所以尽管军事上统一了，可是人心不服。他们看到的只是夺取天下的正当性，这是短视的。唐太宗明确告诉他们，你们只看到了事物的一个方面，更加重要的是西周夺取天下后施仁政、重道义，而秦始皇更加崇拜权术欺诈，严刑苛法，他们治国之道完全不同，所以结果也完全不同。打天下可以用权谋手段，但是，治理天下就不能不顺应道义民心，这叫作逆取顺守。

唐太宗苦口婆心，说到底就是在给大臣们上课，要他们转变角色和观念，从武力夺天下中走出来，坚定不移地推行以文德治国。

历史反复证明的真理并不复杂，甚至是那么的简单而朴实，“恃德者昌，恃力者亡”。唐太宗绝不是弱者，他打平天下，没有对手，就是这样一位强者在斗智角力的过程中彻悟到历史的真谛，因而坚决主张实行仁政。

破除“治乱世用重典”的迷思

在通往仁政的道路上，魏征有着与众不同的政治主张。当其他大臣们都沿袭旧习主张“治乱世用重典”的时候，他坚决反对，并且通过对人的心理的解读，从理论上驳倒治乱世用重典的根据。主张用重典的大臣们最重要的根据就是乱世人心险恶，因此必须使用震慑的手段令他们服从，才能将社会聚拢起来。魏征认为恰恰相反，乱世无常，人们在经常性的战乱杀戮中已经非常厌恶动乱，也无时无刻不在担忧身家性命，盼望安定，这构成了治理乱世的人心基础。人心思治，就像是大旱望雨、饿汉盼食一般，恰好是最容易治理的时候。魏征不是停留于乱世的表象观察，而是彻底看透了人心深处，所以其他大臣们无法辩驳。

其实，魏征的这一思想并非他的独创，早就有人说破了，只是大家都埋头于急功近利而置若罔闻。孟子在见梁惠王的时候就曾经劝说他行仁政，他用禾苗作比喻，说七八月大旱，天上突然降雨，禾苗就都活过来了，统治者如果不嗜杀，老百姓就会归依于他，犹如水往低处流，有谁能够阻挡呢？魏征说的正是这个道理。

在这个理论基础上，魏征进一步提出了施政层面上的根本原则问题，那就是我们应该采用什么方法来治理社会。俗话说“种瓜得瓜，种豆得豆”，你如何对待百姓，百姓就会如何对待你，就会塑造出怎样的社会。在人最危难的时候，用威吓勒索的方法固然可以驯服他们，但会让他们感到透心透骨的冰凉，变成刁民。反之，如果送去的是关怀和温暖，同样会让他们刻骨铭心，得到的是发自肺腑的归依，这就是魏征所说的“行帝道则帝，行王道则王”的道理。

这会不会是书生的迂腐空谈，误国误民呢？其他的大臣是这么看的。我们不能不说魏征遇到了千载难逢的幸运，因为他遇到了千载难逢的自信明君，唐太宗支持了魏征，力排众议，确立了以文德治国的基本国策。

贞观初年的这场大辩论，在唐朝历史上有着非常重要的地位，必须引起我们的重视。为什么要特别提出来呢？因为当下论述唐史的书籍几乎没有提及，以致许多人根本不知道。每一次重大的社会变革，一定要有新的理论指导。看清时代潮流和历史发展趋势的往往是少数人，因此，要引领社会前行，首先要造成舆论，呼唤社会的觉醒，让改革的思想最大限度地获得社会的认同乃至支持，才能造成难以逆转的趋势。唐太宗发起这场大辩论的意义，就在于为推行以德治国先做理论准备，提高官吏队伍的思想认识，为大治天下发出响亮的先声。

唐太宗确立了明确的目标，从以下三个方面积极推进国家的治理：

第一，在政治上首先做到让权力在法律与制度之内运作，按照法律的规定合理建立制度，依法行政。从政治、法律、制度三方面共同建立良性有序的社会。

第二，在文化方面以诚信为本，建构具有理想道德的核心文化，推行兼收并蓄的文化开放政策，大力发展教育事业，促成文化大繁荣，从而形成强有力的国家文化向心力。

第三，在经济民生方面以富民为宗，轻徭薄赋，小政府大社会，因势利导，推动经济大繁荣。

第二章
唐太宗的华丽转型

勤练内功

在上面提到的三大转变中，最重要的首先是领袖自身的转变，唐太宗把这个问题看作治国成败的关键。

在唐太宗眼里，皇帝个人的品质、学识和修养是非常重要的问题，决定着能不能担当起领导国家的重任。在他为太子李治编的《帝范》这本书里面，他曾经严肃地对李治说道：

> 吾在位已来，所制多矣：奇丽服翫，锦绣珠玉，不绝于前，此非防欲也；雕楹刻桷，高台深池，每兴其役，此非俭志也；犬马鹰鹘，无远必致，此非节心也；数有行幸，以亟人劳，此非屈己也。斯事者，吾之深过，勿以兹为是而后法焉。

他说，我在位以来，做了这样一些事情，收集奇珍异宝，锦绣珠玉，这不是节欲；雕梁画栋，高台深池，这不是节俭；四处搜求犬马鹰鹘，这不是节心；多次巡游，竭尽人力，这不是节制，这几件事，都是我的大过，你不要仿效。

> 但吾济育苍生，其益多矣。平定区宇，其功大矣。益多损少，民不以为怨；功大过微，德未以之亏。然犹尽美之踪，于焉多愧；尽善之道，顾此怀惭。况汝无纤毫之功，直缘基而履庆，若崇善以广德，则业泰而身安；若肆情以纵非，则业倾而身丧。且成迟败速者，国之基也；失易得难者，天之位也。可不惜哉！可不慎哉！

他说，但是，我养育苍生，做的善事也很多，平定天下，功勋伟大，做的好事多过缺失，所以百姓并不怨我；功大于过，所以德未亏损。但是，如果用尽善尽美的标准来衡量，那么我多怀惭愧。而你呢，没有立下丝毫的功劳，只是因为出身于皇家而登基。因此，如果你多做善事以弘扬美德，那么国家可以安泰，而你自己也可保平安；如果纵情为非，那么国家就将倾覆，而你也将丧命。况且成事难而败事快，国家基业，失去容易而取得甚难，上天赐予的权位，能不好好珍惜、谨慎对待吗！

功业盖世的唐太宗，能够如此客观地进行自我解剖，正视自己的缺点，不文过饰非，在历史上实在少见。更难得的是他能够清醒地认识到，打天下并不同坐天下的天经地义的道理，只有以民为本，获得老百姓的支持，才能够保持江山的稳固。

顺着唐太宗的思路，可以看出，他认为能不能成为一名合格的领导人，自己的内在修为很重要。在所有的修炼中，修心最重要。面对艰难复杂的局面，各种曲折压力的考验，能不能始终坚持既定的目标，从容淡定，犹如定海神针，那是至关重要的。心要定，不能散，平时就要懂得节制，不为各种声色犬马所诱惑。看似小节的生活放纵，却是心散乱而随波逐流的开端。生活上奢侈了，执政上便骄傲自大起来，看起来大权独揽，虚张声势，其实骨子里没有定力，遇到风浪，不知所措。

有鉴于此，唐太宗执政是战战兢兢，如履薄冰。他在这里郑重地告诫太子李治："非知之难，惟行不易。行之可勉，惟终实难。"懂得大道理并不难，身体力行就不容易了。能够去做固然可嘉，但要有始有终却很难。特别是善行美德，谁都能说，甚至夸夸其谈，许多人是拿道德去衡量别人，而不是用来约束自己，岂不知道有许多美德用来自我激励，躬行实践，将获得世人的称赞，乃至见贤思齐。但是如果用来强制别人，便成为罪恶。

明白这一点，我们才能读懂唐太宗晚年为什么要在儿子面前严厉剖析自己，谆谆教导高宗严于律己的一份苦心。这个经验是唐太宗从自己走过的历程总结出来的。唐太宗希望太子李治不但要勤练内功，加强自身的道德修养，更要时刻惕励，慎终追远。

收长补短

唐太宗是奠定唐朝盛世格局并将她推向繁荣的第一代领袖，其文德治国的巨大成就，使得人们几乎都忘记了他并不是一个文人，而是一个地道的军人，一个在当皇帝之前几乎没有多少文化经历的领导人。

我们来看看唐太宗李世民的经历。

根据《旧唐书·太宗本纪》的记载，李世民出生在隋文帝开皇十八年十二月二十二日（599 年 1 月 23 日），父亲是唐高祖李渊。李家是陇西的名门望族，唐太宗的八世祖是西凉武昭王李暠，五世祖李熙迁居武川镇，也就是今内蒙古自治区呼和浩特市北面的武川县那一带，在这里扎下根来。

传到曾祖父李虎，他同一批驻守此地的年轻将官，例如宇文泰、杨忠等人结为生死朋友。这批人不满北魏末年朝廷的腐败，特别是重用京城洛阳的权贵子弟，冷落守卫边疆的将士，于是，他们在北魏末年起兵南下，这就是历史上有名的“六镇之乱”。这场动乱的前因后果非常复杂，我们就不多赘言，从后来他们谱写的历史来看，这批人中不乏怀抱澄清政治的远大志向的人物。他们了解边疆的实际状况，也懂得民生的疾苦，所以，他们中间人才辈出，在东征西讨中，不断有人崭露头角。其中，宇文泰、杨坚和李渊三个人，先后建立了北周、隋和唐三个王朝。来自同一地区的同一个政治集团，他们及其子弟相继创建三个国家，这在中国历史上绝无仅有，让后人津津乐道，也百思不得其解，不停地探求其中的奥妙，众说纷纭。

首先建国的是宇文泰，虽然他生前没有称帝，但是，大家都知道北周是他打造出来的。他掌权的时期，给这批跟随他共创大业的兄弟重重封赏，最核心的成员被封为“八柱国”“十二大将军”等高官，而李虎荣列最高一级的“柱国”行列。

从李家的经历来看，他们是来自草原的武人世家，而从李世民本人的经历来看，他也是一位地道的军人。

隋朝晚期，隋炀帝在雁门突然遭到突厥骑兵的包围，十六岁的李世民应召参军，开始了他波澜壮阔的军事生涯。两年后（617 年），他随父亲李渊起兵于太原，奔袭长安，一举夺取隋朝的政权中枢。618 年，隋炀帝被宇文化及杀害于江都，李渊便在长安称帝，建立唐朝，立李世民的哥哥李建成为太子。储君不宜多动，因此，平定天下的重任自然而然地落在了次子李世民肩上。

从这一年开始直到武德七年（624 年），李世民指挥唐军大破薛仁杲，讨平宋金刚，生擒窦建德，逼降王世充，北逐刘黑闼，攻克洛阳，进军山东，内平群雄，外御突厥。在唐朝的统一战争中，李世民的战功无人能比。毛泽东认为“自古能军无出李世民之右者，其次则朱元璋耳”（中共中央文献研究室编《毛泽东读文史古籍批语集》第 55、56

页，中央文献出版社，1997 年版)，给予其最高的评价。

从李世民的经历可以看出，他青年时代都在东征西讨，戎马倥偬，几乎没有时间好好地读书，更没有从事文化活动的事迹。换言之，他是一位纯粹的军人。就是这样一位武功盖世的军事统帅登基称帝，治理国家，能叫人心里踏实吗？

难能可贵的是唐太宗对于这个问题，认识得比谁都清楚，也更加透彻。因此，他以军人的豪气，自己首先站出来承担起国家兴亡的总的责任，公开宣言：

> 若安天下，必须先正其身，未有身正而影曲，上治而下乱者。(《贞观政要·君道》)

上面正了，下面就不会歪，反过来说，下面乱了，根子在于上面不正。让皇帝来承担责任，而不是诿过于下属。也就是说，正人先正己，治理国家要从正君开始。这是难能可贵的思想。

现在，唐太宗公开提出，国家兴亡的首要责任人是皇帝，让皇帝负起全责，拿自己开刀。从战争到和平年代，必然要解甲归田，刀枪入库，有些皇帝就动起开国功臣的主意来，找茬儿将他们铲除掉，演出杀害功臣的悲剧，所以，古人才会说："狡兔死，走狗烹。"但是唐太宗和其他皇帝不同之处，在于他烹的不是开国功臣，而是自己的权力冲动。对于唐太宗这样一位年轻的常胜将军而言，他长于武而短于文，用军事手段处理问题是他所擅长的。现在，他要想方设法改变自己，学会用文的手段来治理国家，遵守制度，按照程序和法律规定来处理政务，要以理服人、以德治国。

这对于唐太宗而言，首先是自己的根本性转型。领导人转型的重要意义，在于让自己时时刻刻站在历史潮流的最前头。什么是领袖呢？领袖就是能够引导时代潮流，看清发展趋势，辨明前进方向，对整个社会因势利导的人物。

有句成语叫作“扬长避短”。这句话并不都对。唐太宗长于军事而短于文化，建唐之后就不能继续“扬长避短”了，否则对于国家将是一场灾难。他要转型，便是要收起自己之长，拿出“短板”来治理国家。我用四个字来概括这个转型，那就是“收长补短”。认识到自己所短，就要努力去弥补，变短为长，对于唐太宗来说，这是一次新的挑战和考验，揭开了人生全新的一幕。领导人的转型也是一次革命。中国历史上大有作为的皇帝，基本上可以分为创业型与建设型，他们的一生只演出一幕戏。像唐太宗这种兼具两种类型的皇帝，一生演出两幕大戏，极为罕见，难怪后人称赞他为千古一帝。

读书明理，修文治国

要从领导军事斗争转向治理国家，领导人首先要学习新的东西，要承认自己的不足，用最大的气力去补文化的课。

国家发展最重要的有两个轮子，那就是文化和经济，这两个轮子缺一不可，没有文治便没有经济的持续发展，因为发展经济需要社会的诚信和道德来规范并促进。另一方面，没有经济的支撑，治国亦是空中楼阁。

文治的核心就是以文德治国，重诚信，讲规则。这个转型，对于唐太宗来讲并不容易，人容易做到的是扬长避短，而新形势要求唐太宗做的恰好相反，要从天才统帅转变为文治皇帝，这一切要从读书学习开始。

唐太宗对于领袖转型问题的认识甚早，大规模的军事斗争告一段落，他马上挤出所有的时间学习文化。武德四年（621 年），李世民擒获窦建德之后，马上开始了从武到文的转变，以适应新时代的要求。然而当他拿起书本的时候，才感觉到读书的艰难，轻飘飘的书本竟然比千军万马还要重得多。刚开始的时候，他根本就读不懂书本上是什么意思，更不要说有些字还认不得。所以，唐太宗只能请人给他念书，讲解其中的道理，自己琢磨体会，用古人说的基本原则同以前的所作所为进行比较，他这才发现曾经自鸣得意的做法竟然是如此的荒唐，一时得利却后患难消，暗自惊悔。这时候，唐太宗由衷体会到了读书的重要，明白了高明的人和平庸的人处理问题的区别在于他们所站的高度完全两样，高明的人把各种事务置于大原则和大战略之下，纲举目张，作出的决定经得起时间的考验；而平庸的人是头痛医头脚痛医脚，有小聪明而没有远见，见识短则事情总是处理不好，变来悔去，朝令夕改。所以，唐太宗引用古训说道“不学，墙面，莅事惟烦”（《贞观政要·悔过》）。也就是说，不学习，如同整天面对白墙，事情越理越烦。

学习是很讲究方法的，自己关起门来苦读冥思，效果最差，还容易走岔道，变得偏激。所以一定要放下架子，虚心拜师学习，同有水平的人一起辨析讨论，这样做可达到事半功倍的效果。唐太宗在学习上走的就是这样一条捷径。《旧唐书·太宗本纪》记载：

> 于时海内渐平，太宗乃锐意经籍，开文学馆以待四方之士。行台司勋郎中杜如晦等十有八人为学士，每更直阁下，降以温颜，与之讨论经义，或夜分而罢。

意思是说，李世民认识到军事斗争将要逐渐平息，于是锐意读书，开设文学馆，延揽四方学者，担任行台司勋郎中的杜如晦等十八人被选为学士，李世民经常到文学馆和他们讨论经义，和颜悦色，平等相待，有时讨论到半夜才结束。他们的讨论，直接影响到朝廷政策的制定，这是古代学为政用的典范，其中一些重要的讨论就记录在《贞观政要》

之中。

杜如晦就是后来和房玄龄并称为“房杜”的初唐两大贤相之一。以十八学士为首的一批文士，先后走上国家领导岗位，辅佐唐太宗大兴文德治国，取得了“贞观之治”的巨大成就。唐太宗过人之处，就在于他能够预先洞察到社会的变化，不但自己与时俱进，而且延揽和培养一大批适应新形势需要的人才，为新时代的来临做了充分的储备。

正因为唐太宗对于文治天下的高瞻远瞩，才能够及早把国家首要任务从军事斗争转到文治方面，使得唐朝在这个过渡中没有蹉跎，不曾折腾，未走弯路，转变得自然而迅速。

唐太宗自身的转型十分成功，其文治的成就甚至超过了武功。唐太宗是如何做到的呢？

治国先正君

为什么治国要先正君呢？在以往的政治学说里面，打天下者坐天下几乎是天经地义的道理。唐太宗的先进性，在于他并不认为天下是靠武力抢夺的，没有什么天经地义的事情，天下者，老百姓的天下。因此，他公开说道：

> 天子者，有道则人推而为主，无道则人弃而不用，诚可畏也。(《贞观政要·政体》)

皇帝是因为有道，老百姓才推举他，如果无道，那么老百姓就会推翻他。从朝廷同老百姓的关系来说，老百姓是水，政权是舟，水能载舟，亦能覆舟。这些认识在中国古代是非常先进的，是贞观之治成功的思想基础，也是唐太宗新帝王学的基本出发点。

既然皇帝是大家推举出来的有道之人，那么，正君就是顺理成章而且至关重要的事情了。

在集权的国家体制中，最高领袖具有举足轻重的作用。官位其实就像个放大器，官位越高，受到的关注就越多，放大的作用也越大，对社会民生的影响变得更加广泛，而私密的空间却变得越小，不管做什么事情，就像光头上的虱子，大家都看得清清楚楚。君主更不用说了，其一言一行，对国家都会造成影响。唐太宗认为：

“朕每思伤其身者不在外物，皆由嗜欲以成其祸。若耽嗜滋味，玩悦声色，所欲既多，所损亦大，既妨政事，又扰生民。且复出一非理之言，万姓为之解体，怨讟既作，离叛亦兴。朕每思此，不敢纵逸。”谏议大夫魏征对曰：“古者圣哲之主，皆亦近取诸身，故能远体诸物。昔楚聘詹何，问其治国之要，詹何对以修身之术。楚王又问治国何如？詹何曰：‘未闻身治而国乱者。’陛下所明，实同古义。”（《贞观政要·君道》）

唐太宗认识到，作为最高领袖，所受到的伤害最主要的不是来自外部，而是自身，特别是纵欲，花天酒地，渔猎美色，不但耗损公款，妨碍公务，影响政风，而且还伤害到老百姓。皇帝大权在握，说一句话，办一件事，做得不好，影响全国，百姓为之解体，心生怨言，离心离德，所以领导人要夙夜警惕。在唐太宗身边的著名谏诤之臣魏征当场表示赞同，还讲了楚国的故事。楚王聘任詹何，向他询问治理国家的关键所在，詹何回答重在君王修善其身。楚王执拗地再问如何治国，詹何告诉他，没听说过君王身子端正而国家动乱的事。所以，魏征称赞唐太宗所说的符合古训，还指出圣明的领袖要做到“近取诸身，远体诸物”，要加强自我修养，要体悟自然规律和天下百姓，身正则国不乱。

修身要从节欲开始，要克制过分的物欲、色欲和权力欲。唐太宗认为，领袖尤其要注意个人的爱好，诸如鹰犬、鞍马、声色、美味等。耽迷于此，会使人逐渐堕落，慢慢听不进直言真话。小人和君子，每个时代都有，而用什么样的人，其实是领导人自身的品格决定的。这就是强调领袖修身的重要性。自己邪了，身边肯定是小人围绕；自己正了，君子自然涌现。唐太宗发了这番感慨，魏征顺势给他讲了一个故事，说的是齐威王曾经问部下淳于髡道："你看我的爱好和古代圣王相同吗？"淳于髡告诉他："有同也有不同。古代圣王有四种爱好，好色、好马、好吃，这三种您都一样，只有一种不同，那就是好贤。"齐威王觉得很委屈，辩解道："那是因为今日没有贤人的缘故呀。"淳于髡对他说："古代的美女西施、美味龙肝、好马飞兔，现在还真都没有了，可大王一样有后宫、御厨和马厩，就不知道前世的贤人还能不能和您相见？"唐太宗听了，深以为然。

不是把自己放在享受权力的自私自利的位置上，而是把天下作为自己要为之完全负责的重任，以四海为家，以苍生为念，以国家富强为目标，唐太宗把这一切都视为责任，转化为激励，挑战自我，尽最大努力去实现角色的变化。人最难的其实是战胜自己，唐太宗有什么好的经验呢？

第三章
唐太宗的两面镜子

要如何做到身正呢？唐太宗提出要用镜子，他给自己找来三面明镜。唐太宗曾经对身边的大臣说了这样一段名言：

> 夫以铜为镜，可以正衣冠；以古为镜，可以知兴替；以人为镜，可以明得失。朕常保此三镜，以防己过。(《贞观政要·任贤》)

他的三面镜子分别是铜镜、人镜和史镜。用来正衣冠的铜镜，不需要多说。这里先来说说唐太宗的第二面镜子，那就是以人为镜。以人为镜，第一是通过和别人的比较来发现自己的不足；第二是请别人来指出自己的缺失。唐太宗用哪些人来同自己相对照呢？

最难是以人为镜

(一) 以古代圣贤为镜

首先是古代的贤哲。魏征曾经对唐太宗说道：

鉴貌在乎止水；鉴己在乎哲人。能以古之哲王，鉴于己之行事，则貌之妍媸宛然在目，事之善恶自得于心。无劳司过之史，不假刍荛之议，巍巍之功日著，赫赫之名弥远。为人君可不务乎？（《贞观政要·论公平》）

最原始的镜子是以水照人，所以，要看清容貌，就要让水静止下来；要看清自己，就应该找古代的明君哲人来对照自己的所作所为。这样做，容貌的美丑历历可见，行事的善恶自己心里明白，既不需要史官记录，也不必去听百姓的议论，巍巍功勋日益显著，赫赫声名越传越远，身为人君，能不这样做吗？

那么以哪些古代的贤哲作为榜样呢？魏征举出了唐尧和虞舜二帝，以及夏禹、商汤和周文王三王，也就是唐人常常作为榜样的“二帝三王”。

中国古代的文化和政治传统，最主要是来源于西周，同时也在历史上产生最大的影响。这是什么道理呢？因为流传到后世的典籍，是经过孔子整理的。孔子是一位非常聪明的思想家，他为了给自己的学说增加权威性，就给人们塑造了一个古代的黄金时代，说从尧舜禹到周文王、周公的时代是如何如何的好，什么都好，政治清明，民主自由，人民富裕，文化昌盛，简直就是人间的天堂。不用说，这就是孔子描绘的盛世。孔子把这个时期作为中国历史的开端，让后来的政治领袖乃至全体人民都向往这个黄金时代，齐心协力去复兴盛世。孔子给了所有的人一个伟大的追求目标。

孔子的聪明还在于他的榜样不是未来的，而是过去已经存在过的。为什么呢？因为如果是未来的，那么有人就会说那是你编造的，虚无缥缈，根本靠不住。如果是过去已经出现过的，那就会给人们极大的信心和鼓舞，相信既然前人做到了，我们有什么理由做不到呢？历史是已经得到验证的事实，借鉴历史最有说服力，也会给后人最大的启迪与智慧。现在有些人成天骂孔子向后看，厚古薄今，实际上是他没有明白孔子的良苦用心，缺乏历史的智慧。

在孔子眼里，盛世首先是圣人当政，以人为本，文化涵育的时代。因此，走向盛世的关键，首先是领导人必须先把自己锻炼成贤哲，成为万民的表率。“二帝三王”就是公认的榜样，是对每一位立志成为明君的人的巨大激励和感召。对此，唐太宗显然是非常认同的，魏征也经常以此来勉励他。

从这里我们可以看到，自从东汉崩溃，玄学清谈流行以来，儒家的政治理论遭到很大的冲击，社会上掀起了一波又一波破除旧文化的潮流，道德低下、急功近利的权力和金钱欲望极度膨胀，强权一再出现，但是谁都无法凝聚人心，中国出现了长期分裂的局面，唐太宗君臣对此深有同感。唐太宗曾经问大臣王珪，为什么近代君臣治国远不如古代呢？提出这个问题，表明他在积极为社会重病寻找根子。同时还可以看出，他通过比较，认为还是要向中国强调人本主义的和谐发展的传统回归，才能走出通往盛世的新道路。以古代圣人为榜样，道理就在这里。这也正是儒家治国的出发点，《中庸》九经，修身为先；《大学》八目，修身为本。“修身齐家治国平天下”，第一条就是“修身”，儒家认为从来没有不先正其身而能正天下的人。唐太宗就是在这个高度上，加强自身的修养，以古代圣贤为镜，追求高尚。这本身就蕴含着唐朝新政的宣誓。

（二）以当代贤人为镜

然而，历史人物不管是贤哲还是奸恶，都已经是记忆世界的存在了。要真正做到以人为镜，就要有勇气以活着的人为借鉴，让人说话，针砭时弊，甚至说到痛处，不留情面，这种胸怀和雅量，本身就是非常不容易的修炼。在这方面，唐太宗确实堪称模范。

唐太宗不仅以先王贤哲为榜样，还以臣下为师。官场最讲究的是秩序和服从，从来都是唯皇上马首是瞻，察言观色，学习和领会上级的意旨。现在倒过来向部下学习，那就需要勇气和放下架子，唐太宗做到了。他把身边的诤臣视为良师益友，鼓励他们向自己提出批评意见，虚心向他们学习。

人生在世不能没有朋友，可是交什么样的朋友，对自己有着莫大的影响。孔子曾经说过：

> 益者三友，损者三友：友直，友谅，友多闻，益矣；友便辟，友善柔，友便佞，损矣。(《论语·季氏》)

用今天的话说，就是有益的朋友有三种，有害的朋友有三种：正直、诚信、知识广博的朋友，是有益的；谄媚逢迎、表面奉承而背后诽谤人、善于花言巧语的朋友，是有害的。唐太宗就是用这个标准选拔和任用大臣的，他对大臣们说道：

> 古人云："危而不持，颠而不扶，焉用彼相?"君臣之义，得不尽忠匡救乎?(《贞观政要·政体》)

意思是，古人说："国家危险的时候，不出手支持；社稷将要颠覆的时候，不去撑扶，要这样的官员有什么用处呢?"所以，从君臣的大义来说，怎么能不竭尽忠诚去补救匡正呢?

能不能指正他的缺失，尽心辅佐，成为唐太宗对大臣们的要求。打开进谏的大门，正直之风便弘扬起来，涌现出一批忠心耿耿的谏诤之臣，确保了唐朝走在正道上，蒸蒸日上，成为"贞观之治"的一大亮点。

这批治国的栋梁人才，是唐太宗从各处发现并网罗来的，每个人都有不同的专长和特点，挑起唐朝各个方面的大梁。这里面既有作为贤良宰相榜样的房玄龄，也有骨鲠敢言的魏征、王珪，还有博学高尚的虞世南，等等，贞观时代杰出的人才实在太多了，这里先讲这四位，后面再介绍其他人。

能够用人，首先要能容人，真正做到容人，就一定要知人。一个好的领导，首先要善于看到别人身上的专长，其次要了解个人的性格脾气，多看别人的优点，懂得珍惜，才会宽容。在古代的皇帝中，能够真正做到这几点的已经难能可贵了，而唐太宗则达到更高的境界，不单是知人善任，更从部属身上看到自己的不足，见贤思齐，用别人的优点来健全自己。那么，唐太宗从部属身上学到了什么呢？

1. 第一位讲房玄龄。

房玄龄是唐太宗登基后委以大任的宰相。在贞观这样一个群星璀璨的年代，房玄龄是靠什么本事坐上大臣的头把交椅的呢？

房玄龄出生在山东临淄，父亲是隋朝有名的儒臣，受家学熏陶，他幼时已经展露出过人的见识，博览强记，对于天下政治形势有着非常独到的见识。当隋朝沉浸在歌舞升平的时候，他悄悄对父亲说道："隋朝皇帝本来没有什么功德，全靠欺骗民众当政，做事情不给子孙后代留下余地，只图眼前的利益，攀比奢侈，最后一定会发生内斗，骨肉相残，保全不了家族国家，别看现在海内清平，其灭亡翘首可待。"他父亲听了非常惊奇。由此可知，房玄龄对于政治有着过人的准确判断。他十八岁就考上进士，这在当时十分罕见。李渊起兵反隋，房玄龄观察各路英雄豪杰，看准了唐朝，便自己跑到军门求见，李世民和他一番深谈，果然是不可多得的人才，马上收入麾下，成为李世民身边的高参。

在以后的作战中，唐军每攻克一个地方，众官兵忙着占领库府，争夺物资，搜寻珍宝，房玄龄却总是积极寻访人物，都以礼相待，量才任用，把他们网罗到唐太宗帐下。对于有智慧的文士谋臣，善于打仗的勇士猛将，他更是热情结交，以诚感人，让这些人心甘情愿为他出生入死。唐太宗时代的文臣武将，有相当部分是房玄龄推荐的，在“贞观之治”群星璀璨的局面中，房玄龄有着不可低估的功劳。

房玄龄为什么能够得人呢？有两个原因特别突出。

第一是自身过硬。《旧唐书·房玄龄传》称赞他“明达吏事”，善于处理公务，效率高，井井有条，合理合情。但是，如果只是这个本事，那最多也只能称得上是干练，还算不上难得一见。《旧唐书·房玄龄传》还说他多谋善断，把朝廷决策提升到历史的高度，审时度势，强调合乎世道人情，“饰以文学，审定法令，意在宽平”。也就是说注重文治，不是采用行政高压的粗暴手段，而是通过讲道理，讲传统，通过建立公平的法令制度，营造和缓公正的社会。由此可见，房玄龄具有长远的战略眼光，善于从根本之处治理国家，这样的人才就不可多得了。

第二是胸怀宽广。一般来说，能干的人往往有一个性格倾向，就是看别人做事不如自己，就不满意，甚至生气，于是便自己来做，求全责备。在这种领导下面，我们看到的是领导人事必躬亲，操劳不堪，而下面则是战兢唯诺，机械应对，不求有功，但求无过。所以，能干的领导下面常常见到的是人才窒息，大树底下不长草。这是什么道理呢？那就是这种领导本身有问题，从性格上说就是爱用自己的长处去和别人相比，结果他能干的长处反而成为缺乏情商的短板，不懂得调动别人的积极性，培养造就新人。这种性格的人是不适合当领导的。

房玄龄就不是这样的领导，他非常突出的优点是从来不拿自己的长处去衡量部下。《旧唐书·房玄龄传》说他“不以求备取人，不以己长格物，随能收叙，无隔卑贱”。用今天的话说，就是用人不求完人，更不拿自己的长处做标准取人，而是根据每个人的能力特长加以任用，不论出身贵贱。

如何才能容人呢？我觉得首先应该学会多看别人的优点，尽量放手让部下去做，自己从旁协助支持。这样做，既培养人才成长，又开拓自己的胸怀，结果就会有更多的人聚拢来，希望在你手下工作。所以，想当好领导，首先要学会容人，严于律己，宽以待人。

像房玄龄这种凭借自己的本事当上宰相的人，一定是能力超群，如果用自己作为标准去衡量部下，那么就没有能人，人才也就出不来了。其实，这种做法本身就是错误的，天底下哪有那么多宰相的料呢？房玄龄的做法正好相反，善于发现每个人的特长，所以，他能够发现许多人才，不论出身贵贱，量才录用，难怪他提拔的人才最多。

唐太宗从房玄龄身上看到了什么呢？看到了容人之量和善于发现人才的优点。治理国家最重要的不是自己拼命去做，而是善于发现和提拔大批能干的人才，组织他们分头去做。选拔重用能人是要有胸怀的，没有胸怀的人根本做不到，最多只是挂在嘴里说说，粉饰自己。因为越能干的人越有脾气，你受得了吗？能干的人做得比你好，你容得了吗？你要是受不了、容不得，那么能干的人就不会跟你走。说到底，领导人的胸怀决定其格局大小。房玄龄是一个很好的榜样。

2. 第二位讲虞世南。

一提到虞世南，大家都知道他是唐代著名的书法家，现在最流行的王羲之《兰亭序》的三种摹本，其中一种就是虞世南临摹的。作为书法家的名气太大了，以至于现在的人不太知道他更加重要的身份，是唐太宗的老师，更不知道唐太宗为什么对他非常尊敬。

前面说过唐太宗从青年时代就从军打仗，戎马倥偬，平定海内，几乎没有时间静下心来读书学习。到他当上皇帝的时候，有些书都没法完整读下来。于是，唐太宗下决心好好读书，精心挑选老师来教自己。唐太宗想到了虞世南，一个越州余姚（今浙江省慈溪市观海卫镇鸣鹤场）

出生的文人。

唐朝是一个泱泱大国，博学多才的文人不在少数，唐太宗为什么偏偏看中虞世南这么一个南方人呢？就因为他敬重虞世南的品格。真正有悟性、有风骨的文士，世上并不多见，得之者昌，就看你懂不懂货。与贤哲的际遇，或者成为良师益友，或者失之交臂，关键在于自己的修为与境界。附庸风雅的统治者弄来的往往是鼓噪一时的名士，而真正成大事者网罗的则是洞彻古今至理的真才硕学，虞世南就是这么一个人。

虞世南和哥哥虞世基小时候都非常聪明，被视为神童。但是，这对兄弟性格两样，哥哥才气外露，早早就成了大名，在隋炀帝时代飞黄腾达，我们后面再介绍。而虞世南却为人内敛，沉稳低调，为了学会一种知识，他可以默默钻研，不在乎时光流逝。他少年时追随著名学者顾野王读书，一学就是十几年，有时候想问题竟然几十天不梳洗。后来他又拜王羲之的后裔智永和尚学习书法。智永和尚书写的《千字文》，是学习草书一定要临摹的帖子，虞世南得其神韵，卓然成家。在外人看来，哥哥虞世基和弟弟虞世南天差地别，一个风头无限，一个默然沉潜；一个聪明绝顶，一个木讷寡言。喜欢浮华的隋炀帝看中了虞世基，宏远务实的唐太宗选择了虞世南，结果同样是天差地别。

隋末大动乱，宇文化及发动政变，大开杀戒，先杀了隋炀帝，接着杀虞世基和朝廷高官，场面非常恐怖血腥，许多人吓得趴在地上求饶，而平时被看作书呆子的虞世南却毫不畏惧，推开乱兵，冲了进来，请求替他哥哥赴死，震住了全场官兵。唐太宗听说这件事，牢牢记在心间，他要找的就是这种危难关头舍生忘死的忠义之士。所以，唐太宗虽然没有见过虞世南，但内心里面已经深深地敬重着他。

虞世南被唐太宗礼聘为十八学士之后，经常陪唐太宗读书。他到底教会唐太宗哪些东西，后人已经知道的不多了，我们只能从唐太宗的话语中得到一点信息。唐太宗说虞世南看起来是个文弱书生，但是，一讲到历史上“古先帝王为政得失，必存规讽，多所补益”，虞世南会变得激昂起来，“志性抗烈”，浑身张扬着一股贯通天地的正气，纵横古今，讲论治国之本与为君之道，让唐太宗肃然起敬。有时候，唐太宗讲话不在理，虞世南会马上开导他，让他知道自己的缺失，怅恨不已。虞世南让唐太宗深切认识到了文化才是一个民族、一个国家的根本，说出了“群臣皆若世南，天下何忧不理”（《旧唐书·虞世南传》）这样的话。

古代的皇帝都喜欢占卦算命、看风水、问灾祥，唐太宗也不能免俗。贞观八年（634年），陇右山崩，大蛇也跑了出来。唐太宗赶忙问虞世南如何辟邪消灾？虞世南借着这个机会建议唐太宗注意平反冤狱，只要国家政治清明，则“妖不胜德，惟修德可以销变”。后来，天上出现彗星，古人视此为不祥，唐太宗又去请教虞世南，虞世南从历史的例子讲到当下，告诫唐太宗天变不足怪，关键是要积善修德，千万不要以为自己功高盖世，皇帝做久了，便骄傲起来，忘乎所以，有善始而没有善终。

这些话就像是当头棒喝，谁敢对皇帝说呢？然而，就因为没有人敢讲，所以，有不少颇有作为的皇帝在颂声四起中狂傲起来，恣意妄为，祸害无穷，这是非常惨痛的教训。唐太宗能够善始善终，虞世南这样的“人镜”功不可没。

唐太宗听了之后，果然深刻地反省自己，他回顾自己仅仅二十四岁就打平天下英雄，二十九岁登基称帝，如此年轻就取得如此辉煌的功业，可谓前无古人，后无来者，唐太宗以此自豪，日久生骄，“颇有自矜之意，以轻天下之士，此吾之罪也”（《旧唐书·虞世南传》）。照镜穿衣，见贤思齐，身边始终放置多面“人镜”，开批评之风，就可以常葆青春。

正因为“人镜”来之不易，所以一旦损毁，无限伤悲。虞世南毕竟年龄太大，不能陪伴唐太宗一辈子。贞观十二年（638年），虞世南去世，唐太宗为之痛哭，写了一首悼亡诗，令大臣拿到虞世南陵前焚烧祭奠，希望神火能够将此传达给虞世南。唐太宗总结虞世南有五大优点："一曰德行，二曰忠直，三曰博学，四曰文辞，五曰书翰"，回忆往事，唐太宗缅怀道："吾有小失，必犯颜而谏之。今其云亡，石渠、东观之中，无复人矣，痛惜岂可言耶！"（《旧唐书·虞世南传》）要不是唐太宗说出来，人们还难以知道原来在宫内君臣相对之时，虞世南对唐太宗如此严格，哪怕一点小过失都会毫不留情地批评指正。现在虞世南走了，唐太宗不是感到轻松了，而是悲伤再没有人能够在身边指导和督促自己了。虞世南这面镜子，照出来的是高尚的品德和卓越的人文精神。

3. 第三位讲魏征。

说到唐朝的"贞观之治"，人们一定会联想到魏征，他已经成为那个时代的标志性人物。魏征出自太子李建成幕府，属于李世民政敌的阵营，而且是主要的谋士。玄武门政变，李建成被杀，李世民活捉魏征，带到跟前，审问道："你离间我们兄弟，该当何罪？"众人见到李世民一脸怒容，不由得股栗，可魏征全无惧色，从容回答道："你兄长如果听从我的意见，就不会有今日的惨祸。"在一旁听的人都为魏征捏了一把冷汗，没想到李世民听后反倒怒气全消，以礼相待。为什么呢？因为李世民看中的就是魏征在权力威逼之下，到了生死关头还敢讲真话，毫不屈服献媚，有骨气，有忠心，又有才气，这种人才是帝国需要的栋梁，所以，李世民不但没有杀魏征，反而重用了他。

出自李建成阵营的还有王珪，唐太宗都念在他们忠诚与正直，既往不咎，而且还留任要职。唐太宗的宽容与坦诚，感动了魏征和王珪，他俩心存感激，知恩图报，尽心尽力辅佐唐太宗。王珪曾经说过，魏征是恨不得让唐太宗能够和尧舜相比，成为一代伟人。

正因为如此，所以，魏征一直用圣贤的高标准来要求唐太宗，从朝廷决策到私生活的方方面面，他都希望唐太宗做得最好，否则便会直言不讳地劝谏、批评，而且是不顾及情面的批评。这绝不会是件快乐的事情，即使像唐太宗这么有自信，这么有胸怀和定力的人，常常也下不了台，甚至被激怒欲狂。有一次，唐太宗被魏征当朝顶撞，硬生生忍下一口气，拂袖而去，退回宫内才发作，恨恨地说："我一定要宰了这个老农！"长孙皇后听到后，连忙问太宗是怎么回事，太宗说："就是那个魏征，每次在朝堂上和我激辩，让我很没面子。"长孙皇后马上退下，更换正式的朝服，郑重其事地回来向唐太宗施礼庆贺。唐太宗一下子摸不着头脑，询问怎么回事？皇后答道："我听说君主圣明，臣下忠贞。现在陛下圣明，所以魏征敢于直言。臣妾充数在后宫，知道这样的喜事，能不向陛下庆贺吗？"皇后的一席话，说得唐太宗转怒为喜。

既然想让唐太宗成为一代伟人，魏征对唐太宗有许许多多的劝谏，其中著名的《谏太宗十思疏》《十渐不克终疏》等篇章，留存史册，传颂于后人口中，成为治理国家的警示名言。魏征在唐初力排众议，主张以德治国，提出"兼听则明，偏信则暗"，藏富于民，等等，极大地影响了唐太宗治理国家的方针政策。据史书记载，他直言劝谏唐太宗的表文就有 200 多篇，而且还经常当面犯颜力争，只要他认为正确的事情，就会坚持到底。有一次，唐太宗不无委屈地对魏征说："每次争执，我不让步，你就不理我，最后还要我来说好话。"魏征竟然回答道："那是当然的，因为你必须改正错误。"我们在历史上几时见过这样的君臣关系呢？

在魏征身上，可以看到对国家的忠诚和长远战略眼光，铭记历史的经验教训，牢牢把握正确的方向，着眼大局，深谋远虑，从治本的高度来处理日常国家事务，让唐朝避免了许多前进道路上的陷阱和岔道。

4. 第四位讲王珪。

王珪是山西太原人，曾经是李建成的心腹谋士，献策铲除李世民而被流放。唐太宗登基之后，爱惜其才，不计前嫌，把他从流放地解放出来，担任谏议大夫。王珪并不因为自己曾经受到的挫折而从此明哲保身，他被唐太宗的大度和抱负彻底折服，尽心谋国，大胆上书，直接批评唐太宗的过失，毫不避忌。唐太宗用王珪，要的就是成为自己的一面镜子，王珪确实做到了，唐太宗非常满意，特地对王珪说："你如果一直担任谏议之官，我就永远都不会犯错误了。"君臣相知甚深。

王珪很快当上了宰相。有一次，唐太宗在宴会上展示他身边的美女，指着一位绝色美女对王珪说："你看这位美人，原来是庐江王的人，庐江王造反，失败后家族被抄没，所以到了我身边。"说到这里，唐太宗非常感慨，接着说出了这位美人的身世，原来她生在民间，有自己的家庭，就因为她长得太漂亮了，不幸被庐江王看到，庐江王便把她的丈夫杀掉，把她抢到手里。唐太宗叹了口气，说道："杀人家老公抢夺妻子，多么残忍暴虐，这样的人能不灭亡吗！"

听完唐太宗的介绍，王珪动容了，他马上起身，正衣冠，认真地问唐太宗："您觉得庐江王这么做对不对呢？"

这不摆着明知故问吗？唐太宗说："当然不对。"

那好，王珪就给唐太宗讲了一个故事，说的是齐桓公去虢（今山东聊城一带）这个地方视察，召见当地的老百姓，问他们虢为什么会灭亡？当地的父老告诉齐桓公，说虢国君主亲近好人，厌恶坏人，所以他灭亡了。齐桓公觉得很奇怪，虢王亲近好人，不是对的吗？远离小人，不也对吗？怎么就灭亡了呢？父老又说道："虢王虽然亲近好人，却不能任用他们；讨厌小人，却不能驱逐他们，结果呢，他身边净是小人，所以就灭亡了。"

王珪要告诉唐太宗什么呢？知易行难，仿佛明白的大道理，自己不去做，其实根本就不明白。世间上所有的道理、道德、知识，最关键的不是光喊着要别人去做，而是要身体力行，自己努力去实践，才能够真正掌握。做人要知错能改，就像虢的君主一样，好像懂得亲君子远小人的道理，但自己不能够落实，结果适得其反，远君子而亲小人，这书不等于白读了吗？你既然知道庐江王抢人家的妻子不对，那现在这个美女怎么会在你身边呢？你不也错了吗？说实在的，领导私生活的事情，不同于国事政务，最容易招来恼怒，所以做部下的很难开口劝谏。王珪就是骨鲠，为了唐太宗好，他就敢于直言，真正是良药苦口，唐太宗特别看重他的正是这一点。

唐太宗是个明白人，更是以社稷为重的领袖，虽然非常喜爱美人，但是听了王珪这番劝谏，当场决定，把这位美人送回家去。

王珪善于识人，所以，唐太宗有一次问他，你会看人，那么，你说说大臣们的特长，同你作个比较。王珪便逐个点评道：全心全意去为国家着想，勤勤恳恳，我不如房玄龄；不避个人得失，直言敢谏，恨不得皇上能同尧舜这样的圣人相提并论，我不如魏征；文武双全，出将入相，我不如李靖；奏事详细明了，裁断公文平正，我不如温彦博；处理繁杂的日常政务，把各种事情办得十分妥帖，我不如戴胄。然而，在批判丑恶、弘扬正气、疾恶好善这方面，我和他们相比也有自己的特长。

对于王珪的这番评价，唐太宗非常认同，他曾经对王珪说："你所指出的都是我的过失，自古以来，身为君主的没有不希望社稷永远安泰的，然而却做不到，这是为什么呢？是因为听不到对自己的批评，或者是听到了却不能改。现在我一有过错，你马上直言指出，而我听到后能够改正，这样的话我们就不愁社稷不安定。"

孟子曾经说道："惟大人为能格君心之非，君仁莫不仁，君义莫不义，君正莫不正，一正君而国定。"（《孟子·离娄上》）只有贤哲伟人才能够让君王通过对比感受到自己的错误和不足，君王仁慈了，天下人都会变得仁慈；君王正义了，天下人都会变得正义；君王公正了，天下人都会变得公正；君王好了，国家就治理好了。

儒家主张的是精英政治，从君主到官吏都应该是人杰，所以首先要学会做好人，才能从政做官。在政治的金字塔中，越往高处上升，就有越高的道德和修养的要求，君主应该是道德的楷模。孔子在《论语·颜渊》中说："君子之德风，小人之德草，草上之风，必偃。"君子的道德像风，小人的道德像草，风在草上吹，草必定随风而倒。人世的道德、社会的风气，要从君主到官员做起，唐太宗首先从自己做起，在身边安排了一批堪称楷模的大臣作为镜子，正人先正己，保证国家首脑精良，承担起以德治国的重任。

如何以史为鉴

历史不是一个任人打扮的小女孩，你爱怎么说就怎么说，也不是用作茶余饭后打发时光的谈资，而是在我们之前世界上发生的一切事情的记录，让我们了解其前因后果，吸取成败得失的经验教训。因此，历史要求我们客观、公正、详实地叙述事情发生的经过，它让我们有一双锐利的眼睛和善于思考的大脑。

想要自己耳聪目明，就要看清事情的真相，了解各种说法；想要自己聪明，就要知道过去的经验教训，越多越好。同样的道理，想要有大智慧，就必须熟悉历史。历史是记录几千年智慧的宝库，掌握得越丰富，智慧的境界就越高。

想要了解历史，首先要尊重历史，才能学到真正的智慧。尊重历史要求人们千万不能扭曲历史，迎合自己；也不能割裂历史，只取所需；更不能伪造历史，自欺欺人。因为这样做就不能真正看到问题所在，等于蒙蔽了自己的双眼。只有客观地对待历史，才能看明白别人为什么采取这样的对策，从中受到启发。没有客观的历史，就得不到真正的智慧，在这个意义上，才能说历史是一门智慧的学问。

唐太宗的第三面镜子是史镜。历史从来都为现实政治服务，古今中外都是如此。因为历史是古代智慧的结晶，特别是古代的历史记载，最关注的是政治过程和治理国家的经验教训。后人从历史中能够汲取最多的养分。唐太宗对此是有深刻认识的，他说道："朕每观前代史书，彰善瘅恶，足为将来规诫。"（《贞观政要·文史》）

要让历史更好地为现实服务，首先就要客观详实地记述历史。唐太宗登基之后，非常重视修史，精心挑选一批有文史之才的官员主持编纂前代史书，让令狐德棻和岑文本负责《北周书》，李百药负责《北齐书》，孔颖达和许敬宗负责《隋书》，姚思廉负责《梁书》和《陈书》，令魏征负总责，增删修改，最后定稿。魏征撰写了《隋书》序论和《北齐书》《梁书》和《陈书》的总论。唐朝编纂的这几部史书，都被称作良史。

历史不是用来作宣传的，其借鉴作用在于客观公正，还原事实的过程和真相，了解前人处理历史事件的手法，从中才能汲取真正的经验和智慧。这一点，贞观年间编修的史书基本做到了。值得注意的是这时期编修的史书集中在南北朝，尤其是隋朝。中国古代有一个好传统，那就是为前朝修史。除了南北朝分裂动乱时代，朝廷无暇顾及修史而外，直至近代无不迅速地为前朝修史。

为什么把修史提到如此紧迫的程度呢？最重要的有三条：

第一，客观总结前朝的教训，找到本朝的方向。《老子》说过："不善人者，善人之资。"前朝的失败，正是本朝要避免的覆辙，反其道而行之，则将成为本朝成功的起点。唐朝是推翻隋朝而建立的，但是，在修史问题上，唐朝并没有通过抹黑隋朝来证明自己的合法性，而是十分冷静客观地总结隋朝的历史：隋朝举全国之力开凿大运河，把关中、华北和江南三大区域紧密联系起来；创建雄伟的首都长安，修筑天下粮仓；重新修建万里长城，打败了长期欺凌中原王朝的突厥；大量裁废朝廷到地方的行政机构，理顺国家行政体制，打造一个强大的王朝，等等，每年平均所做之事，在古代王朝里恐怕是最多的。对于隋朝这些业绩，唐朝史官都没有隐瞒和抹杀，这样就会让人们自然想到，为什么隋朝这么强大，做了那么多事情，反而灭亡得飞快呢？由此得出的教训才是真实而有益的。

第二，前朝成功的经验可以提高本朝的执政水平，不至于因为大的革命而造成新政府管理水平的倒退。推倒重来，往往是重新由低水平做起。唐朝就不这样做，例如隋朝新创立的三省六部制，在当时无疑是最合理的国家制度，达到了很高的管理水平，像这样的东西，唐朝并没有将它砸烂，而是直接继承，使得政权的过渡保持在很高的执政水平上。

从借鉴的角度来说，前朝的历史比任何时代的历史都重要。因为前朝的失败正是本朝建立的依据，因此，前朝的经验和教训对于本朝最直接也最有实际意义。不客观总结前朝历史，就只能在盲人摸象中探寻重建的道路，事倍而功半，同时反映出自身缺乏自信和底气。这就是唐太宗特别重视编修《隋书》的原因。在贞观年间编纂的南北朝史书中，《隋书》是由最具历史眼光的宰相魏征领衔，并亲自撰写序论的，重视程度了然可见。

另外还有一部史书也是由宰相领衔编纂，那就是房玄龄主编的《晋书》。这又是为什么呢？

因为西晋是东汉帝国灭亡之后，直到隋朝以前仅有的一个曾经统一中国的王朝，虽然统一的时间很短，但是，西晋如何结束三国的分裂，又如何尝试统一中国，将其同隋朝作比较，是非常难得的历史经验。正是出于对如何重建统一帝国的高度重视，唐太宗亲自为《晋书》写了四篇评论，分别评价了晋宣帝司马懿、晋武帝司马炎、陆机和王羲之，政治领袖和士人正好各占一半，说明两个问题，一是总结西晋的政治教训，二是反映出唐太宗对于文治的高度关心。

在评论晋武帝的时候，唐太宗指出其失误在于，“不知处广以思狭”，“居治而忘危”，“况以新集易动之基，而无久安难拔之虑”（《晋书·五帝本纪》）。西晋从东汉末年以来信仰崩溃的废墟中重建，统治者没有充分认识到统一需要相当长的时间才能巩固，安而忘危，没有长治久安的政治远见和建树，所以其统一只是昙花一现。有了这个认识，唐太宗登基之后不断提醒自己和大臣们“水能载舟，亦能覆舟”，居安思危，避免重蹈西晋的覆辙。

国家怎么做才能长治久安呢？除了制度建设之外，最根本的是要实行文治，这个问题需要大篇幅的介绍，我们留在后面来讲。文治需要士人真心诚意的支持，所以，唐太宗专门研究了陆机这位才识过人的士林领袖人物，并为他的传记写了评论。

西晋的统一远远没有隋朝成功，但是，隋朝只维持了三十八年，唐太宗君臣是如何分析其原因的呢？《贞观政要·君道》收录了魏征的上疏：

过去隋朝统一天下，军队精锐强大，三十多年里风行万里，声威震动远方。但是，一旦被推翻，江山全都成为他人所有。难道是隋炀帝不想让天下安定、国家长治久安，所以故意倒行逆施，实行夏桀的暴政，促成国家灭亡的吗？其实，他是自恃富强，做事情不顾后患，驱使天下百姓满足自己的欲望，尽取万物来供奉自己，挑选国内的女子，寻求远方的奇珍异宝，装饰宫殿花苑，建造壮丽的楼台，不停征调徭役，发动战争。他对外显得威严庄重，内心却阴险刻忌，奸邪进谗的人必定获得福禄，而忠诚正直的人无法保全性命。上下相互蒙蔽，君臣貌合神离，老百姓不堪重负，终于搞得国家分崩离析，自己身为四海之尊却死于匹夫之手，子孙被斩尽杀绝，为天下所耻笑，这是多么令人痛心啊！

魏征客观地指出，没有哪个皇帝会故意倒行逆施搞垮国家的，隋炀帝也想治理好社稷，但是，他犯了以下这几条重大错误：

1. **骄**：“恃其富强，不虞后患。”隋朝太骄傲了，因为它很强大，政治、军事、经济都非常强大，因而有恃无恐，心想我掌控着所有的资源，还有什么好害怕的？骄傲一定完蛋，治国的人要懂得怕。中国古人早就告诫统治者，治理国家要如履薄冰，小心谨慎。隋朝就是不懂得害怕，把事情都做绝了，所以三十八年就灭亡了。

2. 苛：“驱天下以从欲，罄万物而自奉，采域中之子女，求远方之奇异。”对老百姓残酷的剥夺，把全天下的资源都尽可能地征调上来，集中于朝廷。

3. 奢：“宫苑是饰，台榭是崇。”朝廷手里的钱多了，就会大手大脚地挥霍，大兴土木，建造宫殿楼台，装饰得富丽堂皇，无比奢侈。

4. 争：“徭役无时，干戈不戢。”朝廷是不会生钱的，兴建的工程多了，钱就不够花，于是在法定的租税徭役之外，不断开辟新的征收渠道，税外加费，强征暴敛。对外则发动战争，陷入恶性循环。对内与民争利，对外争雄称霸。

5. 险：“外示严重，内多险忌。”经济上的高度集中，必然反映在国家政治方面，那就是强化集权统治，猜忌多疑，光鲜外表包裹的是阴险。

6. 邪：“谗邪者必受其福，忠正者莫保其生。”专制统治必定造成一言堂的局面，朝廷上下粉饰太平，顺着皇帝意旨说话，逢迎进谗的人飞黄腾达，说真话讲原则的人受到严厉打击，政治风气日益奸邪。

7. 隔：“上下相蒙，君臣道隔。”朝廷内部上下相互欺瞒，官民之间离心离德，社会阶层之间难以沟通，用现在的话说，就是出现了社会断裂的现象。

8. 夺：“民不堪命，率土分崩。”大家都睁着眼睛说瞎话，官吏为了自己的利益不断加重社会负担，结果老百姓承受不了，最后导致国家崩溃。

这些病因起初是一条一条出现的，统治者根本不当回事，任其发展，最后这几条病因先后都产生了，汇聚到一起，猛烈爆发，导致隋朝迅速灭亡。从表面上看，好像是突然暴毙，其实里面有一个逐渐演变的过程，没有认真深入的分析，就不明白隋朝灭亡的原因。

把隋朝灭亡的病因归纳起来，就是恃力而骄，纵欲而奢，任用小人，阻塞言路，与民争利，兵役无度。这几点确实击中要害，也比较公正。以此为戒，唐太宗执政便出现了谦恭执政，节欲勤俭，公正用人，广开言路，减税养民，慎用武力，正好和隋朝截然相反，从而取得了天下大治的成就。

隋朝的政治错误应该由谁来承担责任呢？在唐太宗看来，皇帝难辞其咎。隋炀帝作为亡国之君，大家把责任尽管往他身上推，这其实并不公正，更要命的是没有把所有的病根子都找出来，这样就会留下隐患。所以，唐太宗特地向大臣们提出这个问题，问他们如何评价大家都视为励精图治的英主隋文帝，宰相萧瑀回答道："隋文帝克己复礼，勤劳思政，每每办公到太阳落山，常常接待五品以上官员讨论事情，虽然算不上仁慈，却也是励精图治的皇帝。"

唐太宗不同意萧瑀的看法，说你只知道其一，不知其二。隋文帝这个人什么事情都想察知，而内心却不明，心暗就有许多地方看不清楚，无所不察就会多疑。他又是通过宫廷政变从外孙手里抢到政权的，生怕大臣们内心不服，所以不肯相信百官，所有的事情都由自己独断，虽然工作得伤神憔悴，处理的事情却不见得合理。大臣们知道他的心思，都不敢向他直言，宰相以下的官员只是顺着他的意思办事而已。以天下之广，百姓之多，国家事务千头万绪，需要变通处理，这就应该委托相关部门研究，宰相总的筹划，才能够把事情办得稳妥。

正因为吸取隋文帝的教训，唐太宗的政风就要民主多了，事情交给宰相们集体筹划，集思广益，皇帝高屋建瓴，严格执行法令，这样就不愁国家出乱子。

第三，敬畏历史。这对于至高无上的君权是一个很好的制约。唐太宗曾经问谏议大夫褚遂良道："我如果做了不好的事情，你是不是都要记录在史册里？"褚遂良给予肯定的答复，在一旁的大臣刘洎顺势说道："人君如果犯错误，就像是日蚀月食，众人都看得清清楚楚，即使褚遂良不记录，老百姓也会记录的。"史官的笔、老百姓的眼，是对皇权很好的监督。

魏征就直截了当地对唐太宗说道：

> 臣闻人主位居尊极，无所忌惮，惟有国史，用为惩恶劝善，书不以实，后嗣何观？(《贞观政要·文史》)

意思是说，皇帝身居极其尊贵的地位，无所忌惮，只有历史记载，能够惩恶劝善。如果记载不真实，后代还怎么看呢？

皇帝没人制约得了，唯有历史记载会让他感到有所制约。所以历史必须秉笔直书，不记录真实，要这个历史做什么呢？毫无用处。

唐太宗以史为鉴，通过对历史的总结，找到唐朝国家的出发点，构成制定国家政策的基础。

如何成为明君

国家要治理得好，首先皇帝要成为表率，治国先正君，这就是唐太宗建立的新的"帝王学"。那么，怎样做一个明君呢？成为明君，至少要做好四个方面：兼听，得人，好学，礼贤下士。

一要兼听。立志做一个"明君"并不是容易的事情，唐太宗也因此而焦虑，魏征给了他一个简捷有效的办法，那就是广开言路，使得下情通达于上，不至于被蒙蔽。

君之所以明者，兼听也；其所以暗者，偏信也。《诗》云：“先人有言，询于刍荛。”昔唐、虞之理，辟四门，明四目，达四聪。是以圣无不照，故共、鲧之徒，不能塞也；靖言庸回，不能惑也。秦二世则隐藏其身，捐隔疏贱而偏信赵高，及天下溃叛，不得闻也。梁武帝偏信朱异，而侯景举兵向阙，竟不得知也。隋炀帝偏信虞世基，而诸贼攻城剽邑，亦不得知也。是故人君兼听纳下，则贵臣不得壅蔽，而下情必得上通也。(《贞观政要·君道》)

这就是魏征常说的兼听则明，偏信则暗。他还列举了历史的经验和教训作说明，古人早就说过了，要问政于百姓。所以，尧舜时代，开四门，让百姓上言，民间疾苦无所不知，即使有公共和鲧之类的奸臣也无法蒙蔽迷惑君王。秦二世学法家的帝王术，深藏不露，结果让赵高一手遮天；梁武帝偏信朱异，以至于侯景起兵作乱都不知道；隋炀帝偏信虞世基，天下大乱还蒙在鼓里。不让权臣阻塞言路，保证下情畅通，就使得领导人耳聪目明，至少不至于成为昏君。所以，开舆论监督之门，行民主执政之道，是成为明君的必要条件。

二要得人。要听到真话，君主本身也要懂得自我克制，还要有忠诚正直的人相辅佐，常言道“近朱者赤，近墨者黑”，作为君主更要注意身边的用人。唐太宗对此深有体会，他说：

古人善为国者，必先理其身，理其身，必慎其所习。所习正则其身正，身正则不令而行。所习不正，则身不正，身不正则虽令不从。是以舜诫禹曰：“邻哉邻哉。”周公诫成王曰：“其朋其朋。”此皆言慎其所习也。朕比岁临朝视事，及园囿间游赏，皆召魏征、虞世南侍从，或与谋议政事，讲论经典，既常闻启沃，非直于身有益，在于社稷亦可谓久安之道。（《贞观政要·政体》这一段未见于通行的《贞观政要》，中华书局2009年版、谢保成集注《贞观政要集校》根据日本保存的《贞观政要》本子补入）

意思是，古代善于治国的人，必定先从端正自身做起，要端正自己，就一定要慎重交友。亲朋好友正，则自身也正，亲朋好友不正，则自身也不正，身不正则虽然发布命令，也有人不服从。所以舜告诫禹说："邻人呀邻人。"周公告诫成王说："朋友啊朋友。"他们说的都是要慎重交友。我近年临朝听政，以及在园林游玩观赏，都召请魏征、虞世南相伴，同他们讨论政事，讲论经典，常常受到启迪教益，不仅有益于身心，也有利于国家的长治久安。

君主的爱好，以及身边的人，对于君主的影响莫大，不能随心所欲，必须慎而又慎。难怪舜和周公对执政者最深长的告诫，就是千万注意"邻"或者"朋"。唐太宗把古人的告诫铭刻在心间，他休闲的时候，请最正直而有学问的魏征和虞世南陪伴，在轻松的气氛里谋划国事，探讨经典，总结治国的经验，既有利于君主自身，更有利于国家。很多人常常感到工作繁忙，难以腾出时间来学习，更不用说持之以恒了。其实，唐太宗比谁都忙，但他非常善于利用时间，把学习和游玩结合起来，玩得高雅，又获得许多启发，与君子游，寓教于乐，这是一个很好的做法。

三要好学。唐太宗经常和大臣文士游学，是其工作作风的一大亮点，唐朝有识之士对此赞赏有加，唐太宗手下著名的文臣李百药在给太宗的信中表扬他：

罢朝之后，引进名臣，讨论是非，备尽肝膈，唯及政事，

更无异辞。才及日昃，命才学之士，赐以清闲，高谈典籍，杂以文咏，间以玄言，乙夜忘疲，中宵不寐。（《旧唐书·李百药传》）

说的是唐太宗退朝之后，请名臣进来，一起讨论是非，说出心底里的话，谈论到政务，更没有不同意见。到了太阳偏西时分，唐太宗召来才学之士，和他们一起闲坐，畅谈典籍，穿插诗文吟咏、玄学高论，直到夜深，乐此不疲，甚至到半夜还不休息。

一个领导人不能整天埋头于具体的事物之中，陷得越深，就会越来越变得实用主义，眼界渐低，失去高瞻远瞩的意气风发，难以鼓舞和凝聚官员和民众一同开创一番事业，上上下下拘泥于实际利益而变得越来越庸俗。因此，经常和有才识远见的文士交游，从具体事务中超脱出来，读读书，务务虚，提高品位，增强人文情怀，有多么重要！领导人一定不能庸俗，一定要通过读书来脱俗，脱俗了才能成为一个好的领导人。唐太宗就是这样做的，退朝后同大臣们推心置腹地研究政务的是非，午后同才学之士讨论典籍，作文咏诗，无所不谈，甚至讲论被视为无用的“玄言”清谈。然而，无用乃大用，这些都是为了不断提高自己的学识和眼界，始终看清国家的大方向，给政治注入源源活力，乐此不疲，以至于通宵达旦。

唐太宗把文士看作治国之宝，从战场下来后，他马上下大力气延揽文人，广收图籍，给自己建立起强大的顾问班子。登基之前，他就在自己的天策将军府下开设文学馆，罗致四方之士，礼聘贤才，有房玄龄、杜如晦、于志宁、苏世长、姚思廉、薛收、褚亮、陆德明、孔颖达、李玄道、李守素、虞世南、蔡允恭、颜相时、许敬宗、薛元敬、盖文达、苏勖等十八人，号称“十八学士”。这批人个个博览古今，明达政事，既有多谋善断明于治道的房玄龄、杜如晦，被誉为贞观贤相；又有诗文著称的虞世南、褚亮、薛收；还有擅长经史的孔颖达、颜相时、姚思廉、陆德明，等等，为天下士人所钦慕，称之为“登瀛洲”，亦即登仙。唐太宗和这些品格高尚的人在一起，谈学问，论治道，这也是一种玩，玩得非常高雅，获得很多启发，与君子游，寓教于乐。这是他一个非常成功的经验。

唐太宗如此重视和君子士人一起学习，是因为他把提高自身文化修养和道德情操放到了重中之重的位置上。前面说过，唐太宗是一位地道的军人，当皇帝之前几乎没有时间系统学习，书读不懂，也读不下去。登基之后，他倡导文治，那就必须改变自己，下最大的气力补上文化的短板。唐太宗非常可贵的地方就在这里，他善于与时俱进，始终站在时代的前头，同时，他有自知之明，愿意放下架子，改变自己。他没有躺在统一天下的巨大功劳之上，专横骄傲，对于自己不懂的深厚文化传统由自卑转变为仇恨，肆意践踏，而是承认自己的不足，用指挥战争的自信投入学习之中。礼聘名师，不耻下问，肯学、好学、求学、苦学而博学，明大义，善思考，把文化学习同治理国家的实践结合起来，在改造和超越自我中，完成了由天才的军事统帅向雄才大略的文治皇帝的转变。

四要礼贤下士。唐太宗作为一个典型的军人，能够和文士相处得如此融洽，诀窍就在于自己谦恭向学，不耻下问；待人肝胆相照，礼遇有加。唐太宗说自己对直言敢谏的大臣是“以师友待之”(《贞观政要·政体》)，这不是那么容易做到的，放下皇帝的身份，待臣下为师、为友，这才是真正的谦恭。能够放下架子，何事不成！

这十八学士享受五品官的待遇。唐朝的宰相才三品，五品就相当于今日的司局级待遇。最让人仰慕的是他们所受到的尊重，唐太宗命大画家阎立本给他们每个人画像，题十八人名号、籍贯，藏之书府，如此礼遇，令他们竭诚尽忠。

和文人相交，鞭策着自己多读书。《旧唐书·令狐德棻传》说唐太

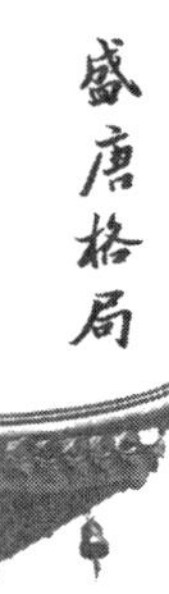

宗打天下的时候，栉风沐雨，不暇于诗书，登基之后，留心于文史，志向宏远。选拔学识卓越的文士参政议政，成为唐朝一项长期坚持的制度。

通过谈古论今的学习和务虚，要达到什么目标呢？那就是要理清国家发展的方向，通晓政教之本，寻找天下大治之道，提高执政水平和领导艺术。

在唐太宗的带领下，贞观时代不仅是唐太宗一个人在思考国家大事，而是整个朝廷执政班子都在积极思考，开拓进取，形成一股良好的政治风气。明君和良臣都不能光顾着独善其身，更要兼济天下。

广开言路和任用贤良不见得就能够成为明君，最重要的是作为领袖自身的品格和思想境界，否则再好的意见一样听不进去。那么，明君应该有怎样的认识呢？魏征给唐太宗讲了一个故事：春秋时，晋文公打猎，在大泽中迷路，遇到渔夫，许诺厚赏，请他带路。渔夫只有一个请求，就是出去后听他一席话，晋文公同意了。渔夫将他们带出大泽，晋文公让属下记下渔夫的名字，好重赏他。这时渔夫对晋文公说了这样一段话：

> 君何以名？君尊天事地，敬社稷，保四国，慈爱万民，薄赋敛，轻租税，臣亦与焉。君不尊天，不事地，不敬社稷，不固四海，外失礼于诸侯，内逆人心，一国流亡，渔者虽有厚赐，不得保也。(《贞观政要·政体》)

意思是，君王您何必要记下我的名字呢？君王要是尊敬天地，爱护社稷，保卫边疆，慈爱百姓，少征调，轻租税，我也就因此得到好处了。如果君王不尊敬天地，不爱护社稷，不巩固边防，对外失礼于诸侯国，对内违背民心，国家败亡，我这渔夫虽然得到厚赏，也保不住呀。

国家领导人的职责是什么呢？渔夫从一介平民的角度提出自己的看

法，那就是希望君王能够遵从天地自然规律，敬社稷，爱百姓，内轻税收，外和诸国，否则百姓即使有一点财产也保不住。渔夫说的，正是中国古代传统的“君道”。

渔夫的话讲得十分朴实，唐太宗也真的都听到心里去了，他曾经说过，隋朝的老百姓哪怕有一点财产，最后在国家的强征暴敛之下，没人能够保得住。因此，领导人不要施小恩小惠，那是在作秀，博取廉价的喝彩，他们应该做的是从制度上保护老百姓的利益，轻徭薄赋，让老百姓挣得了钱，还要守得住财，“人人皆得营生，守其资财，即朕所赐”（《贞观政要・政体》）。反之，如果像隋朝那样，经常有临时性的减税或者赏赐，但是经常大规模征调赋役，到手的钱财转头便化为泡影。这里说的，和渔夫对晋文公讲的，意思不正相同吗？

自从汉朝崩溃以后，所有的皇帝都大不如前，究竟哪里出了问题呢？唐太宗就此问题请教王珪，王珪说了下面这段切中要害的话：

> 古之帝王为政，皆志尚清静，以百姓之心为心。近代则唯损百姓以适其欲，所任用大臣，复非经术之士。汉家宰相，无不精通一经，朝廷若有疑事，皆引经决定，由是人识礼教，理致太平。近代重武轻儒，或参以法律，儒行既亏，淳风大坏。（《贞观政要・政体》）

王珪认为，治乱的分水岭在哪里？第一，是以百姓之心为心，还是损害百姓以满足欲求；第二，是任用有文化的官员，实行文治，还是重武轻文，以权术治国；第三，盛世必定依赖于道德水平的极大提高。如果淳朴善良之风被破坏，物欲横流，想要天下大治，不啻南辕北辙。

唐太宗总是不停地发问，不停地思考和探索，身体力行，执政二十多年，后人评价他的政绩，认为他“大德有三：一曰谦虚纳谏，二曰知人善任，三曰恭俭爱民，后世人君之德未有过焉者也”。

这个评价是溢美之词吗？《贞观政要·政体》记载：

> 太宗自即位之始，霜旱为灾，米谷踊贵，突厥侵扰，州县骚然。帝志在忧人，锐精为政，崇尚节俭，大布恩德。是时，自京师及河东、河南、陇右，饥馑尤甚，一匹绢才得一斗米，百姓虽东西逐食，未尝嗟怨，莫不自安。至贞观三年，关中丰熟，咸自归乡，竟无一人逃散，其得人心如此。加以从谏如流，雅好儒术，孜孜求士，务在择官，改革旧弊，兴复制度，每因一事，触类为善。初，息隐、海陵之党，同谋害太宗者数百千人，事宁，复引居左右近侍，心术豁然，不有疑阻。时论以为能断决大事，得帝王之体。深恶官吏贪浊，有枉法受财者，必无赦免。在京流外有犯赃者，皆遣执奏，随其所犯，置以重法。由是官吏多自清谨。制驭王公、妃主之家，大姓豪猾之伍，皆畏威屏迹，无敢侵欺细人。商旅野次，无复盗贼，囹圄常空，马牛布野，外户不闭。又频致丰稔，米斗三四钱，行旅自京师至于岭表，自山东至于沧海，皆不赍粮，取给于路。入山东村落，行客经过者，必厚加供待，或发时有赠遗。此皆古昔未有也。

唐太宗即位的时候，水旱灾害就没少过，粮价飞涨，加上突厥入侵，地方骚然不安。太宗忧国忧民，勤勉执政，崇尚节俭，广施恩德。当时，从京师到河东、河南、陇右各地，灾荒尤重，一匹绢才能换取一斗米，百姓只好外出逃荒，但没有人抱怨。到了贞观三年，关中丰收，百姓都回来了，竟然没有一个人逃散不归，唐太宗得人心到此地步！加上他从谏如流，雅好儒术，孜孜求士，择人善任，改革旧弊，兴建制度，常常从一件事举一反三，变成一系列的善政。当年和李建成、李元吉一起要谋害唐太宗的有成百上千，事件平息之后，唐太宗吸收这些人，置于身边，豁然无猜。时人认为唐太宗能断决大事，得帝王之体。他痛恨贪官污吏，有枉法受贿者，绝不赦免。在京流外官员贪赃者，都要求上报，根据他们的犯罪事实，依法重办。因此，官员多自律而清谨。管住王公、妃主等权贵，以及大姓豪强，让他们畏惧国法，不敢为非作歹、欺压平民。道路旅舍，没有盗贼，监狱常空，牛羊遍野，外不闭户。连年丰收，以至于一斗米只要三四钱，出门外出的人从京师到岭表，从山东到沧海，都不用自带粮食，就在路上购买。进入山东村落，有旅客经过，都会厚加款待，离开时还给馈赠。这是自古以来从未有过的光景！

没有如此厚德，哪里来什么盛世啊！

第四章
偃武兴文

领袖必须是时刻站在时代最前头指明前进方向、引领历史潮流的人。不能看清社会发展的趋势，与时俱进，因势利导，而是死死抱住以往的成功经验，被惯性推着走，他实际上已经落伍了，继续顽固坚持下去，甚至会成为绊脚石，走向反面。这是唐朝成功的又一条重要的历史经验。每逢历史前进的重大关头，领导人一定要冷静洞察，富有远见，既要善于适应时代的变化，也要善于不断超越自我。从古今中外的历史经验来看，一个民族、一个国家的成功，都是不断超越自我而取得的。

前面说过，要想成功治理好国家，唐太宗认为必须实现三大转变，第一是皇帝自身的自我转型，那么第二个大转变就是由创业到守成的转变，即打天下到治天下的转型。

由创业向守成的历史转变

唐朝建立以后，唐太宗向大臣们提出了一个崭新的问题，那就是创业和守成的关系。《贞观政要·君道》短短五段，就有两段在讨论创业和守成的关系，可见唐太宗对此问题何等重视。

贞观十年，太宗谓侍臣曰："帝王之业，草创与守成孰难？"

贞观十五年，太宗谓侍臣曰："守天下难易？"

对于这个问题，不同的人有不同的回答。房玄龄认为创业艰难百战多；魏征认为守成不易败亡快。唐太宗问魏征："守成只要做到任贤能，受谏诤就行了，有什么难的呢？"显然，唐太宗最初对于守成的艰难并没有充分的认识。

如果说创业容易，恐怕很少人会同意。创业者由小变大，由弱转强，九死一生，百战沙场，肯定是不容易的。对于唐太宗来说，有着更深的体会。他曾经在战场上和号称"飞将"的单雄信遭遇，唐太宗险些命丧枪下。这种事情经历多了，认为创业更难十分自然。胜利以后，坐天下似乎就是在享受胜利果实，有什么难的呢？冒出这种想法也不足为奇。然而，看不见的东西往往是最危险的，深刻的危机就隐藏在其中。

危险在哪里呢？

和平转型的五条鉴戒

危险首先在于和平了以后，人容易居功自傲，唯我独尊，走向自己的反面。其次是告别惊心动魄的生死决战，在看不见刀光剑影的战场上放松警惕，经不住利益诱惑，腐败堕落。再次是不能超越自我，落后于时代而被淘汰。所以，要成功守住天下，就要在五个方面完成重要的转变：

（一）要转变观念

有一个长期笼罩在人们头脑中的观念，那就是所谓的"打天下、坐天下"，仿佛天经地义，其实这是导致失败的重要原因。这里就讲两个众所周知的事例。

黄巢利用老百姓对唐朝后期官僚腐败的不满，煽动民众，打出推翻唐朝改善民生的口号起来造反。黄巢从山东转战进入福建、广东，几经死里逃生的残酷斗争，最后壮大起来，率领百万大军打入长安。进了首都，他和他的战友们认为胜利了，该尽情地享受成果。进入长安以后，黄巢集团的上层忘记了自己的使命，部下没有受到严格的理想教育和纪律约束，更是迷失在花花世界里，他们在长安城四处搜刮钱财，把城里殷实一点的人家捆起来拷打，让他们拿钱来赎人，称作“淘物”。富人家就不用说了，被扫地出门。高级将领看到好的宅邸就占为己有，将士看到漂亮的女子便抢走，烧杀淫掠，诗人韦庄形容当时的京城是“内库烧为锦绣灰，天街踏尽公卿骨”。好端端的一支队伍就在尽情享受天下的思想下迅速腐化，完全失去民心，同时自身也丧失了斗志，被唐朝打了一个反击，长安被夺了回去。原来对黄巢寄予希望的长安市民转过来欢迎唐朝军队，这个转变充分说明了唐朝此前失败的原因。但是，黄巢没有从中醒悟过来，他拼尽全力再度打入长安，不但不反思，反而怪罪长安百姓，纵兵屠杀，一口气杀了八万人。历经战乱的长安能有多少人？八万人这个数字足够惊人了。黄巢把这个行动称作“洗城”，其实是自掘坟墓，自绝于人民，所以当唐军再度攻破长安之后，黄巢一路败下去，直至灭亡。

明朝有个李自成，驿卒出身，因为欠债还不起，被官府捉去游街，逃出后杀死债主。又因为妻子与人通奸，杀死妻子，身负两条命案，不能立足，便投身反抗朝廷，出生入死，转战南北，提出了“迎闯王，不纳粮”的口号，得到广大民众的拥护，逐渐壮大，最后打入北京，坐起天下来。李自成进驻皇宫，把后宫中美貌嫔妃宫女留下来，其他赏赐给部将，于是将士们看样学样在京城抢掠。开始时针对的是官吏，李自成手下最主要的部将刘宗敏制造夹棍，拷打官吏，逼迫他们交钱，一上夹棍，腿骨都夹碎了，让官吏倾家荡产。这种完全没有法律的暴力行为，必定演变为无法无天的公然抢劫，李自成的军纪完全败坏了，发展到士兵们不分富人与百姓，见财物就抢，稍有反抗，就开杀戒，抢占民女，掠夺房屋，没有一天不杀人。当时京城里抢掠美色，成为高级将领夸耀的事情，女孩子都躲起来。当时有一个名动天下的美女陈圆圆，乃江南名妓，被富豪权贵买来买去，后来成为吴三桂的爱妾。吴三桂部是明朝的辽东总兵，几乎就是个"东北王"。明朝灭亡后，吴三桂部是明朝保存下来最大的军事力量，而且还和关外的清朝相接，举足轻重。李自成也知道吴三桂的重要，派人去招降他。但是李自成和刘宗敏却对陈圆圆垂涎三尺，早就按捺不住，所以顾不上吴三桂了，刘宗敏先把陈圆圆抢到手，更损的是把吴三桂的父亲也捉去拷打掠财。本来吴三桂还在动摇，这下子铁了心投降清朝，"冲冠一怒为红颜"，引清兵入关报仇雪恨，而李自成官兵个个腰缠财宝，哪里还有斗志，被打得一溃千里，政权覆灭，身死荒野。

而另一类如秦始皇和隋朝两代皇帝，他们通过战争夺取了政权，但没有把天下当作祭坛上的羔羊，而是视为自家传世家业，倾天下之力，尽心打造。他们延续战争期间的动员机制，集中一切资源，用军事作战的组织和管理方法大兴土木。因为采取的是举国一致的军国体制，所以巨大的工程都能够在最短的时间内完成，效率极高，政绩显赫。这两个王朝有一个共同点，就是兴建许多大型国家工程，万里长城，千里运河，数年而成。他们对于持异议者坚决镇压，焚书坑儒，进行政治清洗。出乎意料的是这两个强权帝国，隋朝维持了 38 年，而秦朝更加短命，仅仅 14 年就被推翻了，让世人一再看到高楼万丈平地而起，轰然倒塌却在眼前的悲剧。他们灭亡的原因比黄巢和李自成深刻得多，很多人绞尽脑汁思考分析，西汉著名政论家贾谊认为秦朝灭亡是因为"仁义不施"，其实隋朝也一样。

他们错在哪里呢？就错在建国后，他们没有适时转型，告别打天下的理论和做法，继续维持军国体制，顽固坚持战争体制以求得最高效率。治国之道，有张有弛，没完没了的军国体制，极大地超出了民众能够忍耐的程度，变成一部高效率的压榨机，效率越高，灭亡越快。说到底，这两朝皇帝都视天下为己物，他们属于独占型的统治者。

无论是征服者，还是统治者，他们都被“打天下，坐天下”的观念愚弄了。天下者，老百姓的天下，绝不是哪条好汉打下来的，也绝不是哪位皇帝的私有物，因此根本不存在“坐天下”之类坐地分赃的命题。英雄逐鹿，争的是天下的管理权，也就是政权，因此，得天下者，获得的只是管理国家的政权。执政者是国家的最高管理者，是为民众管理天下，这点根本性的认识，不能不洞悉，否则就会犯下大错，乃至大罪。难能可贵的是唐太宗对此看得十分透彻，才会说出：

> 天子者，有道则人推而为主，无道则人弃而不用。（《贞观政要·政体》）

这是多么深刻而真实的话。皇帝及其代表的政权，其合法性在于“有道”与否，也就是执政的好坏，而这一评判是由人民来决定的。因此，要转变观念，告别斗争，抛弃“打天下，坐天下”的想法，懂得执政也是在“打天下”，必须不断地和老百姓同呼吸共命运，一道开拓进取。越早越快实现这个转变，整个国家和社会就能把斗争造成的破坏压缩得越小，老百姓就不会在残酷的内斗中不停地折腾，从斗争到建设的过渡就越平稳顺畅，社会才有长治久安可言。懂得这个深刻道理，才能讨论创业和守成的难易，因为这不是一个技术性的问题。

（二）要适时转型

如上所述，取得政权之后，必须及时认识到形势已经发生了根本性的变化，必须适时转型，解甲归田，从为战争服务的斗争型体制转为和平建设型体制。魏征回答唐太宗的时候，说道：

> 帝王之起，必承衰乱。覆彼昏狡，百姓乐推，四海归命，天授人与，乃不为难。然既得之后，志趣骄逸，百姓欲静而徭役不休，百姓凋残而侈务不息，国之衰弊，恒由此起。以斯而言，守成则难。(《贞观政要·君道》)

这是说，帝王崛起一定是因为前朝衰乱。推翻昏庸奸诈，百姓拥护，四海归心，这是上天和百姓所授予的，夺取天下并不困难。但是，获得政权之后，志趣骄逸，百姓要宁静，国家却徭役不休，上面大兴工程，下面凋残不堪，国家衰败都是因此而起的。据此而言，守成更难。

和平建设不能用战争的体制，不能取之无度，要及时从资源向国家高度集中，转向以老百姓富裕为目标的可持续性发展。不能与民休息，不能给老百姓实惠，不能从制度上保证老百姓的权益，国富民穷、国强民衰都是造成政权覆灭的原因。因此，国家要从社会生产的直接参与者和主角逐渐退出，承担起国家应尽的职责，那就是成为引导者和管理者。

（三）必须客观而冷静地总结前朝失败的教训

前朝的失败，是后起王朝成功的莫大机缘，决不能重蹈覆辙。

1. 前朝的苛政，要及时地废除，否则就像魏征说的，“若成功不毁，即仍其旧”（《贞观政要·君道》）。这些苛政你维持下来，那你跟他一样坏，要马上改。

2. 有些前朝的事业，从长远看是有利的，但当下难以承受，那就要考虑先缓下来，不能大干快上，否则又像魏征所说的，“人不见德，而劳役是闻”（《贞观政要·君道》），当时的老百姓看不到这些事业的好处，看到的只是繁重的劳役。

3. 对于前朝的暴政乱政，不能用新的暴政去取代它，不应该以暴易暴，否则就像是“负薪救火，扬汤止沸，以暴易乱，与乱同道”（《贞观政要·君道》），意思是，背柴救火，舀开水止沸，用强暴来代替动乱，和动乱同出一辙。

4. 至于本朝要兴建的工程，特别是显示出政绩的工程，就要慎重了，要“将有作则思知止以安人”（魏征《谏太宗十思疏》），也就是有所作为的时候一定要懂得有度，不要给当下的老百姓造成太大的负担。国家工程是好是坏，其评价的第一条标准并不是工程本身的利弊，或者长远有利与否，而是当下百姓承受的程度如何，不堪承受或者痛苦指数很高的，就不能算是好的。“安民”远比“兴役”更具有根本意义。

（四）必须居安思危，保持执政的谦卑态度

魏征坚持认为，守天下比得天下更难。难在哪里呢？千难万难，其实最难的还在于夺取政权之后没有及时完成自身的转型，把权力视为享受的猎物，高度集权，唯我独尊。在这种情况下，管理者变成了统治者，自以为社会资源都集中在自己手中，没有什么好害怕的。有了这种心态，就一定会在享受权力中骄奢而懈怠。这种情况不容易在创业的年代发生，那是因为有强大的外在压力和生存危机，创业者必须任用贤能，接受谏言。但是一旦夺权，便会在权力的腐蚀下日渐腐败，自己不知道，却还把创业时老百姓的支持看作是天命。对国家和人民有责任心的人，掌权之后是战战兢兢，如履薄冰，而享受权力的人则是“既得志，则纵情以傲物”（魏征《谏太宗十思疏》），结果是走向反面。忠诚的人不敢说话，谄谀小人纷纷得志，部属苟且敷衍，没人尽心尽力，貌恭而心不服，顺旨而怀怨言，离心离德，逐渐走向灭亡。

唐太宗君臣的这番讨论极为重要，也非常深刻，唐太宗分别用西晋和隋朝两个例子做了很好的说明。

西晋败在骄奢腐败。唐太宗给大臣们讲了一个故事，有一天，西晋大臣何曾回家后对儿子说道："我见到皇上每次上朝都不谈国家大计，只说平生家常，这不是可以传之子孙的，你或许可以免祸，但孙子辈恐怕就逃不过动乱了。"不幸的是何曾的担忧变成了事实，西晋统一犹如昙花一现。为什么晋武帝不同大臣们讨论国政呢？原因就在于西晋是通过政变篡夺政权的，晋武帝对于招降纳叛收编而来的权贵，既不敢信任，也不敢过于得罪，所以鼓励他们奢靡享乐，想用物质收买的办法让他们少过问政治。但是，对于权贵的放纵，却败坏了政风，拜金主义蔓延，又败坏了社会风气。没有志向，只有利益，争权夺利的龌龊内斗就不可避免地爆发，西晋的灭亡始于毫无道义的"八王之乱"这场统治者内部的大血拼。因为不讲道义不择手段，便导致了勾结外族打内战的卑鄙手法，结果被"五胡"所消灭。这些统治者罪有应得，最可怜的是全社会从此被拖入民族大残杀的血雨腥风之中，饱受折磨。纵容奢靡腐败，是权力傲慢的一种表现。

隋朝则是另一种典型，隋文帝和炀帝两代在短短的二十多年里，把一个长期分裂的中国统一起来，建成高度集权的体制，集中全社会的所有资源大力推进国家建设，随便拿其中的一件事业都足以夸耀青史。隋炀帝志得意满，把前代皇帝拿出来作比较，觉得自己功业超过他们，便随心所欲，内则生活放纵，大兴土木，雕梁画栋，把宫殿修得十分壮丽；外则穷兵黩武，东征西伐，民不堪命，只能起来造反，推翻隋朝。无视民众利益，同样是权力的傲慢。

唐太宗特别注重修纂《晋书》和《隋书》，就是要认真总结两个朝代失败的教训。这两个朝代的共同点，就是夺取政权后骄奢纵欲，所以瓦解于一旦。唐太宗说道："此皆朕所目见，故夙夜孜孜，惟欲清净，使天下无事。遂得徭役不兴，年谷丰稔，百姓安乐。"他还自我警戒道:“秦始皇平六国，隋炀帝富四海，既骄且逸，一朝而败，吾亦何得自骄也？言念于此，不觉惕焉震惧!”(《旧唐书·虞世南传》)

骄奢而懈怠，沉迷于物欲之中，这是一个渐进的过程，它一点一点地腐蚀正气，败坏道德，涣散人心，蚁溃大堤却不易引起警惕。所以，魏征特地给唐太宗上书，提出居安思危的十思：

诚能见可欲则思知足以自戒——知足
将有作则思知止以安人——知止
念高危则思谦冲而自牧——谦虚
惧满溢则思江海下百川——包容
乐盘游则思三驱以为度——有节
忧懈怠则思慎始而敬终——慎始慎终
虑壅蔽则思虚心以纳下——听取意见
想谗邪则思正身以黜恶——正身黜恶
恩所加则思无因喜以谬赏——不要谬赏
罚所及则思无以怒而滥刑——不要滥行

见到想要的东西要知足以自戒，打算有所作为要知止以安人，位高权重要懂得谦虚以自制，担心自满要想到海纳百川，喜欢田猎要网开一面以为度，忧惧懈怠要想到慎始慎终，不想被蒙蔽就要虚心待下，避谗邪就要身正以去恶，恩赐时要想到不要因为高兴而错赏，处罚时要想到不要因为愤怒而滥刑。

时时以这十条反省，择贤任之，择善从之，就可以做到：

智者尽其谋，勇者竭其力，仁者播其惠，信者效其忠。文武争驰，君臣无事，可以尽豫游之乐，可以养松、乔之寿，鸣

> 琴垂拱，不言而化。何必劳神苦思，代下司职，役聪明之耳目，亏无为之大道哉！（《贞观政要·君道》）

意思是说，聪明的人尽献才智，勇敢的人竭尽其力，仁慈的人播撒恩泽，信义之人奉献忠诚。文臣武将努力工作，恪尽职守，君臣无事，天下太平，大家可以享受畅游之乐，可以像神仙赤松子、王子乔那样长寿，抚琴吟诵，垂拱而治，天下无需多言而大治，何必劳神苦思，去做部下应该做的日常事务，劳累聪明的耳朵和眼睛，还有损无为而治的大道。

（五）要善始善终

通过对历史的总结，以及君臣之间深入的讨论，懂得了取得政权之后必须迅速从打天下向治理天下转型的道理，形成新的治国理论和规则，这还不够。知易行难，慎终更难。魏征告诫唐太宗说：

> 凡百元首，承天景命，莫不殷忧而道著，功成而德衰。有善始者实繁，能克终者盖寡，岂取之易而守之难乎？昔取之而有馀，今守之而不足，何也？夫在殷忧，必竭诚以待下；既得志，则纵情以傲物。竭诚则胡越为一体，傲物则骨肉为行路。虽董之以严刑，振之以威怒，终苟免而不怀仁，貌恭而不心服。怨不在大，可畏惟人。载舟覆舟，所宜深慎。奔车朽索，其可忽乎！（《贞观政要·君道》）

这段话的意思是，古代众多的君王，承受天命，无不忧心谋国，成就显著，却在取得成功后政德衰落。能够善始的人很多，而能够善终的人很少，这岂不说明取得政权容易而守住政权困难吗？过去打江山时力量绰绰有余，而现在守江山却能力不足，为什么呢？当人忧虑小心的时候，必定竭诚对待下面，一旦得志，就变得纵情而骄傲。竭诚则各族一家亲，傲慢则亲骨肉也形同路人。到这地步，哪怕使用严刑，震怒以威吓，下面都难免心怀苟且而不存感念，外表恭顺却内心不服。怨气不在大，可怕的是人心向背。水能载舟，亦能覆舟，值得深思而谨慎；用朽烂的绳子想拉住奔驰的车辆，其危险不容忽视。

警钟长鸣，所以唐朝能够避开隋朝的胜利陷阱，打造三百年的江山。

第五章
以民为本

皇帝清正自律，把国家巨轮转到和平发展的航道上来，这就是前面叙述的“治国先正君”和“创业到守成”的两大转变。其实，这两大转变都是为着第三个转变而展开，没有第三个转变，这些都落不到实处。因此，第三个转变是最根本的。那么，这个转变是什么呢？那就是要牢牢确立国家大政方针的基本点，把对方向。

国家大政方针的基本点是什么

《贞观政要》一开篇，唐太宗就毫不含糊地说：“为君之道，必须先存百姓，若损百姓以奉其身，犹割股以啖腹，腹饱而身毙。”也就是说，国家必须以存恤老百姓为第一要务。唐太宗在这里打了一个比喻，刻薄百姓犹如割腿上的肉来填饱肚子，肚子饱了，人却死了。因此，老百姓是立国之本。

在当时提出这个问题很有针对性。这话怎么讲呢？因为隋朝的灭亡并不是因为官吏的经济腐败造成的，而是搞得民不聊生，揭竿而起。唐太宗亲眼看见了这一切，才会说“光考虑朝廷而不关心民生，甚至刻薄百姓，结果无异于自杀”的话。对于大乱之后好不容易统一起来的国家，应该如何去治理呢？唐太宗打了个比喻，提出几条原则，记载在《贞观政要·政体》中：

> 贞观五年，太宗谓侍臣曰："治国与养病无异也。病人觉愈，弥须将护，若有触犯，必至殒命。治国亦然，天下稍安，尤须兢慎，若便骄逸，必至丧败。今天下安危，系之于朕。故日慎一日，虽休勿休。然耳目股肱，寄于卿辈，既义均一体，宜协力同心，事有不安，可极言无隐。傥君臣相疑，不能备尽肝膈，实为国之大害也。"

这段话讲了四个问题：第一个，唐朝刚从战争废墟中建立起来，百废待兴，这时候治理国家就如同护理重症患者，要耐心、细心，不能操之过急。当务之急是解除压在老百姓身上的各条枷锁，去除苛政，减轻税赋，与民休息，让病人恢复元气。唐朝建立之后，本着这个思路休养生息，没有让老百姓勒紧腰带去大搞建设，所以取得了一定的效果。

第二个，社会经济稍微恢复，就像病人稍稍有点起色，这时候更需要注意固本培元。认识到这一点，非常重要。因为唐太宗即位后，唐朝基本进入和平发展时期，休养生息。到了贞观五年，也就是唐太宗说上述这段话的时候，国家开始有起色，连年的自然灾害停止了，到外地寻找生路的老百姓也先后回到家园，乡村出现人群熙攘的安定景象，手工业和商业也活跃起来。在其背后，出现了新的思想涌动，官员们想到了这些年来朝廷为了恢复社会经济而压下来的一批工程事业，乃至财政收入，是不是该顺势而上，富民政策是不是要作出调整呢？出现这种想法应该说也是十分自然的事情，包括唐太宗本人不时也会冒出这种想法。据他自己说，他曾经几次想增修宫殿，扩建京城，最后因为考虑到社会经济上没有完全富裕而作罢。

官员作为管理者，特别是在中国古代以国家为主导的发展模式下，官员作为主要的生产建设者，肯定会见富心喜，想到增税以兴建国家工程，做一番大事业。这是任何一个朝代都会遇到的问题。对于建设与消费、国家与民众、财政税收与百姓利益的矛盾，如何平衡以及在哪个点上平衡它们之间的关系。换言之，国家向哪一方倾斜，会形成不同的发展思路和做法，其结果大不一样。在这个问题上，唐太宗比绝大多数官员更有耐心，他认识到老百姓才刚刚尝到新王朝的甜头，做起奔向富裕的梦，这时候朝廷就开始大有作为，必然要老百姓来承担税收与劳役，会让他们开始对朝廷寄托的希望落空，对于王朝的长治久安是不利的。就像一个大病初愈的人，要他马上下床劳作，他能行吗？即使能做，对其身体是有利还是有害呢？如果伤了身体这个本，那就得不偿失了。所以，唐太宗特地告诫众臣，社会凋敝的时候想到恢复民生，这是明摆的事情，可是在百姓稍安的时候，官员们就难以抑制要做出政绩的冲动，这时候最容易犯错误，造成国家政策上的偏差。“天下稍安，尤须兢慎，若便骄逸，必至丧败”，唐太宗的这一告诫，如雷贯耳。

有两件事可以看出唐太宗对于治国如养病的想法。

第一件是内政的例子。唐太宗推行以德治国，取得了比预期还好的成果，社会安定、欣欣向荣，这时候就有大臣提出了封禅的建议。

封禅是中国古代一个非常庄重的祭祀仪式，是功高德厚的君主到泰山顶上祭祀天地，向上天宣告天下大治，并在泰山顶上加土，以表示自己的功业能够增泰山之高，足以夸耀于世。历史上的皇帝内心都有着这样的期望，秦始皇、汉武帝，东汉光武帝、隋文帝等都曾经到泰山举行隆重的封禅仪式。和他们相比，唐太宗显然具有封禅的资格，而且有着更多的优势。因为他既完成了统一中国的事业，还亲自领导了国家向和平建设的转型，取得了很大的成就，奠定了唐朝盛世格局。身兼创业和守成两种角色的皇帝，恐怕是没人能够与唐太宗相提并论的。所以，唐太宗尽管考虑到民生尚不富裕而推辞过，但是内心深处能不向往封禅吗？因此，当大臣们多劝几次后，唐太宗动心了，开始讨论封禅的事情。这时候魏征提出反对，唐太宗多少有些不高兴，他质问魏征道："我统一中国，功劳高不高？"魏征回答："高。"

唐太宗接着问："那是因为我德不厚吗？"魏征答："厚。"

唐太宗问："是国家还没安定吗？"魏征答："安定。"

唐太宗问："是四夷不服吗？"魏征答："服。"

唐太宗问："是年谷没有丰收吗？"魏征答："丰收。"

唐太宗问："是符瑞没出现吗？"魏征答："出现了。"

既然封禅必须具备的条件都具备了，理由如此充足，为什么还反对呢？唐太宗问话的背后，潜藏着他的不服气。魏征当然知道，他从容劝唐太宗："您的功业当然丰硕，但是只有一条，就是咱们继承隋末战乱的摊子，户口还没有恢复，仓库也不够充实，而皇上的车驾东巡，百官跟随，千乘万骑，需要多么大的供应，地方上难以承担。而且，封禅邀请周边国家和民族的首长参加，他们也带来不少随从。从洛阳到山东，沿途有不少地方人烟还稀少，荆棘醒目可见，让他们看到这番景象，岂不是向他们展示国家的虚弱吗？更何况赏赐和招待不周，难以满足大家的期望。封禅后给百姓免税也不足以补偿他们的付出。所以，封禅是博取虚名，而受到实际的损害，陛下您将作何选择呢？"

一席话让唐太宗深思，终于抑制住内心巨大的向往，把封禅的动议硬是压了下来。此后直至唐太宗去世，多少次封禅的建议，他都没有同意，成为功高望重的皇帝没有封禅的范例。

再说一件对外关系的事例。贞观五年（631 年），远在葱岭，也就是今天新疆最靠西边的地方，有个康国，请求内附。对于古代帝王来说，这种事情求之不得。然而，唐太宗没有同意，说道："以前的帝王喜欢招徕偏远的国家，以夸耀自己德被四海、万邦来朝的威望。实际上，这对国家没有实际的好处，对老百姓更造成负担。接受康国内附，就有援救它的道义，可它离得那么远，发生急难之事，去救助则师行万里，疲惫困顿。劳损百姓来博取服远的虚名，我不做。”

封禅和远国来附，最能用来显示君主的无上荣誉乃至君权的神圣性，唐太宗却因为不愿意劳民伤财而克制不为，难能可贵。

第三个，虽然皇帝承担起天下安危的责任，但是，不能夸大一个人的作用，治理国家更需要众多的能人志士同心协力才能做到。国家内则君臣一心，外则朝野一致，团结得像一个人，才能把国家治理好。这就像医生做手术，大家必须想到一块儿，否则各做各的，岂不把病人给治死了！

第四个，要拧成一股绳，就要开民主之风，讲真话，让大家畅所欲言，坦诚相见，在反复讨论中形成共识。只有这样，才能真正做到同心同德、肝胆相照。君臣之义，在于互相帮助，同心同德。孔子说过一句很有名的话：“君子和而不同，小人同而不和。”意思是君子和谐相处，却各自坚持独立见解；小人表面一致，却内心不和。为什么呢？因为小人是围绕着利益而臭味相投的，他们最喜欢拉帮结派，以多欺少，目的都为着争权夺利。他们因利而聚，同样因利而斗。治理国家不能学小人，而要学君子，大家为了一个共同的治国目标团结在一起，把各种治国的方案拿出来一起讨论，坚持原则，敢说真话，形成民主的风气，才能把国家治理好。

唐太宗说的这四个问题，核心就一个意思，那就是要上下一心，励精图治，而实现天下大治，最根本的一条，就是要以民为本，富民才能强国。

积德在于安民

在以民为本的问题上，魏征的想法和唐太宗是一致的，他在给唐太宗的上书中说：

> 臣闻求木之长者，必固其根本；欲流之远者，必浚其泉源；思国之安者，必积其德义。源不深而望流之远，根不固而求木之长，德不厚而思国之理，臣虽下愚，知其不可，而况于明哲乎！人君当神器之重，居域中之大，将崇极天之峻，永保无疆之休。不念居安思危，戒奢以俭，德不处其厚，情不胜其欲，斯亦伐根以求木茂，塞源而欲流长者也。（《贞观政要·君道》）

魏征在这里把治国比喻成种树，根深才能叶茂。国家的根是什么呢？是民，是民心，这才是本，不要眼睛总盯着物，只见钱物，看不到人，用功利主义来指导国家政策，那就过于小家子气，鼠目寸光，抓末丢本。国家培植深根，只有一个办法，那就是“以德治国”。所以，魏征提出要“积其德义”，执政者积德要厚，理性要超过欲望，亦即“德处其厚，情胜其欲”。

唐太宗和魏征打的两个比喻，告诉人们治理国家要把握的三个要点：一要耐心细致；二要持久稳重；三要积德固本。

我们常常说做人要积德，其实国家更要积德，否则是走不远的。要做好这三点，掌握大局的最高领导人非常重要，兴办大事业的时候，不但要想到功在千秋，更要想到德在人心；不但要发展经济，更要富民安民，没有老百姓的安居乐业，就不会有国家的强大。唐太宗作为最高统治者，他非常关心民间疾苦，力戒自己不要扰民。

贞观初年，可不是风调雨顺的光景，各种自然灾害不期而至。国家刚刚安定下来，底子还很薄，唐太宗忧心如焚，派遣使者四处巡视，了解灾情，下令免除灾区当年的租税。使者回来报告关中地区出现了灾民卖儿鬻女的情况，唐太宗非常痛心。在古代，合法的买卖人口朝廷不能禁止，怎么办？唐太宗下令拿出皇宫库房的金帛，也就是动用自己的“小金库”把孩子买回来，送回父母的怀抱。朝廷赈灾措施连绵不断，可是灾情没有消除，唐太宗颁布诏书，向天祈祷说：如果能够五谷丰登、百姓平安，那就把灾害移到我身上，我甘愿为万民承担。在大内宫苑，唐太宗看到蝗虫，连捉数只，说道：“粮食是百姓的命根子，却被你们吃掉。你们还是饶了百姓，吃我的肚肠吧。”他把蝗虫吞入腹中，左右赶忙劝阻，担心唐太宗生病，但太宗说：“只要能够为百姓消灾，我不怕生病！”据说蝗虫和旱灾因此消除，是否如此灵验，不免有所夸张，但是唐太宗关心百姓疾苦、切实采取措施帮助百姓渡过灾荒的诚恳态度，确实让人感动。朝廷和百姓一条心，天灾何足畏惧！

唐太宗和百姓站在一起抗灾，虽然大家都过得很辛苦，许多百姓不得不外出逃荒，漂泊四处，但是没有人埋怨唐太宗和朝廷，史书记载：“百姓虽东西逐食，未尝嗟怨，莫不自安。”做到这一点真不容易，贞观年间官府和百姓的关系，以及当时的社会风气，由此可见一斑。

自然灾害并不经常发生，而官府却是无时不在，如果不懂得节制和体恤百姓，那就比自然灾害还严重，古人所谓“苛政猛于虎”。所以，唐太宗身为表率，提出了君静则民安的重要治国思想。

君静则民安，国家出乱子，往往起源于执政者的躁进急功近利。对于隋朝的灭亡，唐太宗对此有切身的体会，所以，他说：

> 安人宁国，惟在于君。君无为则人乐，君多欲则人苦。朕所以抑情损欲，克己自励耳。(《贞观政要·务农》)

唐太宗深深知道：国泰民安，关键在于君王，君王无为而治，老百姓就能够安乐；君王欲望太多，老百姓就痛苦不堪。唐太宗为什么要抑制自己的感情欲望呢？那就是为了克制自我，以此勉励自己。

在中央集权体制下，君王好动，对社会的影响有多大，隋朝的教训让唐太宗深刻认识到所有的英雄事业、国家大型工程，都需要老百姓去承担，所以，他懂得努力克制自己想出政绩的冲动，尽可能不要去烦扰百姓。

社会的各种关系和各种利益矛盾乃客观存在，社会安定是因为各种利益关系处在平衡状态，要打破这种平衡，谁有这种力量呢？不用说首先是掌握资源的执政者，权力越大，改变平衡的力量就越足，轻举妄动，龙腾虎跃，失衡就越严重。唐太宗讲治国先治君，不仅在个人品格休养意义上，更在于把握国家政策的意义上，领导人一定要深以为戒。隋朝曾经非常富裕，但是，富能生骄，隋炀帝因此征求无度，百姓不堪其扰，遂致灭亡。唐太宗说：

> 此皆朕所目见。故夙夜孜孜，惟欲清净，使天下无事。遂得徭役不兴，年谷丰稔，百姓安乐。夫治国犹如栽树，本根不摇则枝叶茂荣。君能清净，百姓何得不安乐乎？（《贞观政要·政体》）

他说：这些都是我亲眼见到的，所以我日夜警惕，只求清静，使天下无事，做到徭役不兴、年岁丰登、百姓安乐。治国就像种树，根本坚固，就会枝叶繁茂。君王能够清净，百姓何愁不能安乐呢？

隋朝灭亡了，隋朝两代皇帝就都那么坏吗？其实不然，我们不能全都怪隋文帝和隋炀帝，应该更深入地探讨那个时代的历史和思想观念。自从五胡十六国以来，中国衰败到无以复加的程度，周边国家可以任意欺凌，随时入侵，首都洛阳曾经被入侵者付之一炬，华北大地何处不遭兵燹抢掠，生民涂炭。北朝晚期，华北分裂成为北周和北齐两个国家，相互敌对，内乱招致外侮，北方的突厥当然不会客气，把两国玩弄于掌中。突厥可汗非常得意地说：“只要我在南边的两个儿子孝顺，我就有源源不断的财宝孝敬。”

要抵抗外辱，必须有实力。当时社会上弥漫着对于物质的重视，强调国家的硬实力，这是可以理解的，而隋朝正是在这种背景下诞生的。隋文帝和隋炀帝发愤图强，集中社会的一切资源来建设国家，希望在最短的时间内重振中国雄风，修长城，筑运河，平突厥，征高丽，把几百年的事业在短短三十年间完成了。然而，他们不顾民生的做法，却使得国家站了起来，人民却虚脱下去。隋朝轰然倒下，给了唐太宗刻骨铭心的借鉴，才有了对隋朝错误的纠偏，真正认识到什么是国家之本，以及如何培元固本治理国家的道理，从而诞生了“以德治国”的指导思想。

仁者无敌

仅仅强调硬实力，是看到表象而没有看透实质。《孟子·尽心下》早就说过：

> 不仁而得国者，有之矣；不仁而得天下者，未之有也。

凭借强大的武力和各种阴谋权术可以取得政权，也就是可以“得国”。但是，武力和权术不能取得人心，所以不能“得天下”。孟子对此区分得十分清楚。如何才能称作“得天下”呢？孟子对梁惠王描绘道：

> 使天下仕者皆欲立于王之朝，耕者皆欲耕于王之野，商贾皆欲藏于王之市，行旅皆欲出于王之涂，天下之欲疾其君者，皆欲赴愬于王。其若是，孰能御之？

让天下要当官的人都想当您的官，农民都想耕种您的田，商人都想把财富收藏在您的市场，旅行之人都想来到您的国家，所有痛恨其君主的人都想跑来向您倾诉。如果做到这般光景，天下谁能与您为敌呢？

孟子说得再明白不过了。世界帝国不是光凭武力征服而建立的，那只能是昙花一现的军事帝国，例如希特勒和东条英机之流。世界帝国必定给人类留下影响深远的文化和制度的遗产。在古代，西方有罗马，东方有唐朝，要问什么是世界帝国，不需要多做描绘，只要看到全世界的人流、物流和财富都往那里涌去，就一定是大家都向往的地方。说到底，强大的国家不是强制力特别巨大，而是让大家为之倾慕的吸引力特别巨大。

这种吸引力如何产生呢？孟子教导梁惠王："发政施仁。"施仁政，仅此而已。

怎么施仁政呢，孟子进一步开导说：

> 施仁政于民，省刑罚，薄税敛，深耕易耨；壮者以暇日修其孝悌忠信，入以事其父兄，出以事其长上，可使制梃以挞秦楚之坚甲利兵矣。彼夺其民时，使不得耕耨，以养其父母；父母冻饿，兄弟妻子离散。彼陷溺其民，王往而征之，夫谁与王敌？故曰"仁者无敌"。

这是说：对老百姓实行仁政，减少刑罚，降低租税，努力耕垦生产。年富力强的人，闲暇日子里致力于修行孝悌忠信，回家则服侍父母兄长，出去则听从长辈，这样的人可以让他们拿起武器打击秦楚装备精良的军队。因为秦楚抢夺老百姓的生产季节，害得他们没办法耕作以供养父母，父母受冻挨饿，兄弟妻离子散，国王您此时前去征伐他们，谁能够抵挡得住呢？所以说："仁者无敌！"

施仁政包括两个方面，在制度层面必须轻税、法治和奖励生产；在文化层面必须提高道德文明修养，讲忠信，求和睦。有形和无形的文化、物质和精神、文和武，两手都要抓，两手都要硬。这样一个和谐而万众一心的国家，比起秦国、楚国那种用国家暴力无限制驱使老百姓的军国体制，不可同日而语。以团结而正义之师征伐残暴，拯救百姓，则无往而不胜，所以说“仁者无敌”。什么是仁者，“保民而王，莫之能御也”。

孟子说的这一切，同前面唐太宗对治国之本的认识和论述，不正完全吻合吗？唐太宗真正继承了中国儒家政治学说中的优良传统。

既然“仁者无敌”，为什么孟子和梁惠王说了半天，一点效果都没有呢？杰出的历史学家司马迁指出，梁惠王时代，各国都埋头把自己打造成强大的战争机器，谁会去听孟子劝人为善的话呢？唐太宗把中国推向了空前的盛世，被后人永远缅怀，被称作“千古一帝”，视为难以超越的榜样。唐太宗奠定的新的政治思想和治国理论，被吴兢汇编为《贞观政要》之后，这部书就被置于历代皇帝的案头，书写在屏风上，镌刻壁立，垂则千年，成为政治学的一座丰碑。

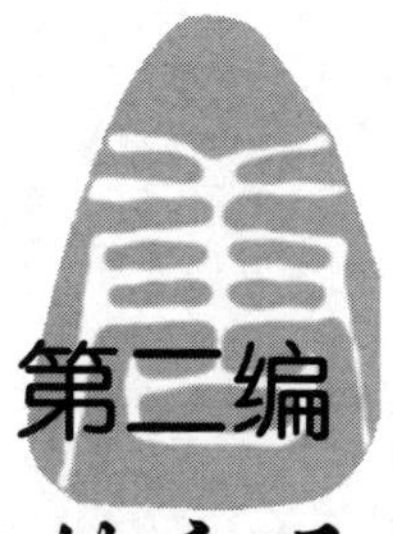

第二编

制度层面的成功实践

第六章
顶层设计：国家体制

自古以来，讲文治的帝王大有人在，然而对于文化的重要性，每个人的悟性及其境界却天差地别，这就决定了国家政策的走向。

隋文帝是从朝廷内部斗争中杀出来的人，骨子里看不起文化，《隋书》评价他“素不悦学”。

这对于唐太宗是很大的警策，他感慨道：“前事不远，吾属之师也!”因此，他真心实意地推进制度建设，建立稳定的治理体制，以确保文德治国的理念得以实现。

合理分权，防止专制

从唐朝建立以来，唐太宗就不断地从历史中学习治理国家的经验教训，他认为秦朝和隋朝是两个失败的王朝，最大的失败在于过度集权，形成唯权是视、唯我独尊的专制体制，还来不及衍生出遍地贪官王朝就灭亡了。权力凌驾于制度和法律之上的时候，便是为所欲为的怪兽。在这种体制下，政治权力森然不可侵犯，而法律则可以被权力肆意践踏，其结果必然是没有是非，只有权力；没有诚信，只有利益。

隋朝的前车之鉴，让唐太宗在反思中谋划着如何把权力这头怪兽重新关进法制的笼子里。他听说地方官张玄素深受百姓爱戴，便不耻下问，向他请教如何治国。张玄素说了一段对唐太宗产生深刻影响的话：

> 臣观自古以来，未有如隋室丧乱之甚，岂非其君自专，其法日乱。向使君虚受于上，臣弼违于下，岂至于此？且万乘之重，又欲自专庶务，日断十事而五条不中，中者信善，其如不中者何？况一日万机，已多亏失，以日继月，乃至累年，乖谬既多，不亡何待！如其广任贤良，高居深视，百司奉职，谁敢犯之？（《旧唐书·张玄素传》）

张玄素说：我看自古以来没有一个王朝乱成隋朝那个样子的，究其原因，难道不是其君主太过专权，使得法制越来越乱的缘故？如果隋朝皇帝在上面虚心接纳意见，大臣们在下面指出其缺失，怎么会乱到这等地步？而且，皇帝一言九鼎，本应慎重，却要专权，亲自处理日常杂务，假设一天裁断十条，有五条批错了，批对的称善，那批错的又该怎么说呢？何况日理万机，缺失过错就更多了。日复一日，经年累月，错误越积越多，不灭亡才怪！如果选用大批贤良官员，自己高瞻远瞩，各个官府恪守职责，谁敢冒犯？

张玄素认为隋朝的失败在于君主高度集权，百官只唯上，不唯法，不唯民，法律自然遭受破坏。如果皇帝不专权，让大臣们各守其责，尽心尽职，怎么会到灭亡的地步呢？

领导人很忙，绝不是好现象，造成这种情况不外有两种原因：

一是缺乏一支有能力的精良团队。二是领导人刚愎自用，既不信任下属，又不肯放权。

相比之下，第二种情况更加致命。隋朝有一支坚强有力的朝廷高官队伍，例如隋文帝的文胆李德林，宰相高颎，办事干练的苏威等人，然而这些人难以发挥应有的作用。听话的如高颎、苏威等，操劳于日常事务，有政治远见的李德林则被贬黜；大臣当小官使，皇帝当总管用，国家没有高瞻远瞩的领袖，上下深陷于繁杂事务之中，只求眼前利益，急功近利，政务乖谬，越错越厉害。所以，领导人不任用专业官员，侵夺下属的职权，专制独裁，是隋朝灭亡的制度运作上的原因。

隋文帝的情况，唐太宗是知道的，所以他对张玄素的分析深以为然，他曾经说："一日万机，一人听断，虽复忧劳，安能尽善？"（《贞观政要·求谏》）皇帝日理万机，曾经被歌颂为励精图治的表现。唐太宗因为亲眼所见，深刻体会到高度集权的危害性，所以，他对于皇帝事必躬亲并不以为然。皇帝高居庙堂之上，对于民间万事并不了解，却无所不管，发号施令，必定乖谬甚多。权力越大，影响也越大，皇帝错了，会造成失之毫厘差之千里的效应。作为领导人不是越忙越显得勤政，这不足以为荣，而是要善于任用贤能一起来治理。《旧唐书·张行成传》记载：

> 太宗尝临轩谓侍臣曰："我为人主，兼行将相之事，岂不是夺公等名？昔汉高祖得萧、曹、韩、彭，天下宁晏；舜、禹、汤、武有稷、契、伊、吕，四海乂安。此事朕并兼之。"

意思是说，身为君主，如果亲自处理宰相和将军的事务，岂不是夺了大臣的功名？以前汉高祖刘邦得到萧何、曹参、韩信、彭越的辅佐，平定天下。舜、禹、商汤、周武王获得稷、契、伊尹、吕望，四海安宁。这些人才我现在都有啊！

皇帝乾纲独断，等于抢了文武将相的事情来做，绝非好皇帝，而应该像汉高祖刘邦和舜、禹、商汤和周武王那样，任用贤能，把国家治理得四海皆安。舜、禹、商汤和周武王这些远古的明君的事迹掺杂了不少儒家溢美之词，不去细述。刘邦却是大家都知道的例子，他把皇帝当得最为潇洒，打天下，用韩信、彭越等天才的将军；治天下，用萧何、曹参等稳重持平的大臣，真正做到用贤良以治天下。这大概不是塑造出来的故事，因为刘邦在天下平定之后把韩信拘押到京，和他有过一段有趣的对话。刘邦问韩信自己能带多少兵，韩信说能统率十万兵。刘邦再问韩信能带多少兵，韩信回答是“多多益善”。刘邦笑了，问道：既然如此，你又为什么被我活捉呢？韩信回答得更好，说：我是带兵之人，而您是带领将军的统帅。这则对话说明当时人们对于刘邦善于用人是给予很高评价的。作为领导，要有办事能力，但那只是兵才；最重要的是要有知人善任的本事和胸怀，那才是将才、帅才。小肚鸡肠、嫉贤妒能是最要不得的，社会上最常见到的问题是兵才领导将才，真可谓千军易得一将难求。

以德治国首先体现在政府是否依法执政，它不仅靠思想认识的提高而自觉，更需要变成一种制度，才会有可靠的保证。因此，朝廷就有必要对权力进行合理的分割，成为制度性安排。政治权力是否良性运作，以及社会管治水平的高下，往往就表现在制度设计上。

体现民主决策的政治体制

唐朝是如何合理地分散权力，设计出怎样的政治体制来呢？

唐朝实行的是“三省六部制”。这套制度是隋文帝确立的，但是，将它运作好，真正发挥应有的作用和效率，则是唐太宗的贡献。

什么是“三省六部制”呢？简单地说，就是朝廷的组成，在皇帝下面设立三个省，分别是尚书省、中书省和门下省。尚书省负责国家行政，中书省负责制定国家最高政令和政策，门下省负责审议修订国家政令和政策。这三个省的级别相当，构成朝廷的中枢。在负责国家行政的尚书省下面，设立吏、户、礼、兵、刑、工六个部。这两者合称为

“三省六部制”。

这套制度在唐朝的政治运作中具有什么特色呢？一句话，追求体制内最大限度的民主，让决策、审议和行政权各自独立，政令与施政相分离，使得权力分配均衡合理且在有效监督下运行，做到理性决策，而且切实可行。

这个概括要如何理解呢？

先说“体制内最大限度的民主，让决策、审议和行政权各自独立”。作为贯彻以德治国的国家中枢权力机构，最重要的是决策民主。在决策层面，不是由哪一个部门单独负责，而是由三个省共同进行，三省长官共同组成朝廷决策班子。这三省是如何共同进行决策的呢？

国家政策的制定，往往由负责日常行政的尚书省提出问题来，即使不是由行政部门提出的问题，因为决策后的贯彻落实由它承担，所以，尚书省长官自然要参加决策。中书省负责起草国家政令，其长官当然是决策者之一。在古代王朝体制下，最高国家政令以皇帝的诏令形式颁布。最具有特色的是门下省，它是专门审议诏令的机构。国家颁布的政令，科学性和可行性十分重要。但是，每一个具体的行政部门，乃至制定政令的部门，都有其局限性，或者考虑不周，或者过于部门本位，甚至容易出现拍脑门决策的情况。国家政策一经发布，就会对社会造成很大的影响，等到具体实行以后才发现决策的失误，不得不更改甚至撤销，就造成了朝令夕改的现象，冲击国家的权威。因此，一项政策出台之前非常有必要进行严格的审议，特别是让没有具体利益瓜葛的人或者部门来审议，这对于提高决策的科学性有着莫大的好处。有鉴于此，隋唐两代设立门下省，专门负责审议中书省草拟的诏令。门下省高级官员从不同的角度提出自己的意见，根据存在问题的轻重，可能出现两种结果：一是退回中书省修改，重新起草诏令；二是完全否决。这就是门下省拥有的“封驳”权。经过反复审议修改之后形成的正式诏令，交由尚书省负责实施。让不同的部门，站在不同的立场上，反复讨论修改甚至驳回重议，才最后拍板，通过决策的民主来保证政策的科学性。

再说“权力分配均衡合理且在有效监督下运行”。把朝廷的决策分成三个部分，分别由尚书、中书和门下三省来承担，它们既是草拟政令、审议和执行三个环节有机构成的协作体系，合理地分散权力。同时，这三省又相互制衡，从而达到有效的监督。在中央集权体制内，这个顶层设计颇具新意，它通过合理分散权力来加强民主决策，并对权力运作形成监督和制约。

这种制度设计，有两重目的，第一是避免重蹈前代王朝将权力集中于一人的覆辙，第二是注重决策的科学性和可行性，力求最大限度地避免国家的政策性失误。《贞观政要·政体》记载：

> 贞观元年，太宗谓黄门侍郎王珪曰：“中书所出诏敕，颇有意见不同，或兼错失而相正以否。元置中书、门下，本拟相防过误。人之意见，每或不同，有所是非，本为公事。或有护己之短，忌闻其失，有是有非，衔以为怨。或有苟避私隙，相惜颜面，知非政事，遂即施行。难违一官之小情，顿为万人之大弊，此实亡国之政，卿辈特须在意防也。隋日内外庶官，政以依违而致祸乱，人多不能深思此理。当时皆谓祸不及身，面从背言，不以为患。后至大乱一起，家国俱丧，虽有脱身之人，纵不遭刑戮，皆辛苦仅免，甚为时论所贬黜。卿等特须灭私徇公，坚守直道，庶事相启沃，勿上下雷同也。”

贞观元年，唐太宗对门下省长官王珪说道：“中书省制定的诏敕，颇有不同意见，或有错误，所以需要相互纠正。本来设置中书和门下省，就是为了相互防止过错。每个人的意见有所不同，是非不一，这都是为了公事。可是，有人为了护己之短，忌讳听到批评，有不同意见，便怀恨在心。或者为了避免发生嫌隙，相互顾全脸面，明知政策有错，也照样付诸实行。为了官员一己之私，却成为万民的弊政，这真是亡国之政，你们特别需要注意提防。隋朝内外官员都顺旨施政，结果导致祸乱，很多人都不能深思到这层道理。在当时人人都以为不会惹祸上身，所以当面顺从，背后议论，全然不当回事。后来天下大乱，国家和个人一起沉沦，即使有脱身之人，即使没有遭受刑戮，也是备尝艰辛，而且，逃不掉被舆论所谴责。所以，你们一定要大公无私，秉持正直，有事请相互切磋，不要上下沿袭雷同。”

唐太宗刚刚即位，就提出上述告诫，特别是指出了设置中书省和门下省的制度用意，在于相互监督纠正，防止上下欺蒙，政乱国亡。唐太宗对此十分用心，相同意思的话，常常挂在嘴边，在唐朝历史中留下很多记载，仅在《贞观政要·政体》这一短篇里，就有两段。贞观三年，唐太宗再次告诫大臣们，指出他们身居决策中枢，却唯唯诺诺，苟且施政，要求他们一定要起来谏诤，勇于批评错误。

“三省六部制”是隋朝建立的，其目的在于分散宰相的权力，以强化君权。唐朝继承这一制度，看到的却是分散决策权力的好处。这样做可以尽量扩大制度内的民主，让不同部门相互监督，从制度上确保国家决策的民主与科学，避免政策失误和朝令夕改，通过正确的决策和保持政策的连续性。

“三省六部制”的第二大优点，在于改变以往的个人施政，成为集体施政。自从秦始皇建立中央集权的专制体制以来，国家行政制度的顶端是统领百官的宰相，由他对国家行政总负其责，亦即各个政府部门都接受宰相的领导，而宰相个人向皇帝负责。如果对此权力结构用简单的图来表示的话，国家权力金字塔的顶端是宰相，皇帝就像是金字塔上的避雷针，皇帝和宰相几乎是个人对个人的关系。汉武帝设立内朝，通过身边的秘书机构，直接向朝廷各个部门发号施令，要求政府部门同时向皇帝和宰相汇报，这就侵夺了相当部分的宰相权力。隋唐的“三省六部制”便在制度上规定皇帝才是金字塔的顶端，那么宰相如何重新定位呢？

第一点，宰相由行政和决策部门的首长共同组成，成为制度性规定的集体班子。换言之，唐朝行政部门的尚书省首长，以及决策部门的中书省、门下省首长，自然成为宰相。宰相班子是职务性、制度性规定的，不再是皇帝对某个人的提拔任免。第二点，宰相不再是个人，而是一个集体领导班子。由此构成宰相共同辅佐皇帝治理国家的政治结构。

决策与行政分离的执行系统

唐朝国家制度的改革远不止于此。除了决策的民主、理性的追求之外，还要在制度上尽量保证公正。不公正的根源是权力的腐败。权力的腐败既有官员个人的腐败，也有制度的腐败，后者是人们谈论较少却危害最大的方面。制度腐败源于利益分配的不公正、不公平。为此，必须尽可能让具体的利益关系同国家政策的制定分割开来，防止国家政策的制定受到具体利益的影响，甚至被利益所驱动。唐朝是这样做的，让决策和行政分离，让政令和执行分离。这实际上就是让行政与利益相分离。

第一个分离体现在宰相制度上，宰相负责朝廷最高决策，在这个班子里尽量降低行政部门的分量，上面已经做了介绍，不再多说。

第二个分离表现在尚书省六部与九卿的关系上。

宰相班子作出的决策，交由尚书省来落实。尚书省下设六个部，分别是吏部、户部、礼部、兵部、刑部、工部。

吏部负责组织人事，从官员选拔到考核黜陟，都归它管。户部负责财政税收、户籍田地等。礼部负责礼仪、文化、教育等。兵部负责军队政令和武官选拔等。刑部负责司法、刑狱、关津等。工部负责手工业、屯田和山泽水利管理。

然而，尚书省的六部并不是政策的执行部门，而是根据国家政策制定各个领域的政令的机构。也就是说，六部是掌管政令的机构。那么由谁来具体执行政令呢？那就是所谓的“九卿”。九卿设置由来已久，相传夏朝就已经设立，这些传闻不必过于当真，汉朝有九卿则是确实的，也就是有九个朝廷的政务执行部门。沿袭到唐朝，九卿分别是：

太常卿，负责礼仪、祭祀、乐律、医疾等。

光禄卿，负责宫廷膳食等。

卫尉卿，负责兵器等军需物资，以及宫内事务和日用物资等。

宗正卿，负责皇族及外戚的宗籍及管理陵寝宗庙等。

太仆卿，负责宫内车马及天下牧监等。

大理卿，负责审判案件等。

鸿胪卿，负责四方宾客使者接待交往。

司农卿，负责农业、仓储等。

太府卿，负责两京市场及物价。

以往的研究者常常以为九卿的职能和六部重复甚多，怀疑是房上架屋的机构重叠。其实两者之间的最大区别在于六部是制定政令的发令机构，而九卿则是具体贯彻落实的执行机构。这样的朝廷机构设置并非重叠，而是为了把具体的政策制定同执行分离开来，防止政策受到利益的驱动，或者造成偏差失误，或者出现腐败。

让国家从具体利益中尽可能超脱出来，站在全局的高度，客观、公正地制定政策，这是唐朝下气力狠抓的方面。因此，在整个朝廷行政的制度设计上，出现两个层次的分权：

第一个层次，在朝廷决策方面（宰相集体班子），决策部门（中书、门下省）和政务部门（尚书省）分权。

第二个层次，在制定具体政策上，政令部门（尚书省六部）和执行部门（九卿）分权。

两个层次的分权，目的都是为了确保朝廷政策的公正和科学。

不可或缺的“言官”

要保证国家政策的科学合理，上面这些制度措施足够了吗？从决策到执行的多层级分权，似乎已经考虑得相当细致了。但是要真正做到这一点，不仅需要行政上的制度措施，还需要引入第三者的监督。唐朝在制度上设置了“言官”，让他们对政策制定与执行提出建议和批评。

“言官”的设置早已有之，但是，确确实实让他们发挥作用，唐太宗时代做得十分突出。在制度上，唐朝分别在决策部门的门下省和中书省设置“言官”，其具体设置如下：

门下省设置谏议大夫四人，官品为正五品上，属于中高级官员。还设置左补阙二人，从七品上；左拾遗二人，从八品上。言官的编制和具体审定诏令的官员相等，可见重视程度之高。言官参加政务会议，跟随皇帝出行，随时随事进谏。唐朝将谏议细分为五种：讽谏、顺谏、规谏、致谏和直谏。制度上规定：“凡发令举事有不便于时，不合于道，大则廷议，小则上封。若贤良之遗滞于下，忠孝之不闻于上，则条其事状而荐言之。”（《唐六典·门下省》）言官的权力不小，认为朝廷政令不合时宜，或者违背原则，既可以提出来要求在朝廷上讨论，也可以直接给皇帝上书指陈。

中书省也设置右补阙二人，右拾遗二人。其职掌和门下省言官相同。如果说门下省是审定诏令的部门，有必要加强审议监督，那么，起草诏令的中书省也设置言官，则表明唐朝从制定政策之初，就非常注重决策是否合乎原则和时宜。言官的监督贯彻在朝廷政策制定和执行的每一个环节，从制度上广开言路，征求批评。

对朝廷乃至皇帝的进谏，还体现在门下、中书的史官上，两省都设置记录事情和言论的史官，编制档案，撰写史志。这些官员也负有通过直笔记载来劝谏得失的职责。在古代中央集权体制内，唐太宗大大强化制度内的言论批评与监督，开启了唐朝良好的制度内民主风气。

分权、不同部门相互制约和强化言论监督三者相结合，构成唐朝国家制度内的民主机制。

文化精英治国

有了好的制度设计，还应该明白制度是死的，制度的灵魂是执政的指导思想，把执政理念贯彻于制度的是人，因此，提高官员的理想道德和文化水平，培养有责任感和使命感的官员队伍至关重要。唐太宗曾经在执政初期专门询问大臣王珪“近代君臣理国，多劣于前古，何也?”王珪认为以前治理得好有两个重要因素，一是皇帝懂得克制，清静无为，心里装着老百姓。二是所任用宰相之类高级官员都是文化精英，深谙儒家经典的治世道理，处理政务以此为依据，使得整个社会崇尚文化道德。第一条前面已经有不少论述，不再重复。第二条代表的是中国传统的精英治国思想。

儒家讲的文化精英，指的不是知识渊博的人，而是把学习到的道德礼教身体力行，使自己成为品行高洁的人，这种人才配当官。从这个意义上说，文化精英首先是道德楷模。所谓的“修身齐家治国平天下”，最关键的第一步是“修身”。道德如果不用来自律而专门用来律人，那就是伪善。

为什么要重用道德楷模的精英来治国呢？因为儒家通过长期的社会实践，已经认识到光靠行政命令和刑罚等强制性手段是不能治理好国家的。孔子《论语·为政》说：

道之以政，齐之以刑，民免而无耻。道之以德，齐之以礼，有耻且格。

意思是，用行政禁令和刑罚去管理社会，其结果是老百姓懂得不触犯刑律，避免刑罚，却变得不知羞耻。如果用道德和礼义去管理，则老百姓知耻而自律。从人心入手，崇尚道德，整个社会因为有文化教养而礼让顺美，这是治本。只懂得用高压和刑罚去制止犯罪，那只是治标，民众虽然表面服从，内心却想着怎么钻空子，会越变越无耻。

对于文德治国，唐人有着切身的体会，因为在他们前面的几个世纪，每个王朝总是倚仗武力，实行高压统治，结果社会道德沦丧，政权像走马灯似地转换，这是什么道理呢？唐朝史官在总结隋朝教训时指出：因为摧残文化，把书籍束之高阁，或者付之一炬，听不到朗诵《诗经》《尚书》的声音，结果人人怀着争夺之心，相互构陷于不义之中。所以说，有文化的将兴盛，没有文化的将衰落。文化是盛衰的关键，兴亡所系。主持国家的人怎么能不慎重思考呢？(见《隋书·儒林传序》)唐朝之前，多少次的文化大扫荡，每一次都没有促进社会的进步，而是把民生推入黑暗的深渊。然而，这样的惨剧却一再重复，后来者能不深思吗？

王珪的分析，唐太宗非常赞同，他以军人雷厉风行的作风落实为国家政策，从此以后，百官中学业优秀而且懂得治国道理的人获得提升，提拔了大批精英，从人才选拔和培养上建设了一支具有国家和民族责任心与使命感、德才兼备、人文素养出众的官吏队伍，依靠他们贯彻落实“以文德治国”的国策。

第七章
刚性的法律规范

为什么有些国家治理得好，稳固而持久，而有些国家治理得乱，矛盾重重，维持不长呢？从古今中外的历史来看，严格守法和依法治国是一个非常重要的原因。国家通过行政权力管理社会，一定要有一个让全社会共同遵守的规则，这个规则是由国家相关部门制定的，所以，国家就更应该带头依法执政，给全社会带一个好头。唐朝强调要以文德治国，其根本的保障就是依法治国，必须从政治、制度和法律三方面来保障德治方针的落实。这就是说，政治和制度的建设都必须沉淀为刚性的法律规定，严格依法办事。

治国者要率先守法

法律从来都是统治者制定的，自己定下来的规矩，当然自己首先要遵守，这是言而有信的起码要求，同时也是对全社会的庄严承诺。但是法律一经颁布，就会对统治者超出限度的权力产生制约作用，因此两者常常发生冲突。对于大权独揽的君主而言，无视法律滥用权力的情况不时出现，如果这种情况成为常态，甚至因此而修改法律，那就会出现暴君。君主带头违法，必然上行下效，结果变成系统性的暴政，政权就越来越陷入危机之中。

在古代的君主集权体制下，基本上不可能形成对于君主权力的有效制约。开明君主唐太宗也不例外，也常常凌驾于法律之上。但是，为什么皇帝违法之后，唐朝的政风和法制没有遭受破坏呢？我们来看看下面几件案子的前因后果，好好探讨一下这个问题。

贞观年间，有一个叫作李好德的人，编造妖言，四处散播，搞得人心惶惶。官府将他抓起来，问成重罪，上报到中央审判机构的大理寺。大理寺的副长官张蕴古亲自审理这个案子后，向唐太宗汇报，说李好德是个癫痫病人。唐朝法律上有残疾人豁免的规定，所以，李好德不应治罪。唐太宗私底下同意宽大处理，张蕴古很高兴，跑到监牢里和李好德下棋玩耍。唐朝对官员的监督甚严，随即就有监察部门的官员弹劾张蕴古，揭发张蕴古的家乡在相州，而李好德的哥哥李厚德正好是相州刺史，所以张蕴古枉法为李好德开脱，他的上奏不实。唐太宗大怒，将张蕴古押往东市处斩，以正法律尊严。

事过不久，又发生了交州都督违背圣旨被处斩的事情。两件事相继发生，唐太宗回想起来，觉得这两个官员罪不至死，处罚太重了，懊悔不已。他因此想得很多，在皇帝用权突破法律规定的时候，竟然没有大臣站出来劝阻，制度就这样轻而易举地被破坏了，这怎么可以呢？必须从制度加以弥补。唐太宗采取了两个措施来补救。

第一，唐太宗把房玄龄等大臣召集起来，严厉批评他们见到皇帝犯错误不能谏诤，相关部门也不覆奏，这是失职，以后再不允许。同时设立新规定，以后凡是死刑，于情可原的必须具录案情上奏，从制度上防止刑罚过重。

第二，规定从今以后所有的死刑犯，即使有命令立即处决的，京城判死刑的必须五次覆奏。地方判的死刑要三次覆奏，并且写入法令之中。唐朝的死刑多次复核规定，就是因为张蕴古的案子而建立的。

唐太宗知错能改，十分可贵。更难得的是他没有停留于就事论事，或者追究个人责任，而是马上想到健全制度，亡羊补牢，这是他高于众多皇帝的地方。

唐太宗做的这一切，就是要身为表率，最高的权力也必须在法治框架内运行，法必须大于权。

权与法之争，是关系到国家诚信的根本问题。贞观初年，灾害频生，朝廷下令免除关中两年租税，山东免一年。法令颁布不久，又颁布了第二道敕令，规定已经开征的租税继续执行，等到第二年再抵扣减免。这时还发生了另外一件事情，朝廷下令征召十八岁以上男子当兵。负责征兵的大臣告诉唐太宗，十八岁以下的男子中也有体型健壮的可以当兵。于是，唐太宗再度颁布命令，征召十八岁以下壮实男子当兵。这两件事情，可以看出唐太宗发布命令过于随意，大权在握，朝令夕改，不太在意政令的严肃性。所以魏征提出坚决反对，甚至不肯在命令上签署名字。唐太宗大怒，把魏征等人召来，板起脸来训话。魏征毫不相让，他严肃地对唐太宗说道：自从陛下登基以来，连连几件事情都没有信用。下令免税，百姓听到后欢呼雀跃，而陛下马上改口说今年已征收的不退，明年再抵扣，百姓空欢喜一场，大失所望。征兵令颁布后再追征少年入伍，虽然体型似乎不小，其实没有战斗力，兵多而无用。陛下才当皇帝，开始颁布政令就如此频频变更，让万民生疑，朝廷失信，虽然小有收益，却大伤德义，我真为您惋惜啊！陛下信誓旦旦要以诚信待人，却如此反复，如何取信于人呢？

唐太宗刚当皇帝，缺乏经验，就被魏征教育一通。难得的是唐太宗转怒为喜，如醍醐灌顶，做了自我检讨，当场纠正错误做法，赏赐魏征。

唐太宗提拔的另一位官员也给唐太宗上了一课。这位如此大胆的官员是谁呢？他是担任兵部郎中的戴胄，也就是个司局级官员，为人清正，唐太宗把他提为大理少卿，相当于最高法院的副院长，副部级。有关部门汇报，社会上假冒高官和望族混入官员选拔的情况相当严重。古代选拔官员，常常优待大官的后代以及出身于名门望族的子弟。有特权就有人钻空子，所以社会上假冒高官望族的情况屡禁不止。唐太宗颁布敕令，让通过假冒手段当官的人限期自首，如果不自首就处以死刑。限期过了，还是有些人想蒙混过关，拒不自首，结果被抓到了，唐太宗命令将他们处斩。戴胄不同意，拿出法律来，告诉唐太宗根据法律规定只能判处流刑。唐太宗大怒，斥责戴胄说："难道你要死守法条而让我失信吗?"戴胄不畏惧，反驳道："皇帝的敕令是出于一时的喜怒，而法律才是国家取信于天下的东西。陛下痛恨选举中的欺诈，所以要杀他们。然而陛下已经知道这样重判不对，就应该依法判处，这是忍个人之小忿，而保存国家之大信。"要是让权力伤害了法律，那就是国家信用的重大损伤。唐太宗立刻醒悟过来，转怒为喜，表扬戴胄说："你能够执法，我还有什么好担忧的呢?"

这些事情并没有这样简单地结束了，唐朝最难得的是把实践中得到的经验教训筛选后变成国家法律，用法律来规范执政。唐律第四百八十六条明文规定：

> 诸制敕断罪，临时处分，不为永格者，不得引为后比。若辄引，致罪有出入者，以故失论。

也就是皇帝发布敕令判案定罪，以及临时的处置，不能成为常法，更不能成为后面判案的根据。如果援引敕令判案，造成过重或者过轻，以故意过失论处。

这是在法律上明文规定法大于权，不能用皇帝的敕令来改变法律规定。唐太宗要把法律的权威树立起来，就是要把魏晋南北朝以来数百年间权力横行滥用的怪兽关进法治的笼子里面。

建立相对完备的法律体系

唐太宗亲为表率，让法大于权，国家的治理纳入法治轨道就顺畅了。唐朝制定了一系列严密的法律，其系统性和先进性，在东方无与伦比，代表着中国古代法制的最高成就。人们常说的古代的“中华法系”，指的就是以唐朝为代表的中国古代法系。

有人说中国古代只有刑法而没有其他的法典，不成体系。是这么回事吗？这还得从东西方认识世界的方法说起。西方人一般喜欢把事物分成一个个具体的部分来认识，具体的总和就是整体。在法律方面，他们将它分为刑法、民法、行政法、商法等。可是中国人喜欢从总体上把握事物，认为只有在总体上的相互联系才有个体的意义，在法律上也是如此。一部《律》，把各个部门的法包括在内，例如唐律分为十二篇，包括行政法、刑法、民法、商法、经济法、刑事诉讼法、民事诉讼法、军法等。所以不能用西方的法律分类来套中国古代的法典。

唐朝的法律体系都有哪些内容呢？它分为律、令、格、式四个部分，“律以正刑定罪，令以设范立制，格以禁违止邪，式以轨物程事”。

律是成文法典，如前面的介绍，唐律包括的内容很广，对国家和社会生活主要方面作了规定，颁布以后一直有效。唐朝创业伊始，就制定法律，与民约法。朝廷建立之后，非常注重修订完整的法律体系，唐太宗时《律》基本定型，共三十卷，五百零二条。号称“宽简公正”，成为中国法律的经典，一直被后代所推崇乃至沿用。唐高宗的时候，为了方便执法，命长孙无忌等人对律文逐条进行解释，撰写完成后颁布全国，称作《唐律疏议》，成为官吏审理案件的依据，和律文具有相同的法律效力。

唐朝文德治国的指导思想，在《唐律疏议》里面有很鲜明的体现，主要有两点：第一是贯彻“德礼为政教之本，刑罚为政教之用”的原则，强调伦理道德的社会作用。第二是减轻刑罚。和隋律相比，唐朝的刑罚有大幅度的减轻。唐律规定在判案的时候，不能光凭法律条文，还应该斟酌人情；量刑的时候，宜轻不宜重。其主导思想是刑罚是教化的辅助手段，目的在于导人向善，社会有伦理道德的基础，人有廉耻之心，哪怕轻微的刑罚都足以惩戒，而弃恶从善。所以，唐朝制定法律的原则是“法贵简而能禁，罚贵轻而必行”。亦即法律条文应该简明，但能够切实禁止奸邪；处罚要轻，重在有违法必追究。

律文是比较稳定的，可是社会生活和官府机构却随时都在变化，这就出现律同社会脱节的现象。唐朝是如何处理的呢？唐朝采取了“令”的形式。令就是朝廷的政令，名义上是由皇帝发布的。令可以随时发布，因此能够适时地规范官府和民间的各种活动，从朝廷到地方官府的组织形式和人员编制，到百姓的田地房屋，唐朝都有详细的法律规定。因此令的数量非常庞大，唐太宗时刊定政令，有条文一千五百九十条，分为三十卷。令是律的三倍多，由此就可以知道令在现实生活中的重要性。

朝廷对于社会的管理，虽说是用律令来规范，实际上还是要靠官吏来贯彻。官吏的执政能力和水平，以及其廉洁度直接关系到王朝的兴衰成败。唐太宗对此深有体会，从严治吏，在我们所能见到的唐朝法律文件中，大部分条文都是对官吏的规定，只有官吏管好了，才有可能通过他们去管理社会。从严治吏同样也是用法律来进行的。唐朝建立了“格”和“式”两种法律形式。

“格”和“式”都是对于官府的规定。“格”规定了官府的职责权限，以及具体办事的环节，十分具体而详细，其时效性更加突出，所以唐朝一方面重视用法的形式规范官府，同时也注意经常清理这些有时限的规定，防止法条规定前后抵触，让官吏上下其手，对于同一件事情使用不同的朝廷文件，产生截然相反的结果。所以，唐朝每隔一段时期就要重新整理编撰《格》，如《贞观格》《开元格》等，让依然有效的规定积淀成为经常性的法规，及时淘汰过时的法规。

“式”是官府执行律令的细则和官府的办事章程，所以它是按照朝廷各个机构编纂的，同样要根据不同的事务和时代经常修订。

律令格式相辅相成，共同组成唐朝的法律体系，把整个社会生活，从国家官员的编制到老百姓土地税收，到户籍、婚姻、养老，统统都由法律来规定，形成一个法制的社会，真正将依法治国落到实处。每个官员、每个官府都有其责权利的法的规定，乃至办事的程序。通过规范官员与官府，做到依法管理社会。唐朝制度的先进性用法律的形式固定下来，成为世界楷模，东亚各国纷纷仿效学习，成为东方文明的基础之一。

建立如此系统配套且严密的法律体系，就一定能够保证管理好社会吗？恐怕未必。因为法律再适时修订也是死的，人是活的。因此，管官是管理好社会的关键。一定要让百官依法办事，如果有意枉法怎么办呢？唐朝的法律中有许多办法，其中关于“出罪”和“入罪”的规定很有特色。

唐律第四百八十七条规定，审理案件的官员篡改案情，作虚假证据，或者有意偏袒而从轻发落，或者故意加重处罚，和律文的处罚规定相差部分，从轻的称作“出罪”，从重的称作“入罪”。打个比方说，某人犯了盗窃罪，按律应该判刑二年，法官故意枉法，或者从轻判一年，或者从重判三年，这就犯了“出罪”或者“入罪”，轻重各是一年，这部分刑罚就由判案的官吏自己去承担。这是对徇私舞弊、贪赃枉法官员的责任追究。有了这条律文，恐怕官员乱判案之前总得为自己掂量掂量。律文并不复杂，老百姓看得懂，对官吏很有震慑力，很管用。

公正执法

唐朝设立“出罪”和“入罪”的用意是什么呢？很清楚，那就是强调官员的公正执法。因为司法腐败是导致国家诚信破产的大问题，其危害性远远大于经济腐败。从中国的历史教训来看，导致王朝灭亡的罪魁祸首，排第一位的是政治腐败，第二是司法腐败，第三是经济腐败。唐太宗下大气力狠抓政治清明，以民为本，势必也要狠抓司法公正。

在唐朝，法治不是最终的目的，而是为创建高度文明的社会过程中不可缺少的刚性规范手段。创建和谐高雅的文明社会，一是靠大力弘扬道德文化，二是靠法治约束，这两者不是截然分开的，而是同一事物的两个方面。法治的目的同样在于引导社会向善，执法的目的不是为了处罚，而是通过刑罚来减少犯法。在这个战略高度上，道德和司法公正关系到依法治国的成败。这就是魏征在给唐太宗的上表中说的：

> 凡立法者，非以司民短，而诛过误也，乃以防奸恶，而救祸患，检淫邪，而内正道。(《贞观政要·公平》)

意思是，立法的目的不是为了揭老百姓的短，惩罚他们的过错，而是为了防止奸邪罪恶，补救祸患，检举淫邪，规范人们走正道。

不相信道德的力量，光靠严格执法，哪怕做得再公正，社会也不会好到哪里去。大家充其量只是慑于法律的权威而不敢犯法，等而下之的就是不顾廉耻千方百计钻法律的空子，统治者只好不断立法来堵塞漏洞，其结果是法越立越繁杂，漏洞也越来越多，陷入恶性循环。在这样的竞赛中，执法者以一人之聪明去对付万民之狡黠，必败无疑。魏征从一开始就看到了这一点，他告诫唐太宗说：

> 惟奉三尺之律，以绳四海之人，欲求垂拱无为，不可得

也。(《贞观政要·公平》)

魏征说，仅仅依靠法律条文去管制全国的老百姓，想要垂拱清净，无为而治，是做不到的。

通过法的刚性规范来引导社会向上升华，执法官员扮演着关键的角色。一个好的法官可以教育一片，一个坏的法官则像一粒老鼠屎坏了一锅粥。魏征说道：

民蒙善化，则人有士君子之心；被恶政，则人有怀奸乱之虑。

遭良吏，则怀忠信而履仁厚；遇恶吏，则怀奸邪而行浅薄。(《贞观政要·公平》)

意思是说，老百姓如果遇到好的教化，就会怀有士人君子之心；如果蒙受恶政，就会起奸邪暴乱之念。遇到好的官员，就会心怀忠信而做仁厚的事情；如果遇到坏官，就会心怀奸邪而做刻薄的事情。

我们对于坏人可以失望，对于国家可不能失望，否则这个社会就要大乱了。可是仔细一想，让老百姓失望的还不就是那些贪赃枉法的恶吏吗？贪官污吏依仗朝廷的权威做坏事，百姓受到不公正的对待，从此人人都学着使奸用诈，绝不肯吃亏，社会变得越来越浅薄，怨气就这样膨胀起来。相反，用了秉公执法的官员，以法劝善，让百姓感觉有依靠，有信心，大家就会做君子。为什么我们看到发达的文明社会似乎老百姓都很纯朴天真，或者有人说他们很傻？道理就在于此。人人彼此信任，相互关怀，社会越变越仁厚，世道就太平了。所以，魏征说道：

忠厚积，则致太平；浅薄积，则致危亡。是以圣帝明王，

皆敦德化而薄威刑也。(《贞观政要·公平》)

意思是，积累忠厚，那么就会天下太平；积累刻薄，就会动荡危险。所以，圣明的帝王，都致力于弘扬道德教化而少用威压刑罚。

建立法治，选用好官，落到实处的就是公正执法。这事情说起来天经地义，做起来却不容易。

贞观元年，长孙无忌应召入宫，没有在宫门外解下佩刀，直到出宫时监门校尉才发现。按照法律，带刀进宫是要重罚的。可是大家都知道长孙无忌是唐太宗的长孙皇后的亲兄弟，是唐太宗最信任的人，属于皇亲国戚兼政要，谁都想为他开脱。宰相封德彝判监门校尉没有发现带刀进宫，处以死刑；长孙无忌失误，当处徒刑二年，罚铜二十斤。唐太宗同意了。

但是朝廷审判机构的副长官戴胄不同意。戴胄的清正守法和不畏权贵是出了名的，所以才被唐太宗看中，委任为国家审判机构的副长官，在这件案子上，戴胄不管是谁批的，于法不合，他就要抗争。他反驳封德彝道：“校尉没发现，和长孙无忌带刀进宫，都属于失误。臣下对于皇帝的过失不能称为失误，所以，按照法律都应该处以死刑。陛下如果因为长孙无忌的功勋而赦免他，那不是法官权限能管的事情。但是，如果要依照法律处理，那么罚铜是不当的。”

唐太宗觉得戴胄说的在理，批示道：“法律不是朕一个人的东西，而是天下所共有的，不能因为长孙无忌是皇亲国戚就可以不按法律审判。”

重审这件案子的时候，封德彝还是坚持原来的意见，戴胄据法力争，向唐太宗上奏道：“监门校尉是因为长孙无忌才犯法的，其罪更轻。如果说是失误，那么两人性质相同。但审判的结果却一生一死，相差太大了，所以我要力争。”唐太宗认同戴胄的意见，免去监门校尉的死刑。

第八章
民富国强的双赢道路

国家的健康发展，必须富民和强国并举，这样才能行得稳，走得远。这似乎是浅显易懂的道理，然而，它却是经历五胡十六国以来许多王朝失败的惨痛教训才让人们真正认识清楚的。唐朝为什么会坚定不移地走藏富于民的道路，不但是对五胡十六国惨痛教训的吸取，更是直接借鉴了隋朝的历史教训。这一段历史教训非常深刻，值得认真总结和反思。

自从东汉王朝崩溃以来，富国强兵的主张压倒一切，到隋朝达到登峰造极，其结果如何呢？对这种政策的深入讨论，是唐朝确立经济发展基本原则的出发点。

屯田制下的重税政策

从东汉灭亡以后，在如何建设国家的问题上，存在着很大的分歧。这时候，群雄并起，分裂征战，汉朝长期实行的低税养民、安定社会的政策已经无法支撑起庞大的军事费用，而集中资源、强兵立国的思路逐渐占了上风。

最早登场的强力治国人物是曹操，面对地方割据的动乱局面，他怎

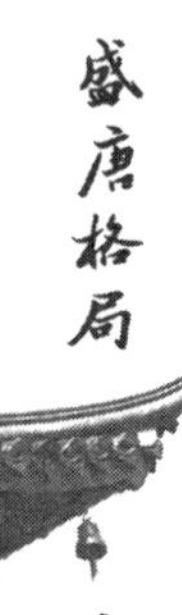

么办呢？曹操号称乱世之枭雄，治世之能臣，总不会是浪得虚名吧？果然，他拿出办法来，那就是把军事体制转用于民间社会，实行军事化管理，这种依靠国家强制力的直接行政管制，是实用主义政治人物最喜欢采用的手段，也确实能够收到立竿见影的效果。

在经济方面，曹操大力推行屯田制度。屯田就是军队大规模垦田，耕种粮食，解决自身的给养问题。曹操将它推广到民间，在全国各地设立屯田，收成按照五五分成，国家和垦田主各拿一半。如果向官府借耕牛，租税还要提高到六成。也就是说，在曹魏政权下，屯田的租税率为50%，甚至达到60%。刘邦建立汉朝，规定租税为十五税一，具体执行时再折半征收，也就是三十税一，算下来主税率只有3%多一点。当然，还有其他税收，但是全部都加起来，也比曹魏低得多。

曹操的重税政策，背后的指导思想和社会现实是什么呢？

第一，这种政策表明富国强兵的思想占了上风，认为应该优先发展国家，个人利益必须服从于国家利益。

第二，富国强兵思想的背后是政治动乱和群雄割据的严酷现实，为了国家统一，必须最大限度地集中资源，用军国体制去夺取胜利。

屯田政策在短时期内将被战乱和官僚兼并土地而背井离乡的农民，同土地强制性结合在一起，迅速恢复了社会经济，可以救一时之急。但是它是难以持续的，长期执行便暴露出制度设计上的致命缺陷，最大的弊端有两个：

其一，是严重牺牲了劳动者的利益，承担的租税太重，难以为继。

其二，军事化的管理容易产生腐败。因为实行军事化管理，屯田官员大权在握，他说了算。所以就又产生了很多腐败现象，不少屯田官员公然把耕种者占为己有，或者克扣应该上缴的租税、霸占田地等。结果是朝廷有重税之名，实际收上来的租税却没有那么多，而且还付出很高的代价，尤其是腐蚀了国家制度。

这种体制在和平时期，更凸显弊端百出，民不堪命。西晋王朝的实际缔造者司马懿看清了这一点，致力于回归正常体制，果断废除了屯田制，减轻租税。不幸的是，西晋通过政变夺取政权，根基很浅，官僚腐败，奢靡成风，很快就灭亡了。接踵而来的是五胡十六国，以及更加漫长的南北朝对立时代，不停的战争，征服式的统治，官府处处需要大量用钱，要减税简直就是与虎谋皮。就这样，国家重税体制长期维持下来，造成百姓贫弱不堪，社会一片凋敝。

隋朝“国富”之祸

好不容易熬到隋朝统一中国，大家都盼望有个清平世界，隋朝统治者也做足了表面文章，在法定的税赋上有了很多的减轻。然而隋朝最大的问题不是没有法，它制定的法律足可夸耀；也不是没有制度，它创建的制度堪称模范。它的失败在于说一套做一套，说得非常好，隋炀帝的文集让唐太宗读了都深受感动，仿佛圣贤再生，可是做的正好相反。我们来看看隋朝赋税的真实情况。

贞观二年（628年），唐太宗让有关部门去清点隋朝国库留下来的物资，报上来的数字让人咂舌。王珪报告：

> 隋文不怜百姓而惜仓库，比至末年，计天下储积，得供五六十年。（《贞观政要·辨兴亡》）

隋朝国库的积蓄是十分惊人的。隋朝总共统治了三十八年，国家日常花销也用了三十八年，再加上开运河、修长城等，兴建了多项巨大的国家工程，这些开支都十分庞大。就这样还能够积蓄五六十年的资财，够让人吃惊的吧。算一算这笔账，可以知道隋朝一年收上来的税足够三年以上的开支，或者说一年收了三年以上的税。羊毛出在羊身上，这么重的税，老百姓能不都挣扎在生死线上吗？

唐朝的统计数据可以获得证明。1970 年洛阳博物馆对隋朝含嘉仓遗址进行钻探和重点发掘，找到了仓城的东西长 612 米，南北宽 710 米，总面积 43 万平方米，探出粮仓 287 座，发掘粮窑四十余座。据统计，含嘉仓共有圆形仓窖四百余个。大窖可储粮一万石以上，小窖也可储粮数千石。光是含嘉仓就可以储存几百万石粮食，考古工作者还从含嘉仓遗址出土了数十万斤碳化谷物。像这样的大型仓库，在洛阳附近就有七八座，可见当年仓储何等巨大。

然而，这还只是实物赋税那一部分，隋朝更加沉重的赋税是劳役，国家工程动用大量的人力物力去完成，我曾经粗粗算了一下，有记录的劳役，达到三千多万人次，还不算没有记录的部分以及地方官府的工程。隋朝的人口，刚建立的时候大约两千多万人，二十多年后达到峰值，大约五千多万人。人口构成中男女各占一半，再去掉未成年和老人、残疾人，隋朝的劳动力在最高峰的时候，满打满算也就是两千万人以下，国家劳役竟然高达三千多万人次，几乎所有的劳动力都被征调去兴建国家工程，或者当兵打仗，而且还不止一次，剩下的人要承担上面说到的沉重赋税。什么叫作水深火热，民不堪命，大概就是这个样子吧。

“人头税”与“女人国”

这么沉重的劳役的租税负担，隋朝是怎样取得的呢？大概有这样几件法宝：大索貌阅、析户及税外收费直至强征暴敛。

第一件法宝是“大索貌阅”，什么意思呢？原来，中国古代的税收最主要的是人头税，也就是根据人头来征收，有人就有各种税，这就是税收口径上的“以人为本”，这种情况维持到清朝实行“摊丁入亩”，才转变为以资产为本的税收制度，和现代税收原则衔接起来了。

因为是人头税，所以古代的统治者都把编制户籍作为管理社会的重中之重，建立起世界上最严格的户籍制度，并且不断创新改造，把网越织越密，小鱼小虾都不让溜走。

古代的户籍，登记每个家庭成员的性别、年龄、身份、地位、健康情况和财产。一旦被登记在官府的户籍上，税收就像绳索一样套了上去。反过来，老百姓想逃税，最彻底的办法就是从官府的户籍上逃脱，这叫作“脱籍”“隐漏”等。脱籍的办法五花八门，最彻底的是逃离户籍所在地，流浪到外地，这被称作“逃户”“流民”“浮浪人口”等。另一个办法就是买通官吏，在户籍上做手脚。贪官污吏收人钱财，为人消灾，什么离谱的事情都做得出来。比如说，有一个县，全县户籍上竟然没有一个男丁，是中国历史记载中“真实”的女人国。更多的地方，户籍里净是老弱病残的困难户。乡村的大家族，一户人家成百上千，户籍簿上却只记载了几个鳏夫寡妇，无奇不有。这些都是在逃税。

自从西晋灭亡以来，华北社会陷入长期动乱之中，民众纷纷逃亡，光是从华北逃到江南的人口就高达百万人，可见流民之多。人一流动，官府就掌握不住，户口数字变得寥寥无几。然而，这种情况并不表明广大民众都死于战乱，实际上大多数人以各种方式生活在各地的乡村里，只是官府掌握不了他们，更谈不上向他们收税了。这就是为什么中国古代一定要实行严格的户籍管理，并且禁止随意迁徙的原因。只有把社会人口都强制性固定下来，官府才掌控得了，所以古代的社会管理都是静态的，和现代社会的高度流动性完全不同。

同时，我们还可以知道，只要实行人头税，人口的数字都不真实，这是朝廷和民众之间的利益博弈。一直要到清朝实行“摊丁入亩”，也就是将人头税转变为根据资产收税，这种情况才出现根本性的变化。因为户籍不再是收税的依据了，人们也就敢报户口，于是清朝出现了人口的爆发性增长。这其中的奥妙不是清朝人特别会生孩子，而是官府不再见人就收税了。在实行人头税时代，每一个朝代建立，都要想办法查户口，扩大收税的面。这件事直接关系到民众实实在在的利益，自然引起各式各样的抵制，甚至反抗，往往虎头蛇尾，雷声大雨点小。

隋朝建立以后遇到同样的问题。隋文帝和隋炀帝都是铁腕治国的皇帝，动真格查实户口。特别是隋文帝，把大批官员派到乡下，挨家挨户查验，还发明了“貌阅”的办法，“貌”是相貌，“阅”是当面看清，“貌阅”是用文字描述相貌特征，“大索貌阅”就是把山野乡村翻个遍，把人都找出来，逐个清查，将他们的相貌特征记录在户籍上，以后难以逃匿。当时没有照相技术，“貌阅”的发明相当于文字的照相。

隋朝雷厉风行“大索貌阅”，编制户籍，成效非常显著。隋朝刚建立的时候，全国人口大约有四百万户，两千多万人。开皇三年（583年），也就是建国第三年清查户口，立刻上升至将近七百万户，四千多万人。二十年后，进一步增长到九百万户，五千多万人。总的来看，隋朝在大约三十年的时间内，使得人口增加一倍以上。如此快速的人口增长不是通过人口繁衍实现的，而是在全国彻查户口的成果。人口快速增加，支持了朝廷税收的爆发性增长，才有了我们在前面介绍的官仓粮食堆积如山的光景。

第二件法宝是“析户”。要知道人头税分成两块，一块按照每个人头，另一块则按户来计算。要增加税收，除了人口数要增长，户数也要增长。隋朝规定，不许大家族聚居，必须分家，各自立户，这项措施使得户数快速增加，官府的赋税也跟着水涨船高。

通过这些措施多管齐下，官府的税收取得了飞速的增长，远远超过经济的发展，每年从各地征收上来的赋税，用车船转运到长安和洛阳两京，山林河谷是望不到头的运输队伍，昼夜不息，这样的景观每年要有好几个月。隋朝平定江南，隋文帝大喜，把府库积存的布帛摆放在皇城正南的朱雀门外犒劳将士，一直摆到长安城外南郊，绵延数十里地。难怪魏征在给唐太宗的上表中，把隋朝和唐太宗年间的国力做了比较，感叹道：

> 以隋氏之府藏譬今日之资储，以隋氏之甲兵况当今之士马，以隋氏之户口校今时之百姓，度长比大，曾何等级？（《贞观政要·辨兴亡》）

民生惨状

国家收税高了还是低了，本身并不是善恶的标尺。我们看到古今中外有不少国家的税收很高，把钱主要花在民生上面，拉动经济发展，推动社会繁荣富裕，老百姓日子过得很安定，所谓的取之于民，用之于民。所以，税收的支出才是最关键的问题。在这方面，隋朝是一个惨痛的教训。

同朝廷无比富强形成鲜明对照的是老百姓生活的艰难，即使在隋朝最繁荣的年代，也是弱不堪击。唐太宗在和大臣们总结隋朝教训的时候曾经讲了这样一段自己亲眼看到的事情，让人听了鼻子发酸。

开皇十四年（594 年），发生严重的自然旱灾，千里赤地，家无炊烟。这时的隋朝国力正强，官府仓库装都装不下。但是，隋文帝舍不得粮食，竟然不许开仓赈灾，而是命令百姓外出逃荒。财物是越积越多，可饥民没少饿死，从这里可以看出隋朝统治者有国无民、重物轻人的主导思想，才会在背离人民的道路上越走越远。

忘记了民生，一心只想着物质形态的建设，隋朝陷入一个怪圈，它不关心建设的目的，而是为建设而建设，于是各种大型工程纷纷上马。工程建设需要大量的财力、物力和人力，钱不够花了，便想尽一切办法增加朝廷的收入。正常的税收已经远远不能满足需要，就有了各种巧立名目的收费，《隋书·食货志》说：“租赋之外，一切征敛，趣以周备，不顾元元，吏因割剥，盗其太半。”也就是说，能够想到的收费办法都出笼了，全然不顾百姓的死活。国家赋税有明确的规定，难以作弊，而税外的收费就完全没有章法，很容易找到空子，可以上下其手。在收费办法出台之前，钻空子搞腐败的人因为有内部消息，可以先用很低的价格购买，等收费办法出台，物价涨上去了，再出手。这下子底层的百姓要遭受的苦难又加了一重，不仅有乱收费，还要对付各种盘剥，实际上落入贪官污吏私囊的比朝廷获得的还要多。

隋朝的乱收费，常常把民生好事变成坏事。比如说义仓，原本是朝廷倡导农民每年拿出一定量的粮食，储存在村里的仓库，用来防备自然灾害，这是个不错的办法。等到民间义仓普遍建立起来之后，隋朝将它纳入官府的管理之下，支出要由朝廷来审批。地方官都知道隋文帝喜欢看遍地丰饶的报告，所以遇到灾荒，往往不肯上报，制造歌舞升平的景象冒充政绩，结果农民得不到应有的赈恤，前面说到开皇十四年旱灾，农民流离失所的事例，就是在义仓储存丰富的情况下发生的。

然而这个故事还没完，更加离奇的是开皇十六年（596 年），查出某地主管仓库的官吏贪污七千石粟的案子，朝廷就此下令说，义仓设在民间，管理不善，造成损失，今后收归州县管理。出现官吏贪污的案子本来没什么好奇怪的，奇怪的却是隋文帝拿老百姓的粮储充公，岂不是开错了药？不但如此，隋文帝还进一步把义仓转变成为朝廷储备，硬性规定富人家每年一石，贫民也得交四斗。农民遇到灾荒得不到帮助，但是，以后每年缴纳义仓粮食却不能少，光是这一项就和正式的农业赋税差不多了，也就是说农民的赋税凭空增加了一倍。

变成朝廷储备之后，以前还说丰年多交，凶年少交，现在却变成不管收成如何，一律按照户等征收，这回真把好事办成坏事了。隋末动乱，老百姓不交这笔粮食，义仓也就形同虚设，农民的负担看起来变轻了，仿佛是件好事，其实不然。很多事情做坏了，不要简单地把整个事情给废掉，那是因噎废食。农业靠天吃饭，一定要储粮备荒，所以兴办义仓本身没有错，错在隋朝的做法，而其失败反而成为很好的前车之鉴，后面我们将会讲到唐太宗如何从中吸取教训，立法兴办义仓。

隋朝这样的事例很多，从隋文帝晚年到隋炀帝，劳役不断加重，一心想着怎么加税增收，刻薄百姓。唐太宗时代的历史学家回顾这段历史，写道：每逢朝廷兴建工程，征调兵役，全家男子都开赴边疆，到处是生离死别的哭泣之声，留在乡村的老弱，种田不足以充饥，妇女纺织，不够缴纳资装。到了灾荒之年，乡村是人吃人的惨状，尸陈遍野。

每个社会，生产的总量是确定的，大家一起切割蛋糕，朝廷多了，百姓就少了，朝廷无限膨胀，老百姓就无限缩小，就是这么一个非常简单的道理，任何经济学家也变不出什么花头来。所以隋朝的财富积累到无与伦比的丰富，民生必定是惨不忍睹。让隋朝统治者看得满心欢喜的府库，其实是冤魂堆砌而成，这种繁荣完全是镜中水月。这就是无比强大的隋朝为什么瞬间垮掉的经济原因。

“国祚短促”

无限制地增加税收是中国古代王朝的通病，如果换个角度，看看朝廷的支出，会是什么样的情况呢？是百姓的收入增加了，还是民生改善了？都不是。古代王朝的财政支出，最大宗的有两项，第一是官员俸禄，第二是军费，只有这两项在快速地增加。

第一，朝廷为了税收，就要严格管理社会，编制精密的户籍，这就需要增设官吏。增加官吏，就需要给待遇和特权，而他们也要出政绩，于是钱不够，就要再加税，产生了一个恶性循环。税多增官，官多加税，官员和机构不断膨胀，享受特权官僚亲属增长得更快，到王朝末日的时候，都出现了因为特权而免交租税的人口多于缴纳税收的人口，也就是“不课户”大大超过“课户”，这个比例严重扭曲，十羊九牧，到了社会不能承受的地步，大致上国家的财政就走向崩溃了。经济一破产，便导致社会动乱，隋朝灭亡乃至古代一再发生改朝换代的根本原因就在这里。

第二，朝廷有了大量的钱财，并不是一件好事。不用说大家都听过“钱多招贼”这句话。国家也一样，如果一方面是饥民遍地，贫富悬殊；另一方面是官府仓储装都装不下，你说能不出事吗？唐朝最高监察部门的负责人名叫马周，是唐太宗手下非常有名的开明政治家，他曾经以隋朝的国库为例，向唐太宗说道：“自古以来，国之兴亡不由蓄积多少，唯在百姓苦乐。”隋朝搜刮了那么多的财富，肥得流油，花都花不完，结果怎么样呢？因为长安和洛阳是天下财富集中之地，便成为攻击的目标。唐高祖从太原起兵，长途奔袭，直取长安，因为夺取了西京府库，顿时鸟枪换大炮，招兵买马成为一支劲旅；瓦岗军的李密也深明此理，所以他一当上统帅，马上集全军之力，围攻洛阳，夺取洛阳周围的仓库，开仓放粮，百姓云集而来，瓦岗军迅速成为百万雄师，睥睨天下。如果没有洛阳附近的巨型官仓，瓦岗军能够如此轻易成事吗？答案显然是否定的。隋朝拼死力聚敛财物，结果不但没能让国家稳固，反而招来造反的豪杰，帮助敌人，埋葬自己。

更可怕的是“钱多招贼”，不仅招来外贼，还招来自己身体内部潜藏的心贼，什么是心贼呢？那就是恃强而骄，目空一切。唐太宗分析隋炀帝，指出因为国库太饱满了，会刺激当政者产生傲慢的心理，以为资源都掌握在自己手中，不懂得敬畏了，“炀帝恃此富饶，所以奢华无道，遂致灭亡”。

隋炀帝的“奢华无道”，最突出地表现在朝廷的巨大开支上。我们就举两个例子。第一件事，开运河，从钱塘江开运河联通长江，再北上连接淮河，向西一路开凿到洛阳；再从洛阳向东北开到今天的北京一带，呈现“之”字形，联通钱塘江、长江、淮河、海河和黄河五大水系，把中原同江南和华北紧密联系起来。

大运河把关中、中原地区，同华北地区，以及江南地区这三大区域联系在一起，成为一条有利于国家统一的纽带，具有重要的战略意义。问题出在哪里呢？我们一起来算一算，这条运河全长 2700 多公里，如此巨大的工程，用今日现代化机械来开凿，也需要好几年的时间吧。但是，今天的人很难想象，隋朝是在完全依靠人力肩挑手挖的条件下，竟然只用了六年的时间就修成了。2700 多公里的总土方量，除以一个劳力一天手挖肩挑的土方，这项工程需要动用多少人力啊！所以，快不见得是好事，运河的快速完成，其代价就是不惜一切人力，光是这项工程就动用了五百多万人，占全国总人口的将近十分之一，男丁不够，连妇女也被征调去充当繁重的劳役。如此滥用人力，驱民于水火，不管运河有多重要的意义，都不足以抵偿其罪恶。当时百姓当然对此不满，隋炀帝便用高压手段镇压，规定凡是反抗者，不管罪行轻重，一律处斩，而且无需上报。这就是赤裸裸的暴政了。一项巨型工程导致朝廷和老百姓尖锐对立，我们能够称之为千秋伟业吗？

第二件事，运河修建完毕，老百姓像大旱盼雨一般希望朝廷能让他们歇口气，而就在这时候，隋炀帝下令大举征伐高句丽。不管征伐高句丽有多少理由，问题是这场战争，隋炀帝一开始就调集 113 万军队，远远超出国家常备军的总数，再加上两百多万民夫运送军用物资，已经活不下去的百姓再次被驱赶到生死线上。这一次隋炀帝再没有那么幸运了，民怨沸腾，众叛亲离，全国到处都是揭竿而起的饥民，无比强大的隋朝很快被推翻了，隋炀帝本人也被想念家乡的卫队杀死。

总结隋朝的教训，是为了唐朝不要重蹈覆辙。唐太宗深刻地指出，善于治理国家的人，一定要懂得藏富于民，而不要把财富都积累在国库里面。他引用古人的话说：百姓不足，国君怎会富足呢？国库的积蓄，只要能够防备凶年即可，不要超过这个限度。为什么呢？因为假如后面

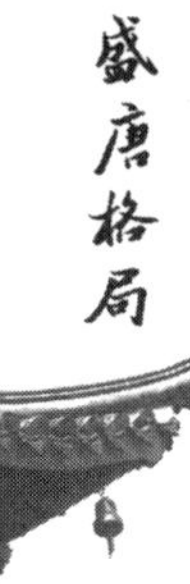

的继承人好，自然能够保有天下，不需要为他多留财富。如果继承人不肖，为他积蓄越多，越刺激他奢侈傲慢，反而成为国家败亡的祸根。

通过对历史教训的反思，唐太宗君臣有了共识，那就是曹操以来国富民穷的经济政策必将导致国家破产，必须改弦更张。

将思想统一到富民上来

唐初反思曹魏以来国家优先的重税政策的得失，特别是隋朝失败的历史教训，发现在财政经济方面最突出的问题是国家与民争利，把老百姓剥夺到挣扎于生死线上的地步。这样做有什么危险性呢？

危险在于百姓毫无积蓄，就完全失去自救的能力。老百姓是安分守己的，只要有一口饭吃，他们都不愿意造反，更不用说去推翻朝廷。问题是朝廷把他们压榨到了底线，这时候哪怕有一点自然灾害，他们连等待救援的那几天的粮食都没有，能不起来反抗吗？生存危机一旦点燃，就会快速演变为社会危机。从曹操确立社会军事化管理的政策以来，在国家优先发展和重税政策下，没有出现一个强大的王朝。五胡十六国以来，先后建立了二十多个政权，然而，它们长的数十年，短的二十来年，就像吹起一个水泡，很快破灭，下一个人接着再吹，越使劲吹，破得越快，真是一个巨大的讽刺。可是竟然就没有人想到已经到了必须改弦更张的关头了。锅炉要爆炸了，下面还在拼命加柴火，魏征批评这些统治者是抱薪救火，非常形象。

改弦更张就是要反其道而行之，要彻底转变观念，轻徭薄赋，减税让利，放水养鱼，共同富裕首先是讲国家和老百姓同步发展。如果不发展民生，老百姓收入不断减少，那是搬起石头砸自己的脚。这些道理说到底，就四个字"藏富于民"。什么叫以民为本，这就是以民为本。那么，唐朝是怎么做的呢？从统一官员思想，到具体政策措施，唐朝着重抓了以下三个方面。

说到如何治国，其实并不是什么玄而又玄的理论。放之四海而皆准的道理从来都是朴实而易懂的。马克思主义认为“人们首先必须吃、喝、住、穿，然后才能从事政治、科学、艺术、宗教等等”。在中国，春秋时代也有相同的思想。齐国有个著名的政治家名叫管仲，就是大家熟悉的管子，是春秋时代最早的改革家。国王齐桓公向他请教如何治国，他的办法很简单，就是先让老百姓富起来。管仲说了一句经典名言，那就是“仓廪实而知礼节，衣食足而知荣辱”。齐桓公听从管仲的意见，结果齐国很快就强大起来，成为春秋第一个霸主。这个事例告诉后人什么道理呢？那就是治国要从经济基础做起，其关键在于要让老百姓先富裕起来，实行富民政策。管子的成功，让后人景仰，孔子高度赞扬他，他的治国思想流传下来，产生了非常深远的影响。

管子曾经对齐桓公说：治理衰败的国家，一定要知道老百姓已经贫苦到难以自立的程度，国家首先要发展经济，救民为先，向民众开放仓库，以及国家控制的山川土地等资源，以恢复民生，让老百姓摆脱贫困，富裕起来。政策的着眼点是宽厚，而不是忙于如何去管制。管子以恢复社会民生为首要任务的治国思想，对于唐初很有启发意义。

唐朝在隋朝苛政和动乱摧残的废墟上重建国家，当务之急只能是与民休息，只有让老百姓活下去、富起来，才谈得上国家的建设和发展。让老百姓休养生息，最直接也最有效的办法就是不要去骚扰他们。宋朝的历史学家在记述唐朝社会经济状况的时候，说道：

> 古之善治其国而爱养斯民者，必立经常简易之法。（《新唐书·食货志》序）

其中的要点有两条：第一是要爱民，没有以民为本的思想，就不会有富民政策。第二是要采用简明易懂的政策，更重要的是必须坚持一贯，成为“经常”之法，而不能朝令夕改。

什么是简易之法呢？中国的古代国家形成很早，几千年来一直在探讨如何治理好国家的道理。早在西汉，也就是中国大一统国家形成后不太久，伟大的历史学家司马迁就对古代以来的治国思想作了精辟而深刻的总结，他说治国之道：

善者因之，其次利道之，其次教诲之，其次整齐之，最下者与之争。(《史记·货殖列传》)

什么意思呢？就是说最高明的治国者，懂得遵循社会经济发展的规律，次一级的治国者则懂得因势利导，再次一级的会去教导百姓，复次一级的则建立制度去规范经济，最差劲的治国者就是与民争利。

从这里我们可以发现，古代善于治理国家的领导人深深懂得社会经济有其规律，就像是大自然中的地下暗河，我们并没有完全掌握它的情况，所以，最好的办法是顺着河流走，如果水流不畅，就去疏浚它。大家知道水必须导引它，而不能去堵它，堵了迟早要酿成大水灾的，有些人自以为懂得水流的规律，到处设限，试图让水流按照自己的意图走，有时候似乎马上就有成效，但是不久就发现泥土淤积了，甚至大坝倒塌了。而最差劲的人，见利眼开，不顾一切地取水用水，把水都抽干，结果河断流了，一切都化作泡影。治理国家如同治水，要去认识规律，遵循规律，哪怕是因势利导都比自作聪明去人为地驾驭经济要好得多。因为我们对社会经济的规律并没有完全认识，却以为认识了，做了许多人为设定的事情，结果往往违背经济规律而瞎折腾一番，甚至招致失败。隋朝就是那个只顾打水的例子，水抽干了，隋朝就也不见了。

唐太宗以隋为鉴，坚持以静制动，不扰民，不折腾，让遭受严重摧残的社会经济慢慢恢复。

坚持藏富于民不动摇

静养不是放任不管，听任病人自生自灭，而是要调治。《新唐书·食货志》说：

> 量人之力而授之田，量地之产而取以给公上，量其入而出之以为用度之数。

这个药方看似简单，却包含了最基本的经济原理，那就是量力而行的三个相适应：

第一是个人占有自然资源要和劳动能力相适应；

第二是税收要和生产量相适应；

第三是国家开支要和财政收入相适应。

这三条基本原则是一个联动的有机整体，三者之间必须相互平衡，其中任何一条原则被破坏了，另外的两条也跟着遭到破坏，这就是“三者常相须以济而不可失，失其一则不能守其二”的意思。做到这三条，就能够实现“上爱物以养其下，下勉力以事其上，上足而下不困”，也就是郡主朝廷节俭爱民，百姓努力耕作奉献国家，官府富足而老百姓不贫困，上下互利，社会繁荣。

唐朝是怎么贯彻这三条基本原则的呢？

农业之本是土地。唐朝实行均田制度，按照每个青壮年劳力的耕作能力，分配土地。法令上规定一夫一妻可以分得 120 亩地，其中 100 亩是国家给的，用来种粮食。这个标准有什么根据呢，那就是西周以来古老的传统观念“一夫百亩”。另外的 20 亩地用来种桑树，用于养蚕织布。每户再分配宅基地，房前屋后，种瓜种豆。这也是有根据的，那就是传统的“男耕女织”，好一幅田园风光。显然，唐朝想建立以自给自足的自耕农为广泛基础的社会，换成今天的思维，就是要培育广大的中产阶层。古人早就认识到“有恒产者有恒心”，想要社会稳定，光靠国家强力约束是缘木求鱼，贫富悬殊则是南辕北辙，最大限度地扩大自耕农才是唯一正道。一夫百亩，男耕女织，如诗如画般的田园乡村，不管是儒家，还是道家、墨家，三教九流，直到近代农民也希望有 20 亩地，老婆孩子热炕头，这是几千年来中国传统社会的梦想。推行广泛的富民政策，让每一个家庭能够衣食无忧，安居乐业，这就构筑起宽广的社会稳定基础。

我们要注意到，唐朝均田令的规定，其实是国家分配土地的最高标准，或者是以此为限，在现实中国家并没有这么多土地可以分配。但是，设立这样的标准有利于限制大土地占有，防止贫富不均。现实中，农民拥有的土地也就是几十亩，虽然比法令规定的少，却是自耕农能力所能达到的限度，体现了上述第一条原则：“量人之力而授之田”，也就是能力和占有资源的合理匹配。

在此基础上，国家向每户农民征收赋税，大致上是每户缴纳粮食 2 石，布帛 2 丈多一点，还要为国家服劳役 20 天。如果一亩田打一担粮食，100 亩就是 100 担，上交的粮食税为 2%。加上其他两项，总的税率在 6%左右。这是官府计算的税率。考虑到农民实际拥有的土地达不到 100 亩，所以，实际税率应该是 2—3 倍。即使如此，这个税率还是比较低的，符合唐朝“量地之产而取以给公上”的原则，也就是以产量确定税率的第二条原则，体现了国家和老百姓共同发展的思想。

有人要问，隋朝也差不多是这个税率，为什么你就光说唐朝好呢？从表面上看，隋唐两朝的税率确实差不多。如同前面曾经说过的，唐太宗读隋炀帝的文集后大惑不解，隋炀帝什么大道理都懂，说的净是圣贤的话，做的却完全相反，典型的说一套做一套。这个问题后面的对比会看得更清楚。

如果把以民为本作为国策，那么富民政策就不应该是短期行为，不是让病人恢复了好抽血，而是要他变成一个健康的人。因此，富民政策必须长期坚持。

大家知道，唐太宗手下第一号宰相是房玄龄，他和杜如晦两个人号称“房杜”，是古代贤相的代表。房玄龄以多谋善断和知人善任著称，唐朝许多栋梁之材都是他发现并提携起来的。但是，人们往往没有注意到，房玄龄把很多权力交给其他大臣们，唯独紧紧抓牢财政大权。或许有人会说这是个肥缺，难怪他不肯撒手。其实不是这样的。在事务繁忙的机构中，尽是高官贵人不愿意干的苦差事，其官职又被人看不起，财政官就是其中之一。房玄龄以他首相的身份兼管财政，真是委屈他了，可他一干就是十几年。因为房玄龄认识到财政税收乃朝廷利害所在，不能随便交给其他官员处理。那么，他担心什么呢？是担心税收不足，不足以应付国家开支吗？不是的。房玄龄知道收税最能表现政绩，毕竟是钱帛财富，官员难免越收越上瘾。到了财政税收官员一门心思想要增加税收的时候，藏富于民的政策就变成伪善的口号，朝廷背离了百姓，隋朝灭亡的覆辙就在眼前。所以，他一定要自己亲自管理，把朝廷以民为本的政策真正落到实处，而决不能交给聚敛之人。

当年隋朝为了增加国税而雷厉风行地查验户籍，全国上下全力以赴查验户口，把人都给找出来，实现人口的快速增长。隋末动乱，唐朝崛起，这期间只有短短的几年而已。但是，到唐朝统一全国的时候，户籍一下子掉到 200 万户，唐太宗即位时也不过 300 万户，比隋朝初年还少。按照古代平均每户五口来计算，隋末几年的动乱竟然损失 3000 多万人口，这可信吗？3000 多万人，几乎等于第二次世界大战损失的人口，可能吗？实际上还是老问题，大量的百姓趁着动乱之机从官府户籍上挣脱了，也就是说人还在，但是官府掌握不了了。对于这个问题，唐太宗怎么做呢？他首先想到的是大乱之后，老百姓怪可怜的，这时候大动干戈查户抽税，不得人心。

唐太宗接手隋朝留下的烂摊子，接下这笔户口的糊涂账，就这么认了。他心里很清楚这些人都在，但唐太宗真能沉住气，除了正常的编制户籍外，不去乡村查它个底朝天。有人怀疑这不过是暂时忍耐，等农村稳定后再秋后算账。可是这一忍竟然忍了一百年。

我们来看看唐朝户籍的情况，从唐太宗即位的300万户，到唐玄宗鼎盛时期户口才增长到1100多万户，人口从2000万人增长到6000万人。这期间户籍人口的增长率是13.5‰，属于人口的自然增长。如果同隋朝作比较，大致相同的人口数值，隋朝仅仅用了二十多年就实现了，哪怕全民动员拼命生孩子也生不出来，毫无疑问属于非自然增长型。

隋朝用二十年办到的事情，唐朝用了一百年。这说明什么呢？说明唐朝藏富于民的政策坚定不移，不管有过多少政治风浪，一百年不曾动摇。要算账的话，光是户籍这笔账，唐太宗就让出了三分之二的赋税，不能说不多吧。为政以德不但要花大气力，而且要付出真金白银，真抓实干，而不是不要本钱的空喊。历史上有许多统治者仿佛也懂得以德治国的道理，你看他们发布的诏书，常常都说得煞有介事，到了真正实行的时候，却都缩了回去，成了叶公好龙。为什么呢？最大的原因就是割舍不了利益，且不用说减税让利，隋文帝在大灾荒发生时竟然连老百姓平日储存的义仓都舍不得打开来赈灾，就是非常说明问题的事例。

光算经济账，实在是太小家子气了。精明人从来不聪明。你说唐太宗不会算账吗？他算的是最大的账。百姓安则天下安，国家的长治久安和繁荣昌盛，光靠钱买得来吗？隋朝末年，有人振臂一呼，王朝迅速崩溃。唐朝呢？“安史之乱”以后，发生了多次动乱和变故，首都几次陷落，但是，和造反者相比，老百姓觉得还是唐朝好，他们感念唐太宗，这才让唐朝屡屡死里逃生，有惊无险，最后东山再起。道理何在？恩在人心。

唐太宗身边聚集着一大批清明宽厚的政治家，其中有一位负责监察部门的名臣名叫马周，他专门上书唐太宗，指出只有“广施德化，使恩有余地，为子孙立万代之基”。什么叫积德？帮助老百姓自力更生，让他们不受战乱之苦，摆脱贫困，安居乐业。唐太宗听从魏征等大臣的意见，做了许多利国利民的事情，马周还经常提醒他，说陛下统一国家，功勋卓著，但是，积德还很浅，还要坚持不懈，成为像尧舜禹一样的伟人，要做到“节俭于身、恩加于人”，也就是自己要简朴，待人要厚道，恩泽百姓，才能让天下万民“爱之如父母，仰之如日月，敬之如神明，畏之如雷霆”，社稷当然稳如泰山，唐朝三百年的基业就是这样打下来的。

减轻税，管住费

唐太宗认识到，国家的力量在于民众，百姓富了，国家才能真正强大。所以，唐朝大幅度减税让利，休养生息，藏富于民。

然而，光是减税还不够。为什么呢？因为真正对社会经济发展杀伤力最大的是税外加征，换今天的话说就是费。唐朝非常注重法制，依法治理。所以，朝廷的税收是法定的，无法不收税，这是收税的基本原则。当权力凌驾于法律之上的时候，就可以随随便便开征法外之税，我们只能把它们统统归入“费”这一类。因为没有法定，官吏钻法律的空子，就是以费的形式强征暴敛，结果往往费大于税，而且种类多如牛毛，数额极其惊人。隋朝盘剥百姓到了敲骨吸髓的地步，但是，直到灭亡，它的税率还是比较低的，是用低税来掩盖天文数字的费，其税收制度是真正的披着羊皮的狼。

唐太宗亲身经历隋朝，这一切历历在目。所以，唐朝要坚决管住税外滥收，不给官吏上下其手的机会。怎么做呢？最重要的一条就是一切征收都必须有法律的依据，要把权力关进制度的笼子里，就要把收税严格纳入法律的框架内。

当年隋文帝设立义仓，用防备灾荒的名义让农民交纳粮食，最后却把它转变为国库收入。一件好事被搞得臭名远扬，老百姓再也不相信朝廷的所谓善举了。现实中储存粮食防备灾荒不可或缺，直接关系到民众的生死和社会的稳定。所以，唐朝建立之后，当政者不能不重新提出建立义仓。对此，唐太宗作了明确的表态，说道："百姓储存粮食，官府负责管理，用来防备灾荒，这是利国利民的事情，值得提倡。但是这笔财物不是朝廷所要的，不能成为一笔横财，平添百姓负担。因此，这件事必须由有关部门讨论，制定法规，才可执行。"

隋唐两朝对于义仓的不同处理，所反映的不仅仅是怎样设立义仓这样一个孤立的问题，其背后体现的是两种不同的治国理念。唐太宗所坚持的是"税收法定"和"无法不征税"的根本原则，这同今日的税收理论不谋而合。

为什么会有乱收费，甚至费高于税的乱象呢？因为开征杂费不需要立法，所以哪个官府、哪个官员都可以拍脑门收费，今天收这个，明天收那个，你也收，我也收，具有很强的随意性。所以，税收法定是非常重要的，这是对于朝廷任意扩张权力的制约，官府不为政绩而躁进，社会才能获得安定。魏征曾经将隋朝和唐朝做过对比，他说，"隋氏以富强而丧败，动之也；我以贫穷而安宁，静之也。静之则安，动之则乱"。隋朝尽管国家富强，却国家丧亡，原因就在于朝廷好大喜功，躁进妄动。唐朝虽然贫穷，却十分安宁，就因为朝廷使社会静下来。静则安，动则乱。

量入制出

前面介绍过唐朝理财三条原则中的前两条，那就是"量人之力而授之田，量地之产而取以给公上"，讲的是能力同资源、产量同税率的合理配适的原则。

在这个基础之上，就可以贯彻国家财政管理的第三条基本原则，那就是“量其入而出之以为用度之数”。这一条是中国古代国家财政支出的基本原则，亦即根据财政收入来决定支出，称作“量入制出”。朝廷每年开支的盘子有多大呢，不能根据想做多少事情来决定，而是用财政收入来规定开支，先把总的支出盘子确定下来，再根据各个项目的轻重缓急来决定开支的取舍。

话是这么说，真正做到并不容易。一方面，因为执政者以及各级官府都会想多做些事情，皇帝经常也会想给自己添这添那，他们在考虑兴建项目的时候，基本上是考虑这些名目的政治或者社会的价值，很少考虑费用的问题，一旦项目确定下来后，发现钱不够，就会想心思去找钱。怎么找呢？不是加税就是收费。如此一来，就增加了财政收入的总量，而国家规定的税率就被突破了。另一方面，官吏尝到这个甜头，就会越来越大胆，超征和超支越来越大，陷入恶性循环。结果是财政收入没有限制，支出也没有节制，国家财政就乱掉了，而这一切后果最终都会落在老百姓身上。

隋朝就是一个惨痛的教训。开运河、修长城等，朝廷只考虑项目的必要性，而完全不考虑老百姓的承受能力，财政收入完全不受制约，朝廷权力也跟着恶性膨胀，直至灭亡。

唐朝严格强调“量入制出”，有着隋朝前车之鉴的惨痛教训。严格控制财政支出也是从经济的角度把权力关进笼子里。

有些人向西方看齐，说西方现代财政是倒过来的“量出制入”，是先进的财政思想，而中国的“量入制出”则是小农时代的产物，落伍了。好像咱们什么都得仿效西方不可，这是误导。西方有一套限制支出的制度，政府花一分钱都得编制预算，由议会来审批，所以可以采取开支决定收入的模式。中国古代没有人能制约朝廷的开支，所以要用收入来决定开支。说到根本上，这两种模式的内核是相通的，都是为了防止乱收税费。

前面说过，唐太宗采取的办法是把征税纳入法制框架内，严格管住税外收费。这还有一个好处，就是朝廷能够真正控制住官府收入的总盘子，心中有数，这才谈得上贯彻量入制出的原则。唐太宗坚决实行减免赋税，朝廷的收入大大减少了，这个家要怎么当呢？

节约开支，反对奢侈

税收少了，就必须厉行节俭，反对奢侈。这一条看起来好做，实际上触动了利益集团，似易实难。唐太宗是难易都做，双管齐下，采取了两个办法。

第一个办法是比较容易做的，那就是厉行节约。朝廷每做一件事情，先要想想对老百姓有利否，避免大兴土木，劳民伤财。唐太宗曾经对大臣们讲历史，说大禹开山治水，老百姓没有怨言，而秦始皇修建宫殿，天下起而叛之。同样是大型工程，为什么效果完全两样呢？因为大禹做的利国利民，是双赢。秦始皇做的对统治者有利，却伤害了老百姓。吃好穿好，高楼大厦，这些是人人都向往的，但是，如果放纵不管，危亡就在眼前。我打算盖一座宫殿，材料都备好了，因为看到秦始皇的教训，马上停止了。希望王公以下众臣百官能够体察我心！唐太宗身为表率，在他的带领之下，史书称："由是二十年间，风俗简朴，衣无锦绣，财帛富饶。"（《贞观政要·俭约》）

第二个办法难度就大多了，那就是精兵简政，限制特权。古代王朝渐渐烂掉，一个重要的原因是官吏无限制膨胀，特权阶层不断壮大。在唐太宗勤俭建国方针之下，唐朝生产和纳税人口要多于享受免税的特权阶层，因此，整个社会良性运转，官府和私人都达到富裕。后来控制渐渐松弛了，官越来越多，不但享受各种待遇，而且家属也可以免税，在不知不觉中享受免税特权的竟然大幅度超过纳税人口，国家随之解体。显然，放任腐败是死路一条，而限制特权这条路充满艰难险阻。

唐太宗怎么做呢？首先，从自身做起，管住皇族。

唐朝立国之初，唐高祖李渊认为西周之所以维持八百年，是因为实行分封制的功劳。所以，他大封宗室，亲王数十个，连孩童都封王。唐太宗即位后，征询大臣对于分封的意见。封德彝应对道："以前封王仅限于皇子和兄弟，此外的皇亲必须立下大功才能封王，但也没有像今天这么多的。王爵尊贵，待遇优厚，恐怕不公平。"

唐太宗听后，马上表态道："我当皇帝是为了养育百姓，怎么可以侵扰百姓来养肥皇族呢？"于是下令皇亲封王者都连降好几级爵位，待遇也跟着减低，只有立功者除外。

其次，建立精简的中央朝廷。对于朝官，唐太宗指示宰相房玄龄说："官在得人，不在员多。"选官和买东西一样，必须精挑细拣，不能见便宜就买，最后钱没少花，满屋没有一件值钱的东西。用人也要百里挑一，个个顶用才行。根据唐太宗的指示，房玄龄对中央朝廷的机构和官员进行精简裁并，总共只留下文武官员 643 人。唐初全国人口虽少，但也有两千万到三千万人，而朝官只有 643 人，朝官和总人口的比例之低，在历史上非常突出。然而，唐太宗贞观时代朝廷的效率之高，也是历史上少有的。

第九章
坚守用人底线

国家的大政方针确定之后，大家想到的是要将它转化为一个个具体的政策，加紧贯彻落实。实际上，还有一件更加重要的事情，那就是要组织起一支认同治国理念、怀有理想和情操、真心实意推进国家政策实施的坚强有力的官员队伍。

中国历史上多次改革都不成功，其中一个非常重要的教训，是用旧官僚来推行新政，旧官僚是通过利益关系形成的团体，他们不见得认同革新思想，往往把利国利民的改革扭曲为庸俗的利益关系，甚至借改革营私，让整个国家治理荒腔走调。所以，国家大政方针确定之后，当务之急是官吏队伍的建设，必须用思想和信念来凝聚官员，这件事情关乎成败，唐太宗充分认识其重要性，在选任官员方面投入最大的心血。

治国重在得人

唐太宗一登基，就把选拔官员作为头等大事来抓，他要求宰相封德彝举荐人才。可是，过了好长时间，毫无动静，唐太宗急了，亲自去问封德彝道："治国安邦最根本的在于得人，我交代你推荐人才，没有下文。国务繁重，你应该为我分忧，你不推荐，我要委托何人呢？"封德彝回答说："不是我没用心，而是怎么也看不到奇才异人。"这话说得唐太宗不高兴了，严肃地对封德彝说："古代明君用人如同用器物，都选任当时之人，各取所长，没听说他们穿越时空，借用其他时代的人才来治理国家。我们总不至于等到梦中见到辅佐商王的傅说，遇到辅佐周王的姜太公吕尚，才去治理国家吧。哪一个时代没有人才呢，问题只在于我们不能够发现而将他们遗漏，怎么可以说这个世道没有人才，那岂不是污蔑吗?"几句话批评得封德彝满脸羞色，惭愧而退。

唐太宗提到的傅说和姜太公，是他非常尊崇的治国能人。傅说是个奴隶，在修筑道路时发明了版筑的方法，也就是用两块木板相夹，往中间填土夯实的方法筑土墙修路。商王武丁励精图治，就是找不到能够辅佐他的人才，成天忧思，有一天梦见上天把傅说赐给他，大喜梦醒，派人描绘傅说图像，在奴隶中间把他找出来，直接任命为宰相，果然天下大治。

至于姜太公更是家喻户晓的人物，他早年同样不得志，杀过牛，卖过酒，流落到渭水之滨钓鱼，鱼钩是直的，一条也没钓到，他却乐呵呵，所谓"姜太公钓鱼愿者上钩"。果然有上钩的人来了，那就是周文王，见这老头古怪，和他攀谈，惊呼遇到异人。姜太公告诉周文王治理国家要做到"三常"，"一曰君以举贤为常，二曰官以任贤为常，三曰士以敬贤为常"，也就是说君主最重要的事情是发现人才，官员则是任用人才，全社会形成尊重人才的风气。治理国家，千条万条，最重要的就一条，重用人才。

这种以人才为本的思想，正是唐太宗最赞赏的，也身体力行。在唐太宗看来，一个杰出领导者不应该成天埋头于具体事务之中，而应该非常敏锐地发现人才，提拔人才，把他们推到第一线上，用其所长管理好相应的部门。唐太宗曾经留心观察宰相房玄龄和杜如晦的日常工作，很快就发现问题。于是对他们两人发出指示，说道："你们两人当宰相，应该为我分担忧劳，广开耳目，求访贤哲。听说你们成天忙于听取汇报，审理公务，一天批公文数百件。这么繁忙，看公文都来不及，怎么能够帮助我求贤呢？”

从这件事情，唐太宗发现问题，立下新的规定，负责国务的尚书省，日常事务交给左右丞，也就是助手，相当于秘书长去处理。只有重大事务，以及有冤情的和难以推动的大事，才由宰相亲自处理。唐太宗要的是让宰相从繁杂的日常事务中解脱出来，以发现和提拔人才为第一要务，难怪贞观时代号称人才的黄金时代，济济多士，得人之盛。

唯才是举还是唯贤是举

唐太宗曾对魏征说道，选拔官员一定要慎之又慎，因为“用一君子，则君子皆至；用一小人，则小人竞进矣”（《资治通鉴》“贞观六年”）。用一个好官，造福一片；用一个坏人，糟蹋了一锅粥。官员的形象直接代表了政府的形象，并极大影响着社会风气的走向。

魏征不但同意唐太宗的看法，而且他顺着唐太宗的话指出另一个重要的问题，那就是要彻底转变打天下时期的用人思想。魏征提出一条根本的原则：

> 天下未定，则专取其才，不考其行；丧乱既平，则非才行兼备不可用也。（《资治通鉴》“贞观六年”）

打天下的时候，敌对双方都不择手段，所以用人更加注重有专长的人，用其才，不问其德。可是，到了和平建设时期，就必须彻底抛弃这种用人路数。若想国家长治久安，就必须抛弃热衷于尔虞我诈、唯利是图、道德堕落的人，即有才无德的人。魏征提出要注重品德的考察，用德才兼备的人。唐太宗和魏征的这次对话，清楚地反映出贞观时代选任官员的指导思想和基本原则。

什么是人才呢？有人会说这个问题还需要问吗？人才就是有本事的人嘛。这个回答在曹操那里可以得优，在唐太宗那里就不及格了。

简单地说，中国自古以来认为德才兼备是人才最基本的条件。可是，曹操主政的时候，把这个观念给彻底颠覆了。他提出人要分成两个方面来看，一是才干，也就是能力，称之为“才”；二是品德，称之为“性”。自古以来，选拔官吏的时候，都认为必须德才兼备，也就是说德和才应该是统一的。可是，到曹操的时代，他彻底颠覆了传统的用人思想，提出德和才是对立的，有品德的人未必有才干，有才干的人未必有品德。他列举了几个例子来说明问题。

一例是战国时代吴起的故事。吴起是卫国人，也就是今日河南省鹤壁、新乡一带的人，对兵法很有研究，带兵打仗是所向无敌，威名远扬，他撰写的《吴子兵法》更是最为流行的军事谋略的书籍。吴起很有野心，一心想当大官。他在鲁国的时候，齐国来侵犯，鲁国国王听说吴起能打仗，想用他。有人反对，说吴起的妻子是齐国人，不会忠于鲁国。吴起很有信心，以为国难当头，鲁王一定会重用自己，没想到半天也没有消息，打听下来，原来如此。他马上回家，毫不犹豫地杀了妻子，以获得鲁王的信任。他这一招果然有效，鲁王任命他为将军，率领鲁国军队打败了齐国。

另一例是西汉的陈平。陈平是西汉开国功臣，足智多谋，神出鬼没，他投奔刘邦，刘邦如获至宝，打算重用他。但是，部下揭发陈平人品不好，在乡下和嫂嫂私通，当官后收取贿赂，这种人不能用。刘邦不听，重用了陈平，好多次紧急关头都幸亏陈平的奇计而转危为安。

曹操举了这些品行有污的人，试图证明有本事的人没有品德。这种论证的方法具有很大的欺骗性，用的是极端的个例，以偏概全。就像有人提出没上学、不读书的人最聪明，列举出一些自学成才的个案，让听众觉得仿佛有道理，大家津津乐道，于是就变成定理。这种论证就是不提在没受过教育的人群中间成才的比例有多大。拿来和受过教育的人中的成才比例相对比，毫无疑问，后者是压倒性的高，在最顶尖的人才中，显现出来的数据也一样，根本不可能得出不受教育最聪明的结论。同理，曹操的理论也不可能得出中国几千年文明延续都是缺德有才的人领导的结果，因此必须用小人治国的结论，从而全盘否定官员的品德。然而，往往是走极端、发偏激之论的人，最容易蒙蔽民众，蛊惑人心。曹操正是成功地采用这一手段，先后三次公开发布《求贤诏》，公开宣扬在选拔官吏的时候，只要有本事，哪怕身负污名，不仁不孝，都应该推荐重用。

一般人有这种想法倒也罢，曹操作为实际的领导人通过国家政令的形式公然提倡反道德，对社会产生的冲击是非常大的，促使整个社会风气转向急功近利和不择手段。有人认为只要目标正确，手段可以不问。那是骗人的话，谁能知道你标榜的和真实意图是否一致呢？从历史的经验来看，绝大多数情况是手段可耻，最终的目的也是卑鄙的。曹操提倡有才无德，手下趋势附炎者居多，司马懿篡魏时曹魏官吏纷纷倒戈。出现这种情况自然没有什么好奇怪的，有奶便是娘嘛。在这里应该注意的是曹操提出“唯才是举”，用的是“才”这个字，是同“德”相对立的，非常功利。

宋朝宰辅，同时也是大学者的司马光在其不朽名著《资治通鉴》里指出：“才者，德之资也；德者，才之帅也”，德和才是本和末的关系。然而，曹操公开主张颠倒这层关系，重用有才无德之人。此后长期的战乱，统治者在用人方面更加功利，大批使用有才无德的所谓“能人”。

那些惨痛年代发生的阴谋背叛、骨肉相残的缺德惨剧，一千零一夜都讲不完。大家在丛林法则中痛感重建道德的必要性和重要性，在和平到来之际，魏征站出来向唐太宗提出这个问题，要在用人方针上实现根本性的转变，把个人品德放在第一位，用君子，远小人。唐朝吸取曹魏的教训，改了一个字，提倡的是“惟贤是举”，拨乱反正，把重用功利小人的组织路线扭转回到德才兼备的正道上。

君子和小人之辨

什么是君子，什么是小人呢？

司马光曾经有过非常精彩的论述，说道：德才兼备是圣人，德才俱无是愚人，德胜才是君子，才胜德是小人。

在这四种人里面，圣人不用多说，应该是首选。但是现实中未必如此，因为德才兼备的人最具有领袖气质，除非万幸当了领袖，否则最受排挤。例如大家熟悉的孔子只能带着学生游走于各国，劝统治者行善，结果四处遭人白眼，甚至驱赶，狼狈不堪，被取笑为“丧家狗”。什么道理呢？司马迁早就指出，孔子所处的时代，统治者都在竞争谁更奸险狡诈，吃掉对方，他们渴求的是政治激素，像毒品一样，一针打下去，人就疯狂起来，马上见效，不问后果。世道狂躁，你要是告诉他们这是病，要静养，被扫地出门都算是饶了你。所以历史上的圣人大多不幸，能活下来的多半隐居山林，死了很久，才有人想起他们的言行，流传于世。和他们相比，反而无才无德的愚人往往运气更好，心胸狭窄的君主喜欢奴才，讨厌人才，愚人反而抢手。许多人不明白，这种人只会唯唯诺诺，怎么稳稳当当，步步高升？只好称他们为“福将”。如果论销售排行榜，圣人是滞销货，愚人是常销货，夺得畅销榜首的往往就是小人，而最讨人嫌的是君子。

这绝不是胡说，你看曹操不就是公开鼓吹发现和重用小人吗？你再看看他的班子，圣人一个都没有，小人倒有一堆，其中混杂一些愚人。到曹魏政权发生危机的时候，愚人都不说话，小人摇身一变成了司马懿的宠臣，魏国就变成了晋朝。

西晋也好不到哪里，只是朝堂上愚人更多一些罢了，文武百官，上朝只谈美食、时装、女人和赚钱四件大事，有个大官上朝凝重沉思，看似忧国忧民，其实他忧心的是家里的李子树品种好，害怕李子卖出去被人获得种子。这还真是个难题，毕竟是大官，见多识广，还是想出办法来，下朝后亲手把每一粒李子的核都钻破了再卖，钱赚了，果核也不会被人拿去种，一举两得。你想这种人治国，西晋好得了吗？

什么是小人呢？没有一个统一的标准，我们对人不要苛求，也不必琢磨得过于精细繁琐，君子和小人的分水岭就一条，唐太宗说："君子小人本无常，行善事则为君子，行恶事则为小人。"一个人心是善良的，做的是好事，那就是君子；心是阴暗的，做的是坏事，那就是小人。小人有什么特点，怎么识别呢？唐太宗君臣把最主要的方面归纳出来：

其一，君子掩人之恶，扬人之善；小人正好相反。为什么呢？因为小人心是阴暗的，不能容忍别人好，凡是不属于自己的美好事物，他们都会嫉妒到痛不欲生，想方设法去破坏。所以，他们专门挑事物的阴暗面来大肆宣扬，哪怕好的事情，他们也能够从阴暗的立场将它说得污秽不堪。所以，总是从阴险的角度评论人和事的，大多是小人。

其二，小人也会说好话，而且说得让人浑身都起鸡皮疙瘩，那一定是对上司，或者是有利用价值的人。他们说好话是为了谋求自己的利益。年老的石敬瑭可以叫年轻的契丹主为爹，安禄山可以跪在只有女儿大小的杨贵妃裙下喊妈，这一幕一幕并不是相声，而是真人真事。

其三，小人最爱的无非权和钱，最不爱的就是人，有时甚至为了权和钱连自己都可以出卖。因此，能够使得动他们的只有利益。为了私利，他们可以铤而走险，损人利己，出卖一切，对弱者傲慢凶残，对权势卑躬屈膝。魏征说小人不仁、不义、无耻、利令智昏而不知天高地厚。

其四，上面说的是小人的品性，属于个人道德问题。从用人的层面来看，小人对团队乃至国家造成的伤害，在于小人不识大体，私利压倒公心。在上级面前进谗言，在同事中挑拨离间，在团体内散布谣言，无事生非，拉帮结派，排挤忠良，搞得乌烟瘴气，离心离德，只有小人得志，沆瀣一气，瓜分利益。遇到危难的时候，他们跑得比兔子都快，跑不掉就卖主求荣，整个团队乃至国家都被他们搞垮掉。

进君子而退小人

小人的所有心思都围绕着如何最大限度地谋取私利，这种见利忘义、不择手段的人，让人防不胜防，而且很容易成功，这是什么原因造成的呢？因为小人善于揣摩人主心意，抓住人性中好名好利的弱点，百般逢迎，拍马溜须，话说得特别贴心，你想到的事情他都替你安排妥帖，教你如何享乐，追求不应该有的刺激，走进你最私密的内心世界，和你无话不谈，让你觉得通体舒泰，最后像上瘾一般离不开他，而疏远讲真话办正事的人。当你身边颂声四起，山呼万岁，美女围绕，金玉满堂的时候，实际上你已经被架空成为孤家寡人，耳目闭塞，大权旁落，你的宠臣也成为一人之下万人之上的二鬼子。

千穿百穿马屁不穿，如果是性格有缺陷的君主，例如好大喜功、贪图享乐、刚愎自用等类型，很少不被小人攻破的，即使像唐太宗这样的雄才大略之人，也难免被小人迷惑，有过教训。

我们知道，唐太宗对于官吏管理甚严，违法必究，不允许官员滥用职权，扰民谋私。官吏中有人看准了这一点，投其所好，邀功取宠。朝廷中有两个受到唐太宗信任的官员，一个叫作权万纪，一个叫作李仁发，用心收集官员的黑材料，一点小事都上纲上线，小题大做，向唐太宗密报。唐太宗觉得这两个人很用心维护国法，十分欣赏，好几次专门召见他俩，听取汇报。他俩越发得志，罗织罪状，深文周纳，夸大其词，危言耸听，激怒唐太宗，这样他们就可以手握令箭，把案子做大，彰显政绩，搞得满朝文武对他们既恨又怕，但没人敢惹他们，只能远远地躲开。这两个人十分得意，却没有料到贞观时代政治风气很正，就有人不信邪，特别是风骨铮铮的魏征就不吃这一套。有一天，他非常严肃地向唐太宗进谏道："权万纪和李仁发是小人，不识大体，专门进谗言诬告，惹是生非，冒充正直，他们所弹劾的人和事，调查下来，都构不成罪状，明显是小题大做，无事生非。陛下替他们护短，使得他们的奸计得逞，瞒上欺下，傲慢横行，假装不畏权势。看看他们做了些什么，诬告宰相房玄龄和张亮，查无实据，结果是损害了陛下的圣明。他们的做法，造成路上行人都造谣诽谤。我猜测陛下不会真以为他们深谋远虑，打算委任他们国家栋梁的职务吧。大概是想利用他们的毫无顾忌来让大臣们警惕自励。但是，用小人来监视大臣，会使得真心诚意的大臣离心离德，房玄龄、张亮这等高官都不能为自己辩白，那些级别低和陛下接触少的官员又如何不受他们的讹诈？所以，我恳请陛下留心想想，自从用了这两个人之后，对国家有什么好处？哪怕有一丁点，我都甘愿受死，承担不忠之罪。陛下即使不能任用好人来弘扬美德，也不能用奸臣来自残啊。"

小人最怕的就是正直而不怕死的人，他们做的事情最怕摊在阳光下面，现在魏征把他们的真面目揭开，让他们再不能躲在阴暗角落里放暗箭。唐太宗受到很大的触动，重赏魏征绢五百匹。不久调查发现权万纪以权谋私，劣迹斑斑，唐太宗将他和李仁发都撤职，贬黜到外地。朝廷上下拍手称快。

去除几个小人不算难，但是，从这件事引起深思的是更加深刻的问题，浅层次的问题是怎么防止用错人；深层次的问题则是如何建立一套好的选官制度。

关于第一个问题，魏征针对唐太宗的性格特点，直言上书，说道："陛下聪明神武，天姿英睿，喜爱人才，千方百计延揽重用。但是，您好善却不注重选择人，疾恶却不能远离小人，说话又直，没有隐晦，疾恶如仇，听说别人的好处未必全信，听到别人的坏处容易轻信，虽然有独到的见解，但未必都正确。"

"而且，君主谋求治理的时候，一定会用君子来做事；事情做好之后，就会去找小人来评价。对待君子是敬而远之，遇到小人是轻慢而亲近，亲近则言无不尽，疏远则上下隔膜，从而造成说好说坏在于小人，而处罚却落在君子身上，这就是国家破败的原因。孙子曾经说过：'使智者谋之，与愚者论之，使修洁之士行之，与污鄙之人疑之，欲其成功，可得乎哉？'"

这番话说得够直率的吧，魏征不仅就事论事，而且直接点到唐太宗性格上的弱点，难能可贵。唐太宗能够听下去，不生气，还虚心接受，胸怀也够宽阔的。

魏征接着指出："听到坏的就相信，听到好的就怀疑，这就让小人得逞而君子受压制，坏了风气，乱了秩序，上下隔阂，国家如何能够治理得好呢？世间凡人没有深谋远虑，却都喜欢揭人之短，随便指责别人'朋党'。要知道君子聚集在一起行善称作'同德'，小人勾结作恶才叫作'朋党'。问题是现在黑白混淆，善恶不分，以揭短为忠诚，以'同德'为'朋党'，怀疑一切，认定为忠诚的，说什么都相信。这就是君主之恩不能让部下感受到，部下的忠诚不能传给君主的原因。大官不辨是非，小官不敢多说，远近都跟风，成为一种习俗，这绝不是国家的福气，非但不是治国之道，而且只能助长邪气，混淆视听，使得君主不知道该相信什么，臣下也惶恐不安。如果不从根本上杜绝其源头，后患无穷。"

魏征尖锐地指出了小人得势、谗言惑主、党同伐异，导致上下相互猜疑、分崩离析的严重后果。那么有什么良方来治理吗？魏征提出要彻底改变以往的人才观，确立选拔官员的基本原则，那就是君主对内要躬身反省，吸取历史的经验教训；对外要任用君子，摈弃小人。

用人重操守

要怎么做到“进君子而退小人”呢？关键在于明辨忠奸。魏征提出一个考察人的办法，那就是：“贵则观其所举，富则观其所养，居则观其所好，习则观其所言，穷则观其所不受，贱则观其所不为”，也就是身居高位的时候考察他的用人做事，富裕的时候考察他的生活方式，居家的时候考察他的爱好，平时考察他说的话，贫穷的时候看他不接受什么，卑贱的时候看他不做什么。魏征认为应该从一个人在不同处境中自然表现出来的一言一行来看他的操守，一个境界低下猥琐的人，贵则倨傲，富则奢淫，穷则失志，贱则无耻的人，是绝对不能用的。

魏征引用汉朝大学者刘向辑录古代贤哲言行的著作《说苑》，列出“六正”和“六邪”的辨别人物标准，那就是：

六正：

一曰，萌芽未动，形兆未见，昭然独见存亡之机，得失之要，预禁乎未然之前，使主超然立乎显荣之处，如此者，“圣臣”也。（见微知著，防患于未然，是圣臣）

二曰，虚心尽意，日进善道，勉主以礼义，谕主以长策，将顺其美，匡救其恶，如此者，“良臣”也。（激励君主行善，有远见，善治本，是良臣）

三曰，夙兴夜寐，进贤不懈，数称往古之行事，以励主意，如此者，“忠臣”也。（勤劳尽心，举贤任能，用历史勉励君主，是忠臣）

四曰，明察成败，早防而救之，塞其间，绝其源，转祸以

为福，使君终以无忧，如此者，“智臣”也。（明察成败，转祸为福，是智臣）

五曰，守文奉法，任官职事，不受赠遗，辞禄让赐，饮食节俭，如此者，贞臣也。（奉公守法，廉洁自律，是贞臣）

六曰，家国昏乱，所为不谀，敢犯主之严颜，面言主之过失，如此者，直臣也。（乱世屹立不屈，敢于犯言直谏，是直臣）

六邪：

一曰，安官贪禄，不务公事，与代浮沉，左右观望，如此者，“具臣”也。（只想做官，不负责任，随波逐流，是具臣）

二曰，主所言皆曰善，主所为皆曰可，隐而求主之所好而进之，以快主之耳目，偷合苟容，与主为乐，不顾其后害，如此者，“谀臣”也。（看君主脸色行事，拍马溜须，声色犬马，不顾后患，是谀臣）

三曰，内实险诐，外貌小谨，巧言令色，妒善嫉贤。所欲进则明其美、隐其恶，所欲退则明其过、匿其美，使主赏罚不当，号令不行，如此者，奸臣也。（貌似老实，内怀奸险，陷害贤良，败坏国法，是奸臣）

四曰，智足以饰非，辩足以行说，内离骨肉之亲，外构朝廷之乱，如此者，谗臣也。（文过饰非，能言善语，挑拨离间，制造事端，是谗臣）

五曰，专权擅势，以轻为重，私门成党，以富其家，擅矫主命，以自贵显，如此者，贼臣也。（矫命专权，结党营私，唯我独尊，是贼臣）

六曰，谄主以佞邪，陷主于不义，朋党比周，以蔽主明，使白黑无别，是非无间，使主恶布于境内，闻于四邻，如此者，“亡国之臣”也。（蒙蔽君主，颠倒是非，让君主恶名传遍四邻，是亡国之臣）（《贞观政要·择官》）

进君子退小人，就是要发现并重用前面六类忠正廉洁的好官，严防后面六类奸邪贪腐的坏人。我们又回到一开始提出的问题上来，人无完人，金无足赤，在德胜于才的君子和才胜于德的小人之间作选择的时候，唐朝以及后来的王朝有了一个共识，那就是宁可用个庸才都不能用所谓的能干的小人。司马光专门剖析其中的利害，指出君子以其才干来行善，小人则以其狡黠来作恶。庸才虽然做不了大善事，却也因为智力不足，做不出恶事。小人足智多谋，做起坏事来，很难制服他，造成的后果极其严重。唐朝的杨国忠，宋朝的蔡京、高俅，明朝的魏忠贤……多少惨痛的历史教训，告诉我们选拔官员何等重要，让坏人掌权危害何其惨烈，不用小人是国家用人的底线。

唐朝关上了曹操打开的所谓“唯才是举”的门，仅仅改了一个字，那就是“唯贤是举”，却打开了通往盛世的人才之路。

第十章
面目一新的铨选制度

选拔和任用人才，直接关系到事业的成败。这项工作非常富有挑战性，说起来容易，做起来难度很大。用心去辨识几个人还好办些，但是，要把考察人才的指导思想和原则变成普遍性的选拔任用官员的制度，就非常不容易了。历史上有什么可资借鉴的经验或者教训呢？每一项制度的建立，首先借鉴的就是它前面的制度。那么，唐朝之前是怎样一种情况呢？

我们在上一章介绍了曹操的人才观。曹操提出的“唯才是举”，实质上是选官方面急功近利的口号，用的是牺牲品德换取成功的手段。这里要考察曹操的用人思想是怎样变成可操作的选官制度呢？

这是一个过程，曹操开始对选官制度进行变革，以后到他的儿子魏文帝曹丕接班的时候，才把新的办法完全固定下来，成为不同于以往的铨选制度，历史上称之为“九品中正制度”。

这个制度新在哪里呢？

首要一点在于它改变了以往由朝廷及地方官府的组织部门完全垄断人才评价的状况，更加广泛地听取组织部门以外的评价。要把这事情说清楚，我们必须把它的来龙去脉做个简单的介绍。

从“察举制”到“九品中正制”

汉代选拔官员时主要实行的是察举制度，按照政区，主官向朝廷推荐孝廉、茂才（也就是秀才）、察廉和光禄四行这样四科人才，通过考试选拔任用。此外，朝廷还会按照特定的需要设立科目来选拔人才。这些科目选拔的是新入仕的人才，以及已经在编的官员，考察的对象虽然不同，但是，考察的内容却有很大的共通之处，那就是着重考察人的品行。这从孝廉、察廉之类的名称就可以充分看出来，哪怕是光禄四行，考察的是质朴、敦厚、逊让、有行，还不都是品行吗？道理很明白，古人认为做官首先是做人，人都做不好，当官岂不是祸国殃民吗？因此，要选拔堪为表率的优秀人才来当官，才能治理好国家。汉朝考察的品行，也就是“德”，标准是儒家的伦理道德：仁、义、礼、智、信。

东汉后期政治腐败，在高度重视道德的社会，这就不得了了，正直的人们纷纷站出来抨击，他们中间既有官员，也有士人，号称“清流”。他们的行动还得到青年学生的热情支持，公开评论官员成为一时的风气，造成强大的舆论，使得贪官污吏暴露原形，而刚正清廉的官员获得表彰，成为社会尊崇的楷模。这种风气称作“月旦评”，产生了一些特别著名的评论家，例如许劭等，士子能够得到他的品评便是无上的光荣。曹操年轻的时候也是个有激情的人，他跑去让许劭点评自己，话说得非常谦卑，还带上厚礼。许劭看不起曹操的为人，还看不起曹操宦官的家世，懒得理睬他。但曹操赖着不走，许劭拗不过，给曹操一句评语：“君清平之奸贼，乱世之英雄”，这明显不是什么好评语。别人的评语是“天才英博，亮拔不群”，高高兴兴回去了；曹操的评语是“奸贼”呀“乱世”呀，他也高高兴兴回去了，而且还到处宣扬。这就奇怪了，是不是曹操脑子坏掉了，他高兴什么呢？高兴的是许劭这么有名的士人评价他了。由此可知，当时请名士作品评蔚然成风。

社会舆论对于官员以及希望入仕者的品评有很重的分量，影响着官方的人才选拔，以前完全由官方来选拔人才的制度受到冲击，清流士人的品评成为重要的参考，对于官方也造成不小的压力或者制约，而这些品评仍然是围绕着人物品格展开的。纵观汉朝察举制度，铨选重在选贤，德才兼备，以德为重。

曹操当政之后，把这种风潮接了过去，变成制度性规定，选拔官员的时候必须有来自社会的评语。这比起官府关起门来自己评价，应该是一种进步。但是与之前的制度相比，发生了两个变化。

第一个变化是把评价的话语权收回。曹丕推行九品中正制的时候，在各个州郡设立大中正和小中正，由他们来品评人物，大小中正归朝廷司徒府领导。这个制度设计是什么意思呢？就是在组织部门之外开辟了第二个官方控制的评价管道，仿佛吸收了东汉末年舆论监督的成果，表面上看是对于社会舆论的妥协，但实际上，朝廷通过任命负责品评人物的中正官，把社会舆论评价纳入官方轨道，最后演变成为在组织部门之外的官方人物评价机制。

第二个变化是把人物的评价细分为三个部分，也就是个人的品行、才能和家世背景，分项打分，最后综合出一个总的评分。根据总分，再把人才分成上中下三大类别，每个类别内再分出上中下三等，这就有了九个等级，分别是上上、上中、上下；中上、中中、中下；下上、下中、下下。这九个等级就是人才的“九品”，也称作“乡品”。

这两点都是不同以往的变革，归纳起来就是在组织部门之外，设立地方的大、小中正官，按照家世、品德和才能，品鉴人物，分成九等，再将这个评价送给组织部门，以此为基础决定一个人能不能当官，以及从哪一级的官当起。换句话说，就是根据“乡品”来决定“官品”。“乡品”是人物评价，“官品”是官职级别，两者不同，但是有一定的对应关系。

根据这项制度设计，中正官要品评好人物，必须对考察对象有深入的了解。所以，规定中正官必须是当地人，而且他的品德必须高尚，比如自己必须得到第二等以上的“乡品”。能够得到这般高品级的人物，差不多都是当地的名门望族。一个中正官面对许多要当官的人，这些人大多有家世背景，不是都得罪得起的。

先说品德，没有什么伤风败俗的事实把柄，能够轻易说某人道德有亏吗？坏人名节，人家还不同你拼命？结果品德评语成了套话，第一个环节就落空了。再说才能，他还没当官，有什么才能或者政绩？最多只是长得眉清目秀，似乎聪明，看得顺眼而已。往往是聪明的狂傲，驽钝的顺眼，美貌的脑空，善辩的无行，各有特点，没办法放在一个标准下打分，只能打马虎眼，这一条又落空了。第三条家世就好办了，皇族宰相的儿子不是最好，谁还敢位居第一品？哪一家若不服气，有意见，岂不是挑战比自家的爹官还大的别人家的爹？弄不好连自家爹的官都给撸了。于是皇亲国戚、宰相的儿子第一品，副宰相的儿子第二品，部长的儿子第三品，副部长的儿子第四品……这样评起来顺当多了，很快就可以张榜公布，还没人敢有意见。曹氏父子亲手设计的“唯才是举”，转眼之间变成了“拼爹”。

我们再把曹操父子设计的制度仔细理一理，当地出身的中正官评价当地人，不管他用什么名目、起什么名字，实质上就是推荐制。历史一再证明，没有严格的、公开的、公正的监督，推荐制就是最大的黑洞。

最要命的是曹操提出“唯才是举”的时候，公开号召全社会推荐没品的人才。反道德同营私舞弊相结合，“九品中正制”比汉朝的“察举制”还坏。汉朝不管怎么样都强调品德，人们攻击察举制不利于人才脱颖而出和道德虚伪的缺点，举出一些例子，比如为了赢得孝子的名节，在父母墓旁守孝十几二十年，大家钦佩得不得了，后来发现他在墓道内生了十多个孩子。守孝怎么能生孩子呢？虚伪啊，于是群起攻击。可是仔细想想，生孩子也算不上太大的罪过，何况还得在墓道里偷偷摸摸地生。害怕什么呢？有道德和舆论的约束呀。到“唯才是举”的“九品中正制度”时代，全然按照权势排座次，又公开鼓励反道德，无所忌惮，丑事都变成公开做，大胆做，想找一个躲在墓道里生孩子的例子都困难。于是，大家都起来反对“九品中正制度”，说它造成了“上品无寒门，下品无士族”的结果。

继承并改良科举制

因为“九品中正制度”实在太过压抑人才了，待到隋朝，隋文帝痛下决心将它彻底革除，实行新的科举制。根据隋朝的记载，科举制度在隋文帝晚年已经实行了，到隋炀帝时期更受重视，成为主要的铨选制度。

科举制度最大的优点在于放开了人才为国家服务的大门，让各个阶层的人都可以来竞选当官。一个国家的政治是否稳定，就看支撑它的社会阶层是否广大，越广大就越稳固。九品中正制把人才的路都给堵死了，只有官僚的儿子才能当官，国家变成了官僚的宠物，变成压迫人民的虎狼，能不垮台吗？

唐太宗时代继承了科举制度，并进一步改进，充实完善，以此作为一个重要的管道，下定决心打开人才参政的大门，让社会各个阶层从凝固状态下动起来，变得可以上下流动，下层民众只要努力了，德才兼备，知书达理，勤劳能干，就升上来；上层的人吃老本，不读书，横行霸道，吃喝嫖赌，当然就沉沦下去。这样社会就活起来，良性的循环机制也就形成了。科举制是社会流动的重要支点，找到好的支点，就能够撬动地球。从官僚垄断人才通路的推荐制，到自由报考的科举制，这是最根本的改变，是人才史上的一次大变革，真正体现了“唯贤是举”的精神。

然而，打开人才大门必然严重伤害到官僚阶层的既得利益，所以这件事情必须一步一步地向前推进，不可能一步到位。政治是一门管理的艺术，很多事情急不得，慢不得，重要的是能够推动它不停地前进。只要不停地向前推进，就不会慢。科举制从打开人才报名的门，到完全实现自由投考，还有一段相当长的路。然而，它成为难以改变的历史潮流，开弓没有回头箭，它最终实现了，中国再也不是旧门阀士族世世代代垄断的社会。所谓的“富不过三代”，从一个侧面道出了这个社会的流动性状态。同时，它还告诉世人，个人和社会的进步，靠的是读书，靠文明，靠人的品德和才能的提升。

科举制开放士人学子报考，那要怎样选拔人才，和以往的考试不同在哪里呢？以往的考试主要考儒家经典，拿一句儒家名言，斩头去尾，作为考题。考生先要把整段经书上的话背诵写出，然后再阐释其意思。例如出个“远人不服”的题目，考生就要知道这是孔子说的“远人不服则修文德以来之，既来之，则安之”。意思是远方的民族或者国家不服，你不是去打服他，而是检查自己的不足，勤修内政，修文德，把自己变成繁荣昌盛的文明国度，人家自然就服了，慕义而来，那你就要妥善招待安置。这是最常见的考试形式，称作“帖经”。这种考试重在背诵，不容易发挥考生的个性，难以选拔出有个性和创造力的人才来。

所以，隋唐在旧的考试之外，新设立了“进士”科，对考试内容和形式都做了重大改革，它的特点是什么呢？最重要的改革在于考试的重点从“帖经”也就是背诵经义转为诗赋文章。诗赋文章可以自由发挥，文章重在表现深邃的思想内涵，诗赋则展示音韵格律、词章典故的功底，既能够检查考生的文化基本功是否扎实，又能够充分反映出个性和才华。对于习惯背诵和囿于标准答案的应试教育下的考生来说，仿佛长期被囚禁在地牢的人突然释放，在广阔的天地里茫然自失，完全找不到北。而真正有个性的人才则如大鹏展翅，尽情翱翔。两者的差距就像高山和土堆那么明显，做不了假，高官权贵想作弊走后门都难。

唐玄宗时代就有一个高官子弟名叫张奭，主考官想巴结他爹，让他考取第一名。汇聚在京城的一万多考生看到文墨不通的人凭借官场权势摘取头名，舆论大哗，一直举报到唐玄宗那里。于是，唐玄宗登上花萼楼，亲自主持中举者的考试，让所有中举之人在他面前当场答卷。只见张奭手持试卷，居然整日没能写下一个字，因为腹中没有诗书，全是声色犬马，又不考背诵，什么熊样都出来了，最后交了白卷，被人戏称为“曳白”。曳是牵引拖拉的意思，古代的书籍纸张卷成卷子，阅读时拖曳展开，结果张奭的卷子拖开是白卷，再拖还是白卷，一片白茫茫皆不见，所以称作“曳白”。这个案子流传很远，直到今天人们还把交白卷称作“曳白”，变成专有名词。唐玄宗看到这样的卷子，脸都气白了，下令彻查，张奭的中举资格被撤销，其父连同涉案作弊的朝廷高官被查办，贬黜流放。

有人要说当官又不是开文学馆、演艺厅，光会写诗作画能管理好国家吗？这个问题非常现实，唐朝自然注意到了，所以科举考试还有一个重要的方面，那就是要考时务对策，叫作“策问”。在这部分，主考部门往往会把国家遇到的一些棘手问题变成考题，让考生回答。这就有难度了。你光会批评，不行；提出不切实际的方案，也不行。必须分析案情，依据法令规定和礼制道德、世俗民情拿出一个好的解决办法。例如有一道考题，朝廷实行均田制，把土地按人丁分配，久而久之，国家没有那么多土地分配给新成长的劳力了，怎么办？这种题目是不是很切合实际？几乎是换一种形式问政于民。这样的题目一般有五道，占到考题的一半。由此可以看出，在考题设计上既注意发挥考生的个性才能，又强调务实的解决问题的能力，两者紧紧结合，并不仅仅是文化水平的测验，只会背儒经、掉书袋的人大多名落孙山了。

古代的教育为什么特别强调培养人文情怀呢？因为这样培养出来的人，遇到事情不是光会批评指责，乃至痛骂，而会很有社会责任感地提出建设性意见。科举考试在这方面起到很好的引导作用。

正因为进士科难度大，不容易考上，许多人都是久经考场磨炼，几年甚至十几年、二十年才考上，和考儒经的“明经科”相比，有云泥之别，所以，唐人比较这两种考试为“三十老明经，五十少进士”。也就是说，三十岁考上明经科都嫌晚，而五十岁能考上进士科，大家都要祝贺你年轻才俊，“登龙门”了。从长期艰难的科考跋涉而冲出来的人，那种绝境逢生的喜悦，化成长安城欢乐的盛景。夺得头名的称作“状元”，会同新科进士齐聚在杏园，谢师庆贺，杯觥交错，陶醉在探花筵中。宴会之后，大家乘着酒兴，来到长安慈恩寺大雁塔下题名，铭刻荣耀。长安市民争相观看，进士们意气风发，“春风得意马蹄疾，一朝看遍长安花”，何其风光。

金榜题名以后，应该仕途畅通了吧？如果是这样的话，岂不变成一考定终生了吗？唐朝的官吏选拔比想象的复杂得多，新科进士的科场得意很快就要变成重披战袍的艰辛。原来，上面的考试都是由礼部主持的，属于资格考试而已。通过了，只证明你具有当官的基本资质，离当官还有好几道门槛要跨过。新的战场从负责文化教育的礼部转到了选拔官吏的吏部了。

吏部门前“四道关”

从礼部转战而来的新科进士，来到森严的吏部，四只拦路虎就在眼前。哪四只拦路虎呢？“身、言、书、判”四道考试。

第一道考试是“身”，考察的是身材相貌。我们知道，魏晋玄学留下的遗产之一，是对于美的追求，这种风气也深深地影响了唐朝。在这种崇尚美好的世风中，官员作为国家的代表，必须是威仪堂堂，体貌丰伟，一身正气，可亲可敬。可能有人要批评这岂不是外貌协会吗？确实有这个意思。这不构成相貌歧视，只能说是职业要求，唐朝希望官员能给百姓带来公正、亲切和可靠的形象。

第二道考试是“言”，也就是说话。你说哪个人不会说话呢？可是，说正经的话还就是有很多人不会说。老百姓吃不上饭，晋惠帝说那为什么不吃肉呢？老百姓读不起书，当官的说是因为学费太便宜了；生产量不高，他说是因为税收不够重；信不信由你，反正我信了。作为领导这样说话，不经过大脑，不计后果，胡言乱语，能不激化官民矛盾吗？

官员一定要会讲道理，不但要说得通，还要讲到人们的心头里，处理问题的时候，必须讲道理，讲法纪，让人服气。很多民事纠纷，只要做好调解工作就能够妥善解决。

第三道考试是“书”，也就是书法。书法有这么重要吗？为什么要专门拿出来考试呢？因为政府行政最主要是通过文书、文件来运转的，所以，无论哪一级的官吏，如果字写得不清楚，很容易造成误解、误判，这是必须坚决杜绝的。官吏的书法考试和书法竞赛很不一样，它要求的是字迹端正，书写清楚，不能潦草，不追求书法般的龙飞凤舞。今天保存了一些唐代的行政文书，上面的字，一笔一画都端端正正，而且谁都看得懂，哪怕相隔一千多年，我们读起来甚至比今人写的东西还容易辨认，可见当时要求之严格。

身、言、书是对官员基本素质的要求，都是从日常事务的需要设定的。

第四道考试是“判”，也就是对官员行政能力的综合考察了。“判”就是批公文、判案子。一篇好的公文，要写得有文采，而且要合法、合情、合理，还要合礼，言情并茂，让人看了深以为然。所以，写好公文需要官员熟悉掌握法律规定，具备很高的文化修养、清晰的逻辑思维和具有表现力的文笔。

今天保存着一道唐朝吏部的试题，叫作《婢判》。题目是这样的：有一位妇女名叫阿刘氏，她母亲原来是蒋恭家的“婢女”，后来被放免为“客女”，怀上了阿刘氏后，嫁出去了。蒋恭死了以后，蒋恭的嫂嫂把阿刘氏依然当作“婢女”驱使。阿刘氏不服，到官府投诉，要求还她应有的“客女”身份。

因为现在流传下来的判文，大多数是选官考试的试题和标准答案，所以在试题的设计上要曲折一些，以检验考生综合运用法律和礼仪规矩的能力。

这件诉讼案的争执焦点是阿刘氏的身份。要弄明白此题关键，有必要简略介绍一下唐朝的身份等级制度。唐朝存在着严格的社会阶层的身份性规定，首先分为“良人”和“贱人”两大身份，“良人”就是正常的公民，享有完全的法定权利。“贱人”的法律权利受到很多限制，还分成好几个层级，在这个案例里面，“婢女”身份最低。“贱人”身份的改变，要由主人放免，经过官府认定后生效，逐级提升。“婢女”放免后变成“客女”，依然属于贱人阶层，但是身份和权利要高一层级。两者的根本区别在于“婢女”是主人的财物，几乎可以当作物品对待。主人完全拥有她，到什么程度呢？比如“婢女”生女儿，长大后，“婢女”可以把女儿嫁人吗？不可以，她嫁女儿在法律上等于盗窃主人的财产。为什么呢？前面不是说过“婢女”几乎当同于物品，所以如同马生马驹，当然归主人所有。“客女”虽然也是“贱人”，但是在法律上的权利得到提升，她不可以被当作物品买卖，还可以拥有自己的财产，以及处置财产的权利。像上面的情况，“客女”在法律上可以嫁女儿的。

说清楚这些法律上的身份性规定和权利之后，再回头来看这件案子。它的复杂性在于阿刘氏的母亲在被放免为客女之前先怀了身孕，所以，她生下的女儿阿刘氏算不算“婢女”？如果算，那么蒋恭的嫂嫂有权继续将她当作婢女驱使。如果不算，阿刘氏就不是婢女了。这就是阿刘氏的诉求，她认为自己出生的时候，母亲已经是客女了，因此，自己的身份应该是“客女”。考官故意设置这样一个法律规定模糊的地带作为考题，检验考生如何在法与情，以及理之间作出合理的平衡与裁断。

这件案情看起来很有故事性，其实，它触及了一个重要的原则，那就是人的身份判定是依据出生原则，还是依据投胎原则。因此，判决一旦成立，便成为影响今后此类案件审判的判例。

这个案子应该怎么判呢？唐朝的标准判词，首先要求把案情写清楚，也就是摆事实。其次，讲道理，指出蒋恭嫂嫂的做法是“指腹称贱，凭胎索婢”，不合情理。为什么呢？因为孩子是随母亲的身份，也就是“以大匹小”。也就是说，法官采取的是出生决定身份的原则。第三，从传统上找根据，说服当事人蒋恭的嫂嫂，以及社会大众。判词写道：据传秦始皇的母亲是富商吕不韦的侍婢，怀上秦始皇以后，吕不韦将她嫁给秦始皇的父亲，如果胎儿不随母亲，那么秦始皇就不能成为秦始皇，而只能是吕不韦的儿子。据此，判决阿刘氏的诉求合理。

在现实社会中，有很多案子，法官严格按照法律规定判决，但是，百姓接受不了，于是生出许多怨言，甚至引起众怒。这就要求官员首先要严格依法判案，其次还要作出合理的解释，做到合法、合情、合理，难度很高。这个案件中，阿刘氏的诉求得到支持，但是，当事的另一方蒋恭嫂嫂不服气，这才生出官员引用秦始皇事例来，以说服蒋恭嫂嫂。由此可见，唐朝对于官员素质的要求很高。

不仅如此，唐朝还要求公文或者判词不但要表述清晰，用词严谨，还要求文辞优美。

这篇判词就是用骈文体写成的，诸如：“望彼刘闺，宁某诵赋；均夫郑室，聊事薄言。论母既谢萱枝，按女即非桃叶”，辞章华丽，多用典故，推论有理有据，合情合法，成为判文的范例，被宋人收入唐朝名文集子《文苑英华》里面。

只有通过身言书判四道考试，才算走完了科举选官的过程，被吏部录用，再根据个人的才能和意愿，以及官职的空缺情况，授予相应的职务。

吏部这四道考试不比礼部的考试容易。我们知道唐朝的韩愈是古文运动的领袖，文章辞理俱佳，一直到今天都是作文的典范。但是他考上进士之后，就是过不了吏部的考试，三次考试，三次落榜，不敢再考了，只好去当幕僚。幸好他确实是个人才，最后还是出人头地，当上京兆尹，也就是首都的长官。

唐朝的科举考试是一个多角度考察并选拔官员的系统，和后来被明朝阉割成为考八股文的科考不可相提并论。如果对前面的介绍做个分析，抽取出这个制度的精神，那么可以归纳出三点来：

1. 唐朝科举制度的目标是选拔具有高度文化修养和开拓精神的官员。

2. 选拔理论联系实际，既有理想情怀，又脚踏实地的务实人才。

3. 选拔既贯彻法治，又善于同礼制和社会传统相结合的高水平的管理人才，堪为表率。

科举考试是一个撬动地球的支点，第一，它撬翻了家世门阀对官职的垄断，造成了全社会崇尚文化和尊重人才的风气。很多权贵高官的子弟，虽然可以通过特殊的通道当官，但是，许多人不愿意。为什么呢？因为在人们眼中“缙绅虽位极人臣，不由进士者，终不为美”，也就是不通过进士科考试当官的，哪怕当了很大的官也留下终生的遗憾，不受推崇。第二，全面的官员选拔制度，堵塞了拍马溜须、靠小伎俩和小手段侥幸成功的制度漏洞，强调以德为基础的德才兼备型人才，大大提高了官员的素质和形象。唐朝为什么成为盛世，就因为她开辟了文明之风，锻造了一支有理想抱负并依法治国的干部队伍。

建立了好的铨选制度，就可以一劳永逸了吗？并非如此，这只是开了一个好头而已，真正的人才还需要在工作实践中努力发现。

第十一章
不拘一格大胆选才

唐太宗手下人才济济，但是，他们汇聚到唐太宗麾下的经历各不相同。唐朝最有名的宰相房玄龄是在唐太宗平定天下的行军途中，自己跑到中军帐下，请求接见。唐太宗和他做了深谈，发现确实是个不可多得的人才，从此委以重任，寄予厚望。《贞观政要 · 任贤》以贞观时期最重要的八位大臣为例，讲举贤的重要性。这八位当中，自我推荐的只有房玄龄一位，占八分之一。从这里也能够看出人才是需要积极去寻找发现的。

平民英才“三级跳”

贞观年间有一位官至宰相的良臣，名叫马周，出身贫寒，父母双亡。但是这个苦命的孩子并没有因此沉沦，反而刻苦读书，把儒家经典熟记于心，揣摩领悟，颇有所得。乡里人看他不能挣钱，嘲笑他，他全然不以为意。好不容易混了个教书匠，却因不合志向，常常喝酒，屡屡受到校长的训斥，后一怒之下拂袖而去。他在外四处碰壁，备受刺激，于是干脆奔向人才最多的首都长安去了。在长安这个大世界里，像马周这种自命不凡的青年人多的是，根本没人拿他当回事。

可是，他运气来了，在禁卫将军常何家里找到一份差事。常何是个粗人，能带兵，不能读书，见到马周会写文章，另眼相看，留在身边处理那些叫他头疼的文件。找到这份工作，马周应该知足了。可不曾想他好运连连，又遇到了千载难逢的机会。贞观三年（629 年），唐太宗要朝廷文武百官都上书直言，分析治理国家的经验教训，给今后的发展提出建议。对于常何来说，写文章比杀他还难受，所以这类事情全都推给了马周去做。马周认为天下平定之后，国家要做的事情就是以文德治国，培育全社会讲诚信忠义的正气，所以他非常留心朝政。这次上书，马周因为有所准备，所以一口气写了二十多条建议。常何看不大懂，但是他觉得奏章写得那么长，肯定够分量，便递上去交差了事。当差的应付差事，唐太宗自己可不是作秀，他当真把满朝文武的奏章都仔细阅读了。读到常何的奏章，唐太宗简直惊呆了，难道自己看错人了，这粗人什么时候变成政治高人，还能引经据典，写四六骈文，太神奇了。唐太宗马上派人传唤常何过来，常何纳着闷，大大咧咧地奔了进来。唐太宗一看，常何还是那个常何，那奏章的事是怎么回事儿呢？常何一听皇上就为这丁点事召他，放下心来，满不在乎地回答道：“这东西是我家打杂的马周写的。”什么打杂的，明明是个人才，唐太宗没再跟他解释，而是让他马上去请马周。马周赶忙进宫，一路上遇到几拨人，都是唐太宗派来请他的，常何看不懂了，怎么请个下人要动如此排场，皇上今儿怎么啦？

中国自古就有“求贤”的优良传统。春秋时代，齐桓公想富国强兵，请教管子怎样才能网罗天下英才。管子回答道：“对英才要礼敬褒奖，优待而不相欺。怎么个优待法呢？值五的给六，值九的给十，不可斤斤计较。”做领导最忌讳的就是倚仗手中的权力傲慢待人，对人才像对商品一样锱铢必较，值一块的非得讲成九毛九不可。真正的人才最需要的是得到尊重，从人格到智慧，而待遇往往是尊重与否的表现。英才和凡人的区别，在于凡人没有很大的抱负，拿一份工资做一份工作；而英才常常心高气傲，不容易驾驭。管子深深懂得这一点，所以劝齐桓公出手要大方，从优养士，让他感到温暖，人格上尊重，事业上关心，工作上支持，生活上关怀，则天下英才无不向往而来，精忠报国。

所以用人不要多，而要精。在数量和质量方面，唐太宗是吝啬到家，又大方出奇。怎么个吝啬法呢？他刚登基，让房玄龄组建朝廷，特地吩咐“官不必备，惟其人”。也就是官不必多，不求齐备，核心是要得其人而用之。就这个原则，唐太宗从《诗经》《尚书》一直引用到孔子，乃至《史记》，叮嘱再三，甚至说到“千羊之皮不如一狐之腋”。狐狸腋下的白毛最为珍贵，比千张羊皮都贵。房玄龄深知唐太宗的心思，他组建的朝廷宁缺毋滥，减到不能再减，总共只有643人。

怎么个大方呢？就说马周，一个禁卫将军家里的帮手，唐太宗隆重接见，迎接的使者相望于道。一席深谈，如获至宝，马上提拔，让马周到宰相府上班。一个没有科考出身的贫寒子弟，一下子提拔到宰相府当差，够大方、够有气魄吧。

经过在宰相府三年的历练，唐太宗任命马周为监察官，委以重任。马周还有点“不识时务”，被提拔后，他不仅没有感恩戴德，反而先监察起唐太宗来，上表批评道：

1. 太上皇住在城外，宫室狭小，太子却住在城内中央之地，不足以示天下以大孝。

2. 分封宗室，宠爱皇子，要是子孙不肖，怎么办？应该磨炼他们。

3. 陛下提拔戏子、马夫当官，违背了用人的原则。琴弹得好，马喂得壮，可以给他们赏钱，却不能赏官。

……

一口气数落了五大条，唐太宗没生气，反而觉得马周讲得对，不久再提拔他。马周一路升官，一路上表直陈，指出朝政弊端。哪怕到了大家都认为歌舞升平的贞观十一年，马周再次上表，问唐太宗：为什么刚建立唐朝的时候，大家吃不饱，粮价很高，可百姓没有怨言。现在年年丰收，物价低廉，大家吃饱了，却有很多意见，认为陛下不关心他们。这是因为我们建了许多和民生无关的工程，收了很多税。国家兴亡，不在于积蓄多少，而在于百姓苦乐。如果老百姓负担沉重，朝廷还兴役不断，一旦有内忧外患，就会发生不测的变故。

这是盛世的警钟啊！王朝从来不乏歌功颂德，缺的就是清醒的洞察根本。唐太宗再次把马周的批评当作天籁之音，让他负起更重要的职务，一提再提，马周就成为宰相了。唐太宗对人说道："我和马周，一时半会儿不见，就想念他。"这对君臣一路相伴，可惜后来马周患了"消渴症"，也就是糖尿病，加上不惜身体日夜操劳，才四十八岁就倒下去了。病重时，马周把他写的奏章找出来，亲手烧掉，说道："管子、晏子留下文字，显出君主的过失，我不做这种事情。"马周把所有的功劳都归于唐太宗。要不是唐太宗留下马周的表文，我们哪能知道他们君臣之间的高风亮节，真真正正的"士为知己者死"。

人们可能会说马周有命数，生逢明君。如果把所有看似偶然的事情都用命来解释，那马周显然命好。可是，仔细想想，一个人的命说到底还是要靠自己去创造。唐太宗是不世出的英雄，统率百万雄师，阅人无数，如果马周不是有过人的真本事，能被看上吗？所以，第一条，做人要努力学习，磨炼自己，要有真本事。第二条，要有公心，不能老盯着鼻尖上的个人利益。马周替常何写奏章，完全没有想到为自己留一手，他把心底里想到的好主意全盘端出，考虑的不是谁的功劳，而是治理好国家。马周除了有个性，更重要的是有境界。

君臣相知相得是非常不容易的事情。作为唐太宗，如果不是为国家殚精竭虑、励精图治，就不会当真去批阅所有的奏章，也就发现不了马周这位难得的人才。他们两个人走到一块，所谓的命数说穿了就是一片公心情怀所致。

在第一线发现人才

如果说马周的事例还有一定的偶然性，那么，能不能在实际工作中发现并提拔人才，就是一个领导人是否杰出的试金石。

唐朝征高丽，唐太宗作为全军统帅亲临第一线指挥。在安地城战役中，高丽主力拼死来战，二十五万大军，铺天盖地冲过来，唐太宗命令诸将分兵出击，阻击敌人的攻势，确保攻城部队拿下安地城。仗打得十分激烈，这时候，唐太宗看见一个身穿白色战袍的战士，手握大戟，大声高呼，奋勇当先，直冲敌阵，敌人被他的气势压住了，纷纷后退，硬生生把敌人的阵势撕开一条小缝。唐军跟着冲入，把缺口拉开，蜂拥而入，敌阵在一波又一波进攻中彻底动摇了，四下溃散。唐太宗赶忙问左右这个白衣小兵是谁，前面报了上来，是薛仁贵，绛州龙门（今日山西省河津市）人，家道衰落，生性好武，知道唐朝征伐高丽，自己跑到军门要求参加。入伍以后，作战十分勇敢。打安地的时候，唐将刘君昂被敌军包围，眼看支持不住了，薛仁贵单枪匹马杀入敌阵，直奔敌将而去，竟然把敌人的将官斩于马下。他割下敌将首级，挂在马鞍上，敌军看了害怕，掉头就跑，刘君昂部转危为安。唐太宗听后，特地把薛仁贵召来，为他庆功，赏赐两匹战马，四十匹绢，直接提拔为游击将军、云泉府果毅，也就是兵府的副将。这种小说里面才有的场面，出现在活生生的现实世界里，天才的将军就是这样被发现的。从辽东回来之后，唐太宗再次召见薛仁贵，对他说："我的旧将都已经老了，总操心着谁能担起抵御外侮的重任。你骁勇善战，无人能比。这次收复辽东，不足为喜，最让我高兴的是得到了你。"此后薛仁贵果然不负唐太宗的厚望，戎马一生，东征西讨，平高丽，破突厥，成为唐太宗晚年到唐高宗时代的顶梁柱。

像薛仁贵这种从第一线上发现并培养提拔上来的人才不在少数。唐太宗一直强调高级官员最重要的工作是选拔人才，为此甚至要宰相把日常事务交由副手处理，从繁杂的事务性工作中脱身出来发现人才。

唐太宗从一线发现人才的经验有两点：第一，领导人必须亲临工作的第一线，深切地了解第一线的工作，才能发现真正的人才。靠听汇报，或者仅凭着有关部门的介绍，很难发现能够承担大任的人。第二，领导人切忌刚愎自用，自以为是，以己之长较人之短。这样一来，不仅很难发现有识之士，还会经常抱怨没有可用之人，其实问题经常出现在领导自己身上。

从敌人阵营中争取人才

发现和选拔人才是大家都看得到的，至于从敌人阵营中发现和争取人才，就不是一般人做得到的事了。

《贞观政要·任贤篇》一共列举了八位大臣作为贞观时代贤臣的代表。我们就先根据唐朝自己选出的贤臣做一些分析。

这八个人可以分为三种类型：

第一种是唐太宗的旧部，共有两人，房玄龄和杜如晦。房玄龄是主动投身唐太宗队伍的，史书称他在唐太宗平渭北的时候，“杖策谒于军门”，和唐太宗一席长谈，相见恨晚，从此追随左右，尽心尽力。杜如晦是在唐朝建立之后，进入秦王府任职，因得到房玄龄器重并向唐太宗推荐，而成为唐太宗心腹。这两个人可以算作唐太宗的老部下。在八人中，老部下只占四分之一，唐太宗不搞任人唯亲，表现得非常突出。

第二类是在工作中发现并重用的人才，一位是马周，前面已经介绍过了。另一位是虞世南，后面再作介绍。这一类人也占四分之一。

第三类人数最多，占到一半，他们出自何方呢？竟然都出自对手的阵营。

在唐太宗班子中排第三位、第四位的是魏征和王珪，他们都出自唐太宗的政治对手李建成阵营，曾积极为李建成出谋划策除掉唐太宗。李建成失败后，魏征面对唐太宗的质问不卑不亢，有礼有节，唐太宗为之动容，礼遇留用。王珪在李建成同唐太宗的政治斗争中先成了牺牲品，遭流放。唐太宗一即位马上将他召回，担任言官，监察朝政得失。魏征和王珪已经成为中国古代刚正谏诤之臣的代表，几乎家喻户晓。

李靖也是大大出名的人物，不但是红尘凡世的战神，而且还被捧为托塔李天王，成为道教的护法大神。可是，大家知道吗，他原来不是唐朝的人，而是隋朝的忠臣。唐高祖李渊在太原装糊涂，表面上声色犬马，暗地里却招兵买马，图谋起义。隋炀帝搞一言堂，臣下都是拍马附和之徒，只有李靖看出了李渊的企图。李靖的身份是马邑郡丞，也就是郡的副官，而李渊是太原留守，是李靖的上司，官大好多级。下属揭发上司，那是非同小可的事情。所以，李靖先把自己铐了起来，表示戴罪检举，完全把个人的安危置之度外，可见决心很大。他先来到长安，想从这里转往隋炀帝所在的江都。可是从长安到江南的千里长路早就被各地起义的军队切断了，李渊正式起兵，并且迅速攻占长安。李靖落入唐军手里。李渊恼火他差点坏了起义大事，下令把李靖推出去斩了。李靖不服，大声斥责李渊不仗义。这倒奇了，你坏了人家的大事，罪有应得，怎么不仗义呢？可是，李靖不这么想，他认为自己揭发李渊是因公，而李渊杀他是因私，或者说公报私仇。

在一旁的唐太宗却听进去了，他觉得李靖说的是道理呀。国家危难的时候，如果每个官员都不为国家尽职，光顾着个人见风使舵，投机叛变，国家能不灭亡吗？杀前朝的忠臣，不等于鼓励本朝的叛臣吗？杀了他，坏了忠诚的风气，那就后患无穷了。所以唐太宗站出来为李靖求情。李渊是个明白人，便赦免了李靖。饶他不死也就罢了，没想到唐太宗听说李靖对兵法有研究，竟然拜李靖为师。李靖在隋朝并没有什么显著的军功，他成为名扬四海的军事家，是在唐朝的事情，甚至可以说是唐太宗给了他表演的大舞台，才成就了他。在唐太宗向他学习的时候，李靖最多也就是个军事理论家，而不是百战百胜的将军，从这一点能够看出唐太宗真的非常爱才，移樽就教，不耻下问。以后李靖和唐太宗一起打天下，扫平群雄。

唐太宗登基之后，李靖奉命抗击突厥。突厥比隋末群雄强大得多，骑兵飘忽不定，行动迅疾，战斗力极强，当年反隋的豪杰有多少人向突厥称臣纳贡，忍辱抱恨，唐高祖李渊就是其中的一位。让李靖对抗突厥，任务凶险，突厥是马背上长大的民族，唐朝的骑兵不占优势。李靖就是有能耐，你快我也快，把军队调动得神出鬼没，任你突厥怎么也摸不到唐军的行踪，很快就把突厥在中国的大本营北定襄城给端了，不得不退往大漠。第二年，突厥可汗请求内附，李靖识破这是缓兵之策，便来个将计就计，亲自率部出塞，深入漠北，长途奔袭，飞兵直捣阴山，把突厥国家给灭了。消息传来，叫人不敢相信。唐高祖万万没有想到能够在有生之年报仇雪恨，亲眼看到曾经让自己含羞受耻的突厥灭亡。常年遭受蹂躏的民众也都沸腾起来，长安城里响起一片片万岁的呼声。这场仗奠定了唐朝世界帝国的地位。

当年如果不是唐太宗刀下留人，怎么会有军事天才的诞生！用对一个人，山河壮色；用错一个人，国破政亡。世界上从来不缺乏人才，正所谓“世有伯乐，然后有千里马。千里马常有，而伯乐不常有”。人才辈出的时代，一定不乏伯乐。发现人才本来就不容易，而从敌人阵营中争取人才，更不是一般人能够做到的事情了。尊重对手，表现的是一个人的风度，重用曾经敌对的人才，更展现出一个人的气度，有多大的风度和气度，便有多伟岸的高度。贞观盛世是人才的盛世，也是伯乐不世出的时代。

看人首重信义

唐太宗以知人善任著称，他重用的官员，来自五湖四海，不少人甚至来自敌对阵营。他要用什么样的人呢？在众多人才中，被他选中的人有没有共同之处呢？

唐太宗用人，首重信义。

李勣是有代表性的例子。李勣本名徐世勣，曹州人，也就是今日山东省菏泽市人，家境富裕。隋末农民起义，李勣参加了瓦岗军，因为足智多谋而且作战英勇，很快脱颖而出，成为瓦岗军最主要的将领。瓦岗军同隋军主力决战，两败俱伤，统帅李密不得已投靠唐军，李勣也因此归顺唐朝。

李勣归降对于唐朝的价值太大了，因为他控制着东部的大片土地，他的地盘有多大呢？西起河南平顶山，东至大海，北面到河北邯郸，南面到长江，好大一片，足抵古代好几个国家。这是给唐朝最好的见面礼，足以让李勣取得高官厚禄。但是，李勣没这么做，他对部下说，这片土地是李密派我驻守的，所以不能由我献给唐朝，而应该交给李密，让他取得这功劳。李勣把辖地的地图、户籍和兵员名册编制成册，派使者前往唐朝交给李密。唐高祖李渊听说李勣投降的使者来了，却没有见到降表，只有给李密的密函，觉得非常奇怪，派人打探，才知道是这么回事，大为赞赏，把功德全都让给统帅，真是一个纯粹的人。唐朝给了李勣最高的礼遇，授予他皇帝的姓氏，故史书上都称他为“李勣”。

不久，心高气傲的李密不甘愿屈居人下，叛唐出走，被唐朝杀死。唐朝很快把这件事通知了李勣，这对李勣是一个考验，检验他的品格和内心真实的想法。李勣会怎么做呢？他马上向朝廷请求让他来礼葬李密，毕竟是自己多年的领袖，李勣不能看着李密曝尸野外，这是他对于李密个人的恩义。但是，他不赞同李密政治上的反复。在人心思定，国家走向统一的时候，既然选择归顺了唐朝，就应该忠于唐朝，不能因为个人的利益而违背历史潮流，这是他的政治道义。唐朝领导人再次看清了李勣的人品和政治立场，很有气度地允许李勣以礼收葬李密。

或许有人会猜疑李勣是不是在表演，甚至是伪善。李勣用自己的行动一再证明了自己，既坚持政治原则，又顾全个人情义，公私分明，既不因公废私，更不因私背公。这里再讲两个故事。

第一个故事，李勣自从归顺唐朝之日起，他已经看到唐朝才是真正能够结束动乱、统一中国的力量，从此对唐朝忠贞不贰。他受唐朝委任守卫山东，直接面对当时最有战斗力的窦建德起义军，尽了全力，还是抵挡不住，兵败被擒，被逼投降。李勣是难得的将才，窦建德非常想用他，可又担心他“身在曹营心在汉”，便将他父亲扣为人质。李勣家国不能两全，他毅然选择了国家，找到机会逃回长安。唐朝也很有气度，理解他忍辱报国的苦心，像以前那样信任他，从此他在唐太宗的麾下南征北战，平窦建德，降王世充，破刘黑闼，擒徐园朗，斩辅公祏，荡平河北江南，长驱深入漠北，攻灭突厥，战功仅次于唐太宗。唐太宗对他信任有加，让他镇守并州（今太原）长达十六年，非常罕见。唐太宗说道：“隋炀帝不懂得选用良将戍守边疆，只晓得修筑长城，见识之低，到了这等地步。我用李勣一人，威震突厥，北疆安宁，岂不胜于修筑长城。”战争最伟大的力量在于人，天下从来不缺乏人才，缺的是知人善任。

第二个故事，讲的是李勣与单雄信，他俩是瓦岗军中左右并称的骁将，生死交情。洛阳之战，单雄信差点枪挑唐太宗，被李勣喝住。后来，单雄信兵败被俘，李勣尽力为他求情，希望能够争取他归降唐朝，没有成功。单雄信将被处斩的时候，李勣亲自来到刑场和当年的战友痛哭诀别，哭到悲切处，李勣拔刀割下自己腿上的肉喂单雄信咽下，说道咱们从此诀别，让我身上的肉陪你同归黄土吧。全场为之震动。单雄信死后，李勣收养了他的儿子，尽兄弟情义。

李勣的所作所为是有很大政治风险的，如果唐朝没有胸怀和气度，他这样的降将势必遭到猜疑，一旦没有利用价值就会被清洗。从这两件事情可以看出，唐太宗考察人并不是从狭隘的私人忠诚出发，不搞以人划线。那么，唐太宗看重的是什么呢？他对李勣的器重最根本的还不是他的才干，这要到唐太宗晚年才说了出来。

唐太宗晚年发生更换太子的政治变故，唐高宗性格温和，唐太宗十分担心，亲自选定一批忠诚可靠的老臣来辅佐太子，其中就有李勣。唐太宗对李勣说道："朕将托孤于你。当年你不曾辜负李密，现在你也一定不会辜负朕。"由此可知，唐太宗看人，非常重视信义，也就是从根本之处考察一个人。一个有品格，重信义的人，才靠得住。

李勣算不算个案，有没有代表性呢？我们再看唐太宗亲自处理的其他事例。

我们知道，一个人内心最真实的一面，平常很少表露，往往要到危急关头才显山露水。所以，大是大非的关头是考察人的难得机会。唐太宗平定天下，功劳太大，对长兄李建成的太子地位提出挑战，最后演变成历史上著名的"玄武门之变"，唐太宗发动兵变杀死李建成和弟弟李元吉，登上皇位。可是，李建成和李元吉的部属不服气，抵抗失败后，有些人带着武器跑进山中，准备继续抵抗。唐太宗怎么处理呢？

先说玄武门兵变当天的事情，李建成的部属冯立、薛万彻和谢叔方三位将军听说李建成遇害，奋起反击，率领东宫和齐王府的两千精兵赶来攻打玄武门，战事激烈。薛万彻是被唐太宗称作三大名将的将军，他看玄武门一时攻不下，便想出一计，准备分兵攻打唐太宗的根据地秦王府。形势变得非常危急，幸好是唐太宗的部下向对方将士展示李建成和李元吉的首级，士兵们见大势已去，才溃散而去。冯立、薛万彻和谢叔方三人都逃入山野，观望形势，准备抵抗到底。然而，这场宫廷政变并没有像他们希望的那样引起内外的反击，唐太宗迅速控制了局面，李建成和李元吉的势力彻底失败了。冯立是为了捍卫李建成所代表的政治秩序而战，并不是为了个人利益而负隅顽抗，所以看到形势比人强，他不能继续待在山中变成盗匪，便出山自首。唐太宗斥责他："你带领部下杀了我那么多人，难逃死罪。"冯立回答道："我是李建成的部下，就应该为他死战。而且打仗的时候，哪里会想到杀多少人呢？"冯立说的都是实话，如果因为忠诚而受到处罚，岂不是鼓励卖主求荣吗？唐太宗当下赦免了冯立，而且还让他担任左屯卫中郎将，也就是禁军的将领，等于是把自己的安全交给他来保卫，这种气度和对人的信任，恐怕不是一般人做得到的。唐太宗相信讲信义的人靠得住。冯立被彻底感动了，他说："我受到莫大的恩幸获得赦免，必定以死相报！"后来，突厥大举入侵，一直深入到京畿，冯立率领数百骑兵和突厥在咸阳城下死战，杀敌甚众，挡住了突厥的攻势，让在第一线指挥作战的唐太宗非常赞叹。

在"玄武门之变"时和冯立并肩抵抗唐太宗的谢叔方，和冯立一样第二天出来自首，他在作战中杀了唐太宗部下两员将领，直到唐太宗部队向他展示李建成和李元吉的首级，他才停止战斗，下马痛哭，向李建成和李元吉拜别，解散部队，自己逃入山中。他的抵抗是忠于职责，停止抵抗是为公而不为私。这一幕幕唐太宗亲眼所见，所以，谢叔方前来自首领死，唐太宗同样赦免了他，说他们的行为是"此皆忠于所事，义士也"。谢叔方也留在禁军，继续担任将领。

第三位拼死抵抗的将军薛万彻，归顺唐太宗之后也受到重用，屡建战功，后来还被招为驸马。在唐太宗看来，忠于职守是必须加以鼓励的优良品质，而不应以私人恩怨进行政治划线，否则就等于提倡见风使舵的政治投机。

唐太宗对于李建成和李元吉的部属没有进行政治清洗，他甚至发布命令，在"玄武门之变"以前和李建成、李元吉有瓜葛的人与事，都不得检举揭发，否则反坐。

“玄武门之变”事关唐太宗的身家性命，即便如此，唐太宗在忠于职守和见风使舵两者之间，毅然选择了前者，这就是他用人的根本原则。

制度忠诚是正气之源

唐太宗用人特别看重信义和忠于职守，在当时无疑是吹进一股清新的风气。自从西晋灭亡以后，长期的动乱使当政者选人用人标准发生了畸变，黑白颠倒，是非不分。北齐的实际缔造者高欢有一段对臣下说的话非常形象，而且具有代表性。当时，高欢的一些部将贪污腐败、横行霸道，有正直的大臣一再劝谏高欢要约束部将，清除腐败。高欢却对他说，现在的形势是西边有北周和我对立，南边有梁武帝以正统自居，很有号召力，所以，我如果管束部下，不许他们腐败，武将就会投奔北周，文官则会投奔梁武帝，我就完蛋了。这段话告诉我们，当时普遍存在的用人原则是以私人忠诚为基础的以人划线，或者说政治帮派，而维系政治帮派的纽带是封官许愿等利益关系，甚至以腐败为代价来换取部属的忠诚。其结果一定是有利则合，无利则散，利合则国亡，利失则恶斗，西晋以来长期动乱的历史，就是一幅利益诱惑下丑恶毕露的地狱图。

这就是当时的现状，而唐太宗要改变的就是这种用人的现实。因为在这种用人风气下，政治败坏，道德沦丧。实际上，利益是换不来真正的忠诚的，甚至正好相反。因为忠诚于利益，必然见利忘义；忠诚于理想，则为道义而献身；忠诚于制度，则为国家尽心尽责。所以，用什么原则去凝聚人，必然得出不同的结果，这是用人者自己的选择，怨不得别人。有鉴于此，一定要把私人间的忠诚转变为对于制度、职责的忠诚，这样的政治关系才是健康和可靠的。

唐太宗一再告诫部下，语重心长地说道：

隋日内外庶官，政以依违而致祸乱，人多不能深思此理。当时皆谓祸不及身，面从背言，不以为患。后至大乱一起，家国俱丧，虽有脱身之人，纵不遭刑戮，皆辛苦仅免，甚为时论所贬黜。卿等特须灭私徇公，坚守直道，庶事相启沃，勿上下雷同也。（《贞观政要·政体》）

以国家为重，忠于职责，政治风气就会从私人利益转向人怀公心，唐太宗先带头做起。他提拔一位非常优秀的官员杜正伦，当面对他说："我任用贤能，并不看他如何能给我办事，而看他能不能做有利于百姓的事情。我对于皇亲国戚和勋功旧部中的无能之人，都不予任用。今天提拔你，是因为你的忠诚与正直，希望你能以此自勉，不辜负我的期望。"唐太宗并没有向杜正伦讨要提拔的私恩，而是勉励他要做官为公。很清楚，唐太宗要建立的不是私人恩义，而是制度忠诚。

在这种政治风气下，坚持公心和原则的官员会得到鼓励。有一位县令把官府的人夫用来干私活，这当然是贪污行为。唐太宗痛恨贪污，见到这件案子，批示处斩县令。这时候，监察部门的一位中级官员李干佑站出来反对，当面对唐太宗说："法律为陛下和天下人所共有，而不是陛下个人专有的东西。现在陛下不按照法律，县令犯的是轻罪，却处以重刑，我担心今后人人自危，手足无措。"唐太宗并不认为受到顶撞，他不但接受批评，而且因为尽职尽责，堪当重任，还把这位监察官员提升了一大级。

唐朝的制度是用法令来规定的，遵守制度就是遵守法令，就是依法治国。法律对于所有的人应该都一样，而不能在法律之外另外开特殊通道，搞双轨制，甚至三轨制、四轨制。法律面前人人平等所体现的是平等的精神。但是，作为现实中生活的人，很容易在不知不觉中受到自身阅历和经验的影响而出现偏差，特别是权位越高的人，这种偏差影响就越大，甚至造成全局性的偏差。

我们知道隋朝和唐朝源出北周，从地域上说，都来自关陇地区。有些学者夸大了这个地域特色，把它上升到政治层面和组织路线上，制造了北周和隋唐三代存在着一个所谓“关陇集团”的说法。这种说法当然是不成立的。但是，关中地区和山东地区的人，存在着地域之间的相互歧见，这是客观的事实。秦始皇以关中征服中国，潼关以东，后来是太行山以东这片古代称为山东地区的人，已经形成对西部人的看法，并且长期延续下来。这只能说是地域间的歧见而已，并且广泛存在于中国的许多地区。唐太宗出自关中，自然不能免俗。当皇帝之后，不时依然站在关中的立场上，评论山东人。监察官员张行成听到之后，觉得皇帝这样说很不好，于是当朝向唐太宗进言道：“天子以四海为家，不当以东西为限；若如是，则示人以隘”。(《旧唐书·张行成传》)张行成作为朝堂的监察官，他忠于自己的职责，不管是什么人，不管他官有多大，哪怕是皇帝，遇到错误的言行，即使得罪人也必须提出纠正。唐太宗不但接受了张行成的批评，而且还赏赐他，以表彰他尽职尽忠。以后，朝堂每次讨论重大事务，唐太宗都要求让张行成参加，让敢于直言和忠于职守的官员对朝廷的重大决策随时进行监督。

多层次保证官员队伍纯洁

要培育官员的制度忠诚精神，需要注意哪些方面呢？

首先，在选拔官员的时候，一定要提拔忠于职守，而不能只提拔听话的人。唐太宗对此问题做过多次指示。他说，只会遵照上级指示办事，在文件上签名赞同，那还需要选拔官员吗？这是典型的官场习气，唯唯诺诺，不求有功，但求无过，事不关己，麻木不仁。这样办事，随便找哪个人来都行。不管上级作什么决定，都顺从听话，这样的下级或者是无能，或者是自私自利，或者是阳奉阴违，都不应该提倡和鼓励。

其次，官员的制度忠诚精神是需要培养和鼓励的。如果一个班子只有一个声音，那一定是主官霸道专制的表现。相反，如果班子内部吵吵闹闹，那八成是主官领导无方。好的班子应该是每个官员都能够秉持制度和法律的原则说话。要做到这一点并不容易，需要主官引导和鼓励。唐太宗曾经多次说过，唐朝设立尚书、中书和门下三省来共同决策，为的是相互监督，集思广益，作出正确而科学的决策。但是，官员们往往碍于面子，或者个人乃至部门的私利而相互关照，谁都不肯冒着得罪人的风险讲真话，这种现象是经常而普遍存在的。为什么唐太宗要经常对官员们讲历朝历代不坚持制度和原则的惨痛教训呢？因为这种习气根深蒂固，除了要经常讲其危害性，同时还要从制度上正面引导，对敢于坚持原则的官员给予奖励和提拔。前面介绍了好多敢言直谏的官员获得超常提拔的事例，就是为了给全体官员树立榜样。单个的事例不重要，如果能够通过个案树立新的风气，变成官吏考察和提拔的制度，那就成功了。

唐太宗曾经对左右说：我常常因为想到老百姓的事情而到半夜都睡不着，总担心地方上的都督和刺史，也就是封疆大吏，能不能照顾好老百姓的利益。

唐太宗有这样的担忧，表明有了好的选拔制度，树立良好的制度忠诚的精神，并不能一劳永逸。许多贪腐堕落的官员并不是从一开始就是混进好人队伍中的坏人，这有一个蜕变的过程。唐太宗曾经向吏部尚书，也就是组织部长提出这个问题：一个官员任用多年之后才发现是个贪官污吏，即使将他法办，国家和老百姓也已经深受其害了，怎么防止这样的情况出现？

对此，他采取了三个措施：

其一，是加强对部属的监管。让好人当官以后长期保持优良，需要不断地考察和监督。唐太宗夜不能寐，想的是封疆大吏在地方上，山高皇帝远，容易作威作福，伤害百姓。所以，他把地方官的名字逐个写在自己卧室的屏风上，他们做了什么好事或坏事，就记录在其名字下面。每当夜深人静的时候，唐太宗对着这份名单考量思虑，时刻把官员置于自己的视线之内，加强监管。

其二，是加强对官员品德的考察。唐太宗和吏部尚书王珪商量在制度上进行改革。唐太宗指出，吏部选拔官员注重文字考试，入选的都是文理悠长，熟悉法条的人，却忽视了对于个人品行的考察。王珪非常同意唐太宗的意见，认为汉代采用察举制度，通过层层考察才能够把人推荐上来，这样做能够将一个人的品行看得清楚。君臣两人商量着恢复汉代从地方逐级选拔和考察人才的做法。当然，这个办法也有不少弊端，所以最终没有实行。但是，强化对官吏品行监管的指导思想没有变。不久以后，唐太宗再次和魏征讨论这个问题，认为任用一个好官，有善政的官员都受到鼓励；误用一个坏人，不肖官员竞相攀附蚁集；奖赏一个有功劳的人，无功者自己懂得退下去；处罚一个犯罪的官员，作恶的人就懂得害怕。因此，赏罚不可随意，用人尤须谨慎。魏征接着唐太宗的话，建议强化对官员品德的考察，通过考核，明察善恶。

其三，是强化地方官待遇。在集权体制下面，官场的规律一定使人才往京城集中，因为高官厚禄都集中在朝廷，官越做越大必然越来越集中于京城。这会造成两个破坏性结果，一是地方缺乏人才而治理得越来越差，伤到国家的根基。二是在朝中当大官，不容易客观地考察他们的政绩和品行。为此，唐太宗下了很大的气力，提高地方官的品级和待遇，把京官不断充实到地方，充实到基层，让他们在地方上好好工作，作出善政，既强化了地方的治理，又锻炼了官吏队伍，提高其素质和管理水平，一举两得。

第十二章
激励德政的考核制度

我们知道，缺少日常的养护，再好的东西都会蜕变，在用人方面也是如此。可是很多人总想找到一劳永逸的途径，结果导致门槛设立越来越高，意在从严把关，百里挑一。从实践的经验来看，一定的门槛和严格把关是必要的，但是其效果不可过高估计。如前所述，唐太宗任用了大批精英，得人之盛，在古代无与伦比，人人称道。可是，人们却常常忽视掉一个极其重要的方面，那就是这批人都做到了清廉自律，善始善终。贞观年代，因为腐败而落马的官员非常罕见。唐太宗的经验就是：选用再优秀的官员，也必须放在公正严明的监督机制下，才能保证不会变质。

高门槛的懒政

在选人和用人方面主要强调“严进”。在这种制度下，应该说初入官吏队伍的大多是精英。再看看他们在任上的表现和入仕以后的变化，就会发现这和当下高考有很大的相似性：严进宽出。入仕的门槛不好进，然而一旦迈进去了，就好像到达终点，顿时松懈下来，随波漂浮，经不起物质利益的诱惑，出现渎职和腐败的问题，而且愈演愈烈。

古代的传统做法，喜欢从一开始就把门槛定得很高，也就是难在了起点，而不是在整个过程或者终点上。这就使得年轻人为了达到起点的要求，几乎耗尽了全部的精力，不知不觉之中，便将门槛变成了目标，而真正的目标却从此被掩盖掉了。经过异乎寻常的努力，终于跨过了这道门槛，似乎大功告成，奋斗的目标实现了，于是开始享受起辛勤努力的成果，完全忘记了跨过这道门槛才只是人生事业的开端。所以，高门槛反而造成短视的功利追求，湮没了真正的目标，这是制度设计上需要反思的。

唐太宗曾经严肃地询问吏部尚书杜如晦道：

> 比见吏部择人，惟取其言词刀笔，不悉其景行。数年之后，恶迹始彰，虽加刑戮，而百姓已受其弊。如何可获善人？（《贞观政要·择官》）

通过严格选拔上来的官员，几年之后就变坏了，这就说明，严格的选官并不能保证他们在任上就是好官。国家要依法治理，官吏也要依法管理、制度化管理。如果说好的选官制度保证官吏有好的来源，那么，如何长期保持其纯洁性，就是一个更加艰巨复杂的工作，需要建立一个长期性管理机制乃至退出机制。

与其建立过高的门槛，不如把精力放在经常性的日常管理上。想通过一次性的选拔来保证官吏队伍的优良，即便是善良的愿望，也不切实际，更何况它反映出来的是管理水平的低下和偷懒懈怠。所以，魏征针对官吏的选拔和任用，提出了他的意见，那就是：

> 知人之事，自古为难，故考绩黜陟，察其善恶。（《贞观政要·择官》）

也就是说，真正了解一个人，这件事情自古以来都是个大难题，所以，对于官员一定要通过日常的考核，强化监管。这样才能知其善恶，把真正重品德、有公心、办实事的官员按其政绩提拔上来，把以权谋私的官员清除出去。据此可知，唐朝保持优良的官吏队伍，注重的是长期不懈的考核监管。其中最基本的是平常坚持不懈的考核。

考核是根指挥棒

在人事管理上，考核是一个强有力的指挥棒，定立什么样的考核标准，就会把官员改造成什么样的人。官员的面貌，社会的风气，往往是一个国家主导思想的反映。唐朝很早就建立起系统的官吏考核制度。唐太宗登基之后，让房玄龄和王珪两人主持考核官吏。由宰相亲自负责，可见唐朝对于官吏的考核何等重视，不是做做形式的走过场。

官吏考核不能是官样文章，单纯搞量化糊弄人，也不能重蹈高门槛的覆辙，面面俱到，而必须紧紧抓住重点要点，简明扼要，实在而管用。唐朝在官吏考核上分为高低两个层面进行，先说低层面的考核，是针对各个具体职能部门及其官员，根据其工作性质和特点订立不同的考核标准，官员要达到基本目标，共有二十七条，这就是“二十七最”，分别是：

一曰献可替否，拾遗补阙，为近侍之最；
二曰铨衡人物，擢尽才良，为选司之最；
三曰扬清激浊，褒贬必当，为考校之最；
四曰礼制仪式，动合经典，为礼官之最；
五曰音律克谐，不失节奏，为乐官之最；
六曰决断不滞，与夺合理，为判事之最；
七曰部统有方，警守无失，为宿卫之最；

八曰兵士调习，戎装充备，为督领之最；
九曰推鞫得情，处断平允，为法官之最；
十曰雠校精审，明于刊定，为校正之最；
十一曰承旨敷奏，吐纳明敏，为宣纳之最；
十二曰训导有方，生徒充业，为学官之最；
十三曰赏罚严明，攻战必胜，为军将之最；
十四曰礼义兴行，肃清所部，为政教之最；
十五曰详录典正，词理兼举，为文史之最；
十六曰访察精审，弹举必当，为纠正之最；
十七曰明于勘覆，稽失无隐，为司检之最；
十八曰职事修理，供承强济，为监察之最；
十九曰功课皆充，丁匠无怨，为役使之最；
二十曰耕耨以时，收获成课，为屯官之最；
二十一曰谨于盖藏，明于出纳，为仓库之最；
二十二曰推步盈虚，究理精密，为历官之最；
二十三曰占候医卜，效验多著，为方术之最；
二十四曰检察有方，行旅无壅，为关津之最；
二十五曰市廛弗扰，奸滥不行，为市司之最；
二十六曰牧养肥殖，蕃息滋多，为牧官之最；
二十七曰边境清肃，城隍修理，为镇防之最。

这二十七条的最大特色，是全面地体现了唐太宗的治国思想和对于官吏的基本要求。从几个主要的方面就足以看出唐太宗是如何把德治思想化为具体的任官政策，并通过对官吏的考核进行强有力的贯彻。

其一，唐太宗认为领导人一定要贤明。他不要求官员对他伺候周到，低眉顺目，而是要对朝政提出自己的看法，指陈缺失错误，提出好的建议，起到“献可替否，拾遗补阙”的作用。不可否认，人是喜欢听到赞扬的，但是对于领导干部来说，就不能不警惕了：颂声四起往往是假象，而身边都是说好听话的人则是最可怕的现象。领导听批评意见，最多只是话不好听，但是，如果自欺欺人，把事情搞砸了，就不是丢乌纱帽那么简单的事情了。唐太宗把“兼听则明”落实到考核上，变成制度。政治作风的好坏，官吏队伍的优劣，很大程度是领导人执政理念和领导能力的反映，而官吏的考核起着十分重要的导向作用。

其二，唐太宗强调以德治国，以文兴邦。因此，他要求政教官员要做到：“礼义兴行，肃清所部”，不但自己要大力贯彻文治，倡导礼义善行，而且要管好部属，治理好一方。文化领域的官员要围绕以德治国的中心，做到“礼制仪式，动合经典”，说话做事要符合法制和礼制，以及优秀的经典传统，文明儒雅，堪为表率。学官要对学生“训导有方，生徒充业”。学校要培养优秀人才，教会学生做人，而不是仅仅停留于最低层次的知识灌输。

其三，强调公正、公平和正义。司法公正和正义，是国家诚信的直接表现，和广大民众直接发生关系，切不能疏忽大意。唐太宗对于全体官员总的要求，是依法施政，做到“决断不滞，与夺合理”。对司法官员的要求则是“推鞫得情，处断平允”，审明案情，不出冤假错案，审判必须公正而符合法律。监察部门要做到“访察精审，弹举必当”。监察复核必须“稽失无隐”，不能隐瞒有关部门的错失，做到有错必纠。

其四，强调治国重在得人。唐太宗要求组织部门做到“擢尽才良”。选人要德才兼备才称得上“才良”，优秀人才要全都选上来才称得上是“尽”，这个要求其实很高的，想考核个好政绩并不容易。考核别人的人首先要被考核，所以，唐朝规定他们的考核标准是“褒贬必当”。

其五，各个职能部门，都有针对其性质的要求。例如，军队是国家的支柱，既要做到忠诚于国家，还要“赏罚严明，攻战必胜”，要打胜仗。经济也是国家的支柱，要做到“市廛弗扰，奸滥不行”，就是说伪滥欺诈的行为要坚决管住，同时不能妨碍经济和市场的运作，经济管理是为了确保经济发展的优良环境。

这里不再一一列举，二十七条，每一条背后都可以看到清晰而坚定的公平公正原则，唐太宗充分运用了官吏考核的杠杆来推动整个官吏队伍去实现国家的政治目标。为什么唐太宗会让最高最强的官员亲自负责考核官员这件事，从这里不难感受到考核的重要性。

考核目标简明扼要

官吏考核是有力的指挥棒，会不会用，效果截然不同。唐朝官吏考核的成功经验就是考核的目标一定要简明扼要，把管理社会的事务分成二十七个方面，每一个方面只提出一个基本目标，紧紧扣住核心，这是负责这个方面工作的官员必须做到的，非常的简要，目标十分明确。例如组织部门是“擢尽才良”，监察部门是“弹举必当”，司法部门是“处断平允”等，一句话，画龙点睛，全部工作围绕这个中心展开。考核标准不要罗列许多，那样将把最主要的目标淹没在众多的任务中，迷失方向。

官僚主义有一个共同的特点，就是烦琐的文牍主义和过度的量化指标，长篇大论，把整个部门工作的方方面面都包括进去，条条框框订得十分严密，鸡毛蒜皮，面面俱到。最好再搞出量化指标，把标准定得很高，美其名曰高标准严要求，似乎非常科学，其实是在搪塞和推卸责任。这样的标准拿到哪里都是滴水不漏，无懈可击。如此一来，制定者就没有任何责任了，做不到是你们的事情，我反正清闲无忧。如果领导这么做，那是把自己应该担负的责任全都分解到下面，自己有官无担，何等清凉！下面对于这种不近人情的条例便会想出五花八门的点子去应付，结果是上下一起造假糊弄，坏了风气，伤了百姓。

贞观初，负责监察的御史大夫杜淹向唐太宗提了一个建议，派遣御史分头到各个部门去检查政令文件，发现错误，加以纠正。唐太宗没有马上拍板，他把这个建议拿去征求宰相封德彝的意见。封德彝提出反对意见，他认为设官分职，各司其职，在日常制定政令文件的时候，御史就应该承担起监察的职责，随时纠正错误。

政伤苛碎，是自古以来执政的大忌。但是，杜淹的办法在古代并不少见。平时监察不严，自由放任，施政随意性很大，政令草草发布，发现问题不是马上纠正，而是任其积累，一直到情况严重，再突然大加整顿，如雷鸣电闪，烽火大作，往往矫枉过正，制造新的冤情。这一阵子过去，又故态复萌，平时放任，急时苛酷，宽严皆误。在官吏考核上也是如此，平时监管不力，考核时琐碎事务统统搬了出来，细密苛刻。这样的管理不但是低效的，而且后遗症很大，久而久之，管理者的权威会完全丧失。

实际上，各个具体部门工作的成绩，在唐朝的考核体制内并没有占太大的比重，因为这属于本职工作，只能得到事务性的成绩。取得了“二十七最”中的一二条，算是做好了本职工作，达到低层面的考核要求。比如人事部门，尽心尽力把优秀人才选拔上来，那也只是你做了应该做的事情，是必须完成的。这样做可以有效地防止考核这根指挥棒驱动官员无事生非，本应督促官员治理好一方，却被扭曲为政绩驱动、利益驱动的扰民和挥霍，偏离主业，制造出妨碍民生的工程来。

“三等九级”评优劣

唐朝对于官员的要求远不止上面这些，它不是要你做得更多，而是要你做得更高尚。作为政府的门面，要通过良好的官风官德来树立政府的正面形象，而且还要成为提升社会品质、建设礼仪之邦的先锋。

这样，官员就必须进入高层面的考核。唐朝给所有官员定下的努力方向和目标，分为四条，称作“四善”，分别是：

一曰德义有闻。

二曰清慎明著。

三曰公平可称。

四曰恪勤匪懈。

这四条才是考核标准的核心所在，全部是对于为官品质的要求，要仁慈有德，诚信重义，清正廉洁，公平谨慎，勤政努力，毫不懈怠。一句话，做一个有操守的好官，这才是当官的灵魂所在。

什么叫作任人唯贤，什么叫作德才兼备？它的核心是政治品德。当官为了什么？不是出人头地，既威风又发财，而是克己奉公，造福人民，建设国家。这些方面做不好，具体工作做得再好也不能称作好官，充其量只能说是能够完成本职工作的官员，他不可能成为表率，提升社会的品质。何况缺乏公德和公心的人，让人怀疑他真的会做好本职工作。让图谋私利的人去服务社会，以权谋私、损公肥私的风险显然是很大的。

正因为如此，唐朝的官吏考核不去做不负责任或者无效的量化标准，而是紧紧扣住官员品德而展开。明白这个道理，其评判标准就可以豁然明白。唐朝规定考核成绩分为三等九级，评判标准分别为：

一最四善，为上上；

一最三善，为上中；

一最二善，为上下；

无最而有二善，为中上；

无最而有一善，为中中；
职事粗理，善最不闻，为中下；
爱憎任情，处断乖理，为下上；
背公向私，职事废关，为下中；
居官谄诈，贪浊有状，为下下。

品德好，本职工作也好，那就是品行皆优，评为优等中的第一级。能够得到优等的，都必须在为官品德的“四最”中至少达到两条。如果没有在为官品德方面取得优异成绩，具体部门的工作做得再好，也评不上优等，充其量只能评个中等。

如果以中中作为考核的合格线，可以很清楚地看出，即使本职工作做得不是最出色，但至少必须达到官员品德“四善”中的一善，这是最起码的。

勉强能够完成本职工作，而没能达到“善”的要求，考核便不合格了。可以没有最，但必须有善，也就是官品一定要好，否则便是不合格。由此可见，唐朝对于官员的品德有很高的要求，首先是要做好人，做好官，然后才谈得上具体的政绩，而决不允许以具体工作的成绩代替官德。重德而不重术，这个精神是考核的灵魂，因为唐朝要通过狠抓官德，来推动社会形成崇尚道德，崇尚文明的风气。一个社会，没有良好的道德与诚信，必将陷入惟利是图的纷争之中，堕落沉沦。这就是唐朝官员考核的指导思想，也是其重要特色。

唐朝官吏考核的成功经验，第一条就是目标要十分明确，第二条是考核一定要坚决有力。赏善罚恶，公正必行，官吏队伍管得严，政风好了，国家才会治理得好。

狠抓官德，可以说是抓到了根本。汉朝的董仲舒就说过：

故为人君者，正心以正朝廷，正朝廷以正百官，正百官以正万民，正万民以正四方。四方正，远近莫敢不壹于正，而亡有邪气奸其间者。是以阴阳调而风雨时，群生和而万民殖，五谷孰而草木茂，天地之间被润泽而大丰美，四海之内闻盛德而皆徕臣，诸福之物，可致之祥，莫不毕至，而王道终矣。（《汉书》卷五十六《董仲舒传》所收《举贤良对策一》）

在唐朝，官员的政绩必须让老百姓感受到国家弘扬德治的基本原则，必须身为表率，要求的不是具体的实务性增长，而是公正廉明，社会和睦。社会道德的建设是国家的重中之重，必须由国家来提倡和贯彻，其具体的实施便是各级官员身为表率，这是以德治国在人事方面的具体落实。从政风切入带动社会走向文治，是传统的治国思想。

第十三章
黜陟幽明

我们知道，历代王朝都有自己的考核办法，但是，考核制度不严或者贯彻不力是一个通病，对官吏的考核往往只是作个形式，走走过场，这种考核变味之后就成为例行的闹剧，反而让官吏对朝廷产生轻慢之心，敷衍了事，降低朝廷的权威，坏了纪律。另一种考核则是片面强调具体的业务成绩，结果刺激了急功近利，在追求眼前利益的道路上狂奔，不惜损害民生和长远的利益。

与这些考核制度相比，唐朝考核制度成功的地方，第一在于注重从根本之处着手，强调官德，综合考察本职工作，这在上一章已经作了分析。第二是把考核作为官员升迁或者贬黜的基本依据，公正公开，赏罚严明。

公正考绩，赏罚分明

公正公开和赏罚严明是保持官员队伍纯洁性和良好政风的关键抓手。对于每一个人来说，谁不希望自己的努力受到肯定和尊重？这是人的天性中精神层面的需求，因此，考核首先要满足这一点。其次，每个人都希望通过自己的努力而得到回报，这是人的天性中物质层面的需求，也必须给予满足。如果按照朝廷的要求努力工作却完全没有得到肯定和回报，甚至看到别人因为通过走关系，甚至营私舞弊而得到提升，那么他一定会产生巨大的挫折感，甚至从奋发向上转变为腐化堕落。所以，政风好坏是组织制度的直接反映。

对官员品质打击最大的就是赏罚不公。这个责任不在下面而在上面。唐太宗说道：

> 自古帝王多任情喜怒，喜则滥赏无功，怒则滥杀无罪。是以天下丧乱，莫不由此。(《贞观政要·求谏》)

唐太宗严于律己，所以他拿皇帝来说事，是对于自己的警戒。从组织制度来说，我们可以把这段话看作是上级对于下级的考核任用，切忌用自己的喜怒好恶作标准，更不用说被利益关系所左右。

一个高级官员是否成熟，不是看他能不能发号施令，而是看他能不能公平谦和对待下属，时时刻刻约束自己内心权力的膨胀欲望，率先做遵循制度办事的模范。相反，以自己的喜怒爱憎待人，对于被看好的人，把所有资源都集中到他身上，说得好听是重点培养，实际结果是赏过其功，严重不均而造成新的不公平。这样做的结果，是被提拔的人飘飘然，骄气横生，而其他的人怨气遍起。对于自己憎恶的人，无视他的成绩和努力，动不动就穿小鞋，边缘化，甚至找机会严加惩罚，重下杀手。这样做让大家看了无不心寒，正直有风骨的人离去，更多的人屈服于权力，不讲是非，只求利益，用良知换取官位。在唐太宗眼前曾经活生生地发生过这一幕，隋炀帝以自己的喜怒用人，上行下效，大家都看上级的脸色做人行事，结果是“文武多以贿闻”（《隋书·裴矩传》），百官曲意逢迎，大家买官卖官，偌大的隋朝轰然倒塌，这是何其惨痛的教训。

历史上，像隋炀帝这种情况并不少见，而是多发，所以唐太宗才说“自古帝王多任情喜怒”，他才要想办法通过建立合理的制度去克服。

魏征给唐太宗上了一道表文，发人深思，他说道：

> 所爱虽有罪，不及于刑；所恶虽无辜，不免于罚。此所谓“爱之欲其生，恶之欲其死”者也。或以小恶弃大善，或以小过忘大功。
>
> 赏不以劝善，罚不以惩恶，而望邪正不惑，其可得乎？若赏不遗疏远，罚不阿亲贵，以公平为规矩，以仁义为准绳，考事以正其名，循名以求其实，则邪正莫隐，善恶自分。
>
> 爱而不知其恶，憎而遂忘其善。徇私情以近邪佞，背公道而远忠良，则虽夙夜不怠，劳神苦思，将求至理，不可得也。（《贞观政要·择官》）

这段话是对官员考核最深刻的归纳，把其中的要义都讲得明明白白。魏征指出考核监管要着重把握的三个方面：

第一，领导人不能以自己的好恶来区别对待官员，任人唯亲。

第二，考核的关键是公平公正，一视同仁，否则不但不能起到惩恶扬善的作用，反而助长邪气。

第三，看人要全面，正反两面都要看清楚，才能用其所长，避其所短。否则就会用人不当，甚至以帮派用人，绝对治理不好的。

因此，唐朝强化官吏的考核，把公开公正和赏罚严明提到确保官吏队伍奋发向上和国家长治久安的高度上，不遗余力去贯彻实行。就考核制度来说，赏罚严明是考核最终落在实处的关键所在。官员的升降如果不是建立在考核的基础之上，考核就将落空而演变成为作秀。

赏当其劳，罚当其罪

唐朝从考核制度上进行设计，首先确立了官员的升迁要根据考核成绩来决定的基本原则。其次是建立考核成绩和奖惩赏罚的对应关系。

唐朝对于考核的成绩分为三等九级，合格线定在“中中”，也就是第五级，算是对于官员的最基本的要求，必须达到“无最而有一善”，具体部门的工作可以不是最好的，但是官德“四善”至少要达到一条。这表明做一个有品格的官员是最起码的要求。唐太宗曾经对魏征说道：“古人云，王者须为官择人，不可造次即用。”(《贞观政要·择官》)选官用人是非常慎重的事情，不能轻易就任用。因此，对于一个人没有完全看清楚之前，宁可用有品德的人，也不能任用貌似有才干的人。这是唐朝用人的一个基本原则，这个原则在官员的考核上就表现出来，成为基本标准。

“中中”是官员升降的分水岭，得到“中中”成绩的官员，不升不降。

对考核中上以上，可以晋级一级，加一个季度的薪水。

至于考核成绩在中下，则降级一级，削减一个季度的薪水。中下以下，考核成绩每降一级，官阶随之降一级，薪水也再减一个季度，到了“下中”以下的成绩，也就是居官谋私，政务不理者，便会受到解除官职的处分，甚至会被追缴“告身”，也就是官员的委任状，那就意味着失去继续当官的资格。至于“下下”这一级，也就是以权谋私，贪污腐败的官员，不但要罚款，严重者还要追究刑事责任。

从整个官员的考核与升降制度来看，体现了唐太宗提出的原则，那就是“赏当其劳，无功者自退；罚当其罪，为恶者戒惧”。(《贞观政要·择官》)奖赏要恰如其分，其主要目的不是要突出某个人，把奖励都集中在他身上，快速提拔，这是违反唐朝“不拿官职作为奖赏提升官员”原则的。奖励优秀是要让百官看到努力工作会受到鼓励，使得不好好当官的人自己感到惭愧，受到激励。处罚的目的，不是要整人，而是通过对失职甚至犯罪的追究，让其他人不敢重蹈覆辙。

因此，无论奖与罚，一定要控制好度，才能具有普遍性的示范意义。在具体实行中是有相当难度的。一方面，对于好官很容易奖赏提拔过度，变成个别的突出个例，甚至招来百官的忌妒。另一方面，处罚要得罪人，更不容易下手，特别是曾经有过功绩，甚至和皇帝大臣有特殊关系的人，更难以执行。唐太宗自己就面临过这样的问题。

濮州刺史庞相寿被查出有贪污的情节，按照规定要被免职。他为自己辩护的时候，提出一条要求宽恕的理由，那就是他是秦王府的旧部。也就是说，唐太宗还没当皇帝，甚至和他哥哥李建成在争夺最高权力的时候，他曾经坚定地站在唐太宗一边，再怎么说也是皇上的忠实部属，靠着旧日功劳和情分，希望能够饶他一次。唐太宗也觉得确实如此，在唐朝法律里面是有将功折罪的条文的，仿佛也讲得通，打算让他下不为例，重回旧任。这时候，魏征站出来进谏道："秦王府的旧部人数不少，遍布内外，宽恕了庞相寿，恐怕其他人会看样，用私人恩情来损害公法，这就使得正派的好官感到畏惧。"私情与公法，唐太宗权衡以后，他想明白了，说道：我当秦王的时候，只是秦王府的主人，现在当皇帝，是四海的领袖，所以不能以私情包庇故人。大臣们都像魏征这般执法，我怎敢违背呢！

唐太宗怎么做呢？他拿出一些锦帛送给了庞相寿，算是对他旧日之情的感谢，这是他们之间的私人情义。同时，按照规定罢免了庞相寿的官职，这是公法。公私两全，最重要的是绝不因私损公。

违法必究，理所当然。很多王朝之所以腐败成风，就是因为法纪不严，官吏犯罪成本太低。

对于考核成绩优秀的官员，给予奖赏也是理所应当的。但是，值得注意的是唐朝非常重视官员的全面发展。人们常说唐朝的官员具有

“出将入相”的特点，或者说文武不分，能文能武，入朝可以当宰相，外放可以带兵打仗。这就对官员提出很高的要求了。要做到文武双全，必须给官员很多历练的机会，这在官吏的管理上也能够清楚地看出来。

官员的升迁磨炼

唐朝对于考核优良的官员，更多给予物质上的奖赏，而在升迁方面颇为谨慎。拿唐朝官员的履历来研究，可以清楚地看出，只有考核优良的官员才有机会进入下一轮的升迁考核，而大部分官吏不会直线上升，考核成绩好的，常常会在同级别的官职中迁转，几乎见不到在一个部门内一直升上去的情况。

为什么很少见到官员像爬楼梯那样步步高升，而往往要通过多次横移之后再螺旋式晋升呢？这样做是为了让官员在不同岗位上历练，熟悉不同的工作，积累更多的管理经验。最常见到的是在同级别的不同岗位上迁转之后，才上升到高一级的职位上。所以，唐朝的官员很多是多面手。这是朝廷有意培养的结果，这样等他们职位越升越高、担负的责任越来越多的时候，具备宽阔的视野和处理各种工作的能力，足以承担起更高一级的领导责任。

官员承担的是社会管理工作，经历、经验和学习是最重要的三大历练，晋升太快，或者过于年轻，对于国家管理是弊大于利的。晋升太快，工作经历过于狭窄，在领导全局工作的时候，不是个人的眼界不宽，就是经验有缺，加上人际关系积累不足，指挥不顺畅，往往会固守自己原来的小圈子，把一个单位的格局越做越小。唐朝强调官员的平移，是在培养更高一级的官员，虽然个人晋升慢一点，但是，升上去后工作开展得好，于己于国都有利。这种晋升办法，似慢却快，行得稳才能走得远。

通过长期的磨炼和培养，唐朝获得了丰富的高级官吏的人才储备，这是非常重要的，所谓的“千军易得，一将难求”，对于国家来说，越是高端的人才越难培养，也越紧缺。

唐朝官员螺旋式提拔，有两个特点，第一是经常可以看到文官任武职，武将任文职的情况，这就形成了唐朝官员能文能武，“出将入相”的特点。这种情况要到唐朝中期以后才发生变化。

第二是京官和地方官的轮转。一般说来，京城是人才最集中的地方，一方面因为人才聚集而难以出头，另一方面却因为朝廷所在而被视为终南捷径，容易被提拔到高级职位上，青云直上，乃至担任宰辅。然而，朝廷最高级职务如果大多来自朝官，很容易造成朝廷与基层脱节，高高在上发号施令却脱离实际的情况。前面专门介绍过的良臣马周对此不无忧虑，他为此给唐太宗上了一道奏章，说道：“地方官非常重要，州县两级官员如果好，则合境安宁，皇上可以垂拱而治。所以，自古以来各朝代都非常重视地方官的选任，要挑选贤良的官员。如果要提拔为将相的人，都要先让他们担任地方官试试，看看他们能不能治理好一方百姓，然后才从地方大员中选拔宰相、三公等最高职务。朝廷不能重视朝官而轻视地方官，造成不屑于地方职务的风气。社会不稳，百姓不安，往往是因此产生的。”唐太宗非常赞同马周的意见，对左右交代道：“今后地方上州刺史由我亲自挑选，县令则令五品以上的京官各推举一人。”

京官外放，地方官入京，形成这样的官员流动机制非常重要。从实际的情况来看，京官升迁的空间明显要大，京城的物质与文化繁华也不是地方上能比的，所以，大量的官员还是尽可能往京城里拥，有必要采取一些措施加以扭转。宰相决策部门的官员高季辅提出建议，认为地方官品级太低，而且常常拿不到俸禄，家庭生活过得寒碜，容易造成贪污。所以建议趁国家财政收入情况好的时候，适当提高地方官的待遇，然后加强法律和监察，严格禁止贪污。这个建议得到唐太宗的首肯。从官员待遇、生活条件和法令制度三个方面着手，确保官员的内外流动，把优秀的官员派到地方任职，将具有全局领导能力的官员选入朝廷，这是非常重要的管理培养和治理国家的机制。

把好的官员派到地方任职，对于国家的全面治理具有非常重要的意义。首先，因为他们对于朝廷的治国方针和精神掌握得比较好，信息也比较畅通，可以把国家的大政方针具体贯彻落实下去。其次，他们的行政能力很强，热情高，责任心重，有利于提升地方管理的水平和加快地方的发展。再次，地方工作的经验，让他们真正了解基层的情况，取得宝贵的工作经验。特别是地方工作往往不像朝廷职务那么专，而是需要管许多方面，需要统筹兼顾。这样的工作经历，对于培养高层官员是非常必要的。

落实唐朝以民为本的富民政策，要求地方官员深入基层，把握乡村，缩小贫富差距。在唐朝对于地方官员的考核中，可以看到考核的一个重要方面，不是当地的生产总值是否迅速增长，而是乡村社会里的孤寡弱势群体是否减少了，人民的生活水平是否提高了。在官吏的考核上，这方面工作做得好，等同于经济发展，获得同等奖励。这就从政策上显示出朝廷对于社会均衡发展的重视，地方官员也就能够根据各地区的特点，因地制宜，基础好的可以优先发展经济，贫困落后的地方则应该重点去改善民生，可以有不同的治理道路，不会都挤在提高生产指标上，反而加剧了社会的问题。

从这里不难看出，唐朝治国非常注重两个方面，第一是吏治，奖励好官，严惩贪腐。第二是消除贫困，强化社会道德秩序。和经济的快速增长相比，唐朝着力打造的是官民和洽、文明有序的社会。

围绕着这两个方面，唐朝非常注意官员的管理和培养。在官员的提升方面，往往对优秀官员多一些不同岗位的历练，少一些因为一时一地的政绩而快速的提升。唐太宗担心的是官员提拔的都是些急功近利者会促进社会风气的浮躁，等提拔到高位后才发现不胜任，甚至腐败堕落，问题就严重了。官员的管理是国家治理极为重要的一环，需要领导人倾注心血。有了好的领袖和官吏队伍，就会形成良好的政治风气。

行之有效的巡视制度

古代的交通不便，信息难达，哪怕是官方驿站加急快递，也颇费时日，这就凸显出地方和中央沟通、下情上达的重要性。而且，地方上也因为“天高皇帝远”，朝廷监管难以到达，官员权力逐渐膨胀，俨然成为地方王，不依照法律制度行政的现象越来越严重。

唐太宗很早就注意到这个问题。贞观七年（633 年），他向历史吸取经验，筹划加强对地方官的法制监管。

在这方面，汉朝是有比较成功的经验的。汉朝的情况比唐朝要严重得多，这主要是因为当时的人口太少，特别是广大南方地区，一个县没有多少人，分布在各处，交通和信息不发达，基层甚至只知道管他的地方官，而不知道皇帝是何人。地方官的权力很大，甚至有些人敢于无视法纪，作威作福。汉武帝想出一个办法来，把全国分成若干个监察区，由朝廷派遣官员进行巡视，称作“刺史”。

“刺”是检核的意思，“刺史”就是中央派到地方上监察地方行政的监察官员，是中央监察部门御史职权的强化和延伸。刺史并不固定，可以定期巡视，也可以随时随地派遣。汉武帝给他们的任务非常明确，着重检核地方官的六个方面，史称“六条问事”。

> 一条，强宗豪右，田宅逾制，以强凌弱，以众暴寡。
>
> 二条，二千石不奉诏书，遵承典制，倍公向私，旁诏守利，侵渔百姓，聚敛为奸。
>
> 三条，二千石不恤疑案，风厉杀人，怒则任刑，喜则淫赏，烦扰刻暴，剥截黎元，为百姓所疾，山崩石裂，袄祥讹言。

四条，二千石选署不平，苟阿所爱，蔽贤宠顽。

五条，二千石子弟恃怙荣势，请托所监。

六条，二千石违公下比，阿附豪强。通行货赂，割损正令。(《汉书·百官公卿表》)

这六条是刺史经常性的监察内容，至于地方大员的犯罪行为，则随时都可以监察纠弹。派遣刺史巡视地方，强化政令的统一，提高政纪政风，打击了官员违法乱纪、无视中央、官员同地方豪强势力勾结欺压百姓、牟取非法暴利、公刑私用、选举不公、压抑人才、家属仗势横行等种种行为，给予严厉的惩处，取得很好的效果。

历史的经验值得吸取。唐太宗在贞观八年（634 年）考虑派遣朝廷使者巡视地方。这是唐朝第一次的巡视，意义重大，所以必须由公正廉洁且威信高的高级官员来担当这项重任，首战必胜，才能坚持下去，形成强有力的制度。所以，唐太宗为挑选总负其责的人而苦恼，反复掂量。李靖建议派魏征担任黜陟大使，这当然是非常合适的。但是，唐太宗不同意，他一天也离不开魏征，看来唐太宗已经习惯魏征的唠叨了，没有魏征的监督，决策都感到不踏实。选来选去，最后敲定由李靖以及曾经担任过宰相的萧瑀负责，派出十三人分头到地方巡视。

当时唐朝建立不久，政风好，官员违法乱纪的情况不多，但是，不能真正领会朝廷以文德治国的精神的情况比较突出，所以，唐太宗有所针对，指出这次巡视的主要任务是：

察长吏贤不肖，问民间疾苦，礼高年，赈穷乏，起久淹，俾使者所至，如朕亲睹。(《资治通鉴》“唐贞观八年”)

巡察的内容主要就三个方面，第一是地方官贤良与否，第二是救恤贫苦，第三是发现人才。到地方后要求朝廷使者尊老、扶贫，以及处理民间得不到解决的问题。这次巡视提高了朝廷在老百姓心中的形象，加强了中央的权威，取得很好的效果和经验，巡视成为中央监察地方行政的重要手段，逐渐固定下来，成为制度。

到贞观二十年（646年），天下大治，歌舞升平，不少官员松懈了，政风政纪不如贞观初，有些官员享受权力，以公谋私。所以，唐太宗再次进行全国性的大巡察，巡察的内容也随着形势的变化而不同，重点突出打击违法乱纪，采用的是上述汉武帝的“六条问事”标准。这次巡视由大理卿孙伏伽负责，派出二十二名专使，分头巡视全国各地。大理寺是国家最高审判机构，相当于今日的最高人民法院，显而易见，这次巡视的重点是检察非为。孙伏伽以刚正廉洁著称，这一年的巡视，各地有许多官员受到处分。有些官员不服，跑到京城申诉。唐太宗让褚遂良受理，记录案情，由他本人亲自审理。就从这一点也能够看出唐太宗对于巡视的高度重视，当巡视触动官僚阶层而出现抗争的时候，他迎难而上，承担起领导责任，调查处理。最后，经唐太宗亲自审定，这次全国性的大巡视，有二十名官员因为考核成绩优异，获得晋升嘉奖；查处严重犯罪的官员七人，判处死刑；其余犯法而受到处罚的有千人以上。这个数字表明，这次巡视的面非常广，几乎没有死角。

巡视制度不仅是检察官员违法乱纪，也是调查民情，发现人才，考核地方官政绩的重要手段，是中央联系地方的重要管道，妥善运用，可以起到很大的作用。

问责才能担责

官吏的管理，除了正常的考核之外，还必须通过问责制度来强化官员的责任感。唐朝的官员，必须为自己的所作所为负责，所以，实行问责制很容易理解。但是，如何用好问责制，确实很不容易。

贞观十一年（637 年），有一位名叫凌敬的官员向人索要钱财，出了经济问题。唐朝官员出事，要查推荐人的责任。凌敬是宰相魏征推荐的，所以，唐太宗亲自向魏征问责。魏征申诉道："当初我推荐凌敬的时候，已经对他的情况做了客观介绍，指出这个人有学问，敢于谏诤，这是优点。但是，他注重经营生活，爱好钱财，这是缺点。我已经讲清楚了，但是陛下任用他，没有用其所长，而是用其所短，因此，他出了事情不应该追究我举荐不当、蒙蔽陛下的责任。"

唐太宗觉得魏征说得有理，确实是朝廷用人不当而不是魏征推荐不得其人，不再对魏征问责了。

这件事情给我们什么启发呢？问责制是管理官员的一项重要制度，能够有力地防止官员乱政和腐败，其优点不用多说。古代许多王朝都实行官员的问责制，贞观时代为什么最为成功呢？

首先，是问责的目标十分明确。问责的目标是什么呢？是明确责任，让各级官员对自己所作所为承担应有的责任，惩恶扬善。要做到这一点，就一定要厘清权利和责任。上述魏征的事例中，魏征申诉的正是这一点，举荐人才上，他是尽责的，并且把被推荐人的优缺点都交待清楚了，后面出了问题，就不应该向他问责。而唐朝的问责工作做得细致，允许官员申诉。这样做才能辨明事实，不至于冤枉好人。我们看到其他王朝问责制的失败，就在于它变成了官场推卸责任甚至政治斗争的工具，出了事情，不做实事求是的调查，随便找个人顶代责任，把事情敷衍过去，结果造成没有人办事、相互推诿的局面。问责制是柄双刃剑，如果不能抑制恶行，保障善政，胡乱问责，反而对正气有很大的杀伤作用。

在问责的时候，一定要把握正确的尺度。魏征提出来，大官管大事，所以对他们的问责是问大政方针上的过失。小官管小事，所以对他们的问责是问具体的工作，这两者不能颠倒，出了具体事务的错失拿大官问责，政策上的失误找小官开刀，其结果是"大臣或以小过获罪，小臣或以大体受罚。职非其位，罚非其辜，欲其无私，求其尽力，不亦难乎?”(《贞观政要·君臣鉴戒》)不但如此，这样的问责会给奸臣将问责变成政治斗争的机会，舞文弄法。结果官员们都不肯负责任，相互推诿，苟求免祸。

其次，问责制还是国家政策的导向器。这里再说一件事。前面讲过最高审判机构大理寺的副长官张蕴古因为泄露唐太宗宽赦案件当事人的意向，执法从宽而被问责，唐太宗盛怒之下将张蕴古处斩。事后，唐太宗后悔不已。这件事对于整个唐朝司法系统造成很大的冲击。自古以来，法官的职业本能，会使得他在判案的时候，宁严毋宽，成为风气。后来唐太宗也感觉到了，便去询问大理卿刘德威到底问题出在哪里?刘德威如实告诉唐太宗张蕴古案件的影响，同时指出法律上虽然规定法官判案过轻的比判得过重的责任要轻两等。但是，在事后问责的时候，判重了没有事，判轻了便受到严厉惩处。这样一来，法官当然都会选择从严从重判案。唐太宗觉得刘德威说得在理，下令以后必须都按照法律规定审判和复核。慢慢地，法官判案又恢复了公平。

执政不容易，一件事情，一个案子，处理不当，就会造成全国性的影响，甚至改变风气。问责制度对于保证依法行政和监管官员是必要的，但是，如何运用好，使之成为善政的利器，唐朝给后世提供了很好的经验和启示。

第十四章
一谏难求

唐太宗治理国家有一个明显的特点，就是经常和大臣们讲道理，达成共识，以利于政策的实施。讲道理中，简明而有力的道理就是讲历史，它是活生生的，又是经过实践检验过的。在唐太宗讲的历史中，他讲得最多的有哪几件事情呢？

覆巢之下无完卵

唐太宗经常提到隋炀帝，因为他和隋炀帝是同一个时代的人，那些事情都是他自己亲身经历过，而不是道听途说的。而且唐朝的大臣很多人也都经历了那个时代，有切身之感。

唐太宗多次提到隋炀帝手下的虞世基，从小聪颖过人，连当时最高傲的名士见到他都称赞他为旷世奇才。隋炀帝是以文华出众而著称的，喜欢才子，所以，虞世基受到重用，成为隋炀帝时代身边少数几个宠臣之一，内外文书都要通过他来上传下达，权位之重，无人能比。

隋朝末年，天下大乱，隋炀帝将主力部队分成三大集团，分别驻守长安、洛阳和扬州，镇压各地的反叛。他自己带兵屯驻在江南。虞世基看到隋朝的储备集中在洛阳，这是各方必争之地，劝隋炀帝回到洛阳，坐镇中原，领导全局。隋炀帝刚愎自用，从来不喜欢有人怀疑自己的决定。所以，他很不高兴地说道：“你是书生，胆子小。”虞世基知道隋炀帝不喜欢听别人的意见，对于形势更是要听喜不听忧。而且，他看见隋朝最杰出的宰相高颎因为受到隋炀帝的猜忌而被诛杀，深感恐惧。于是，他开始扭曲自己，全力逢迎隋炀帝。各地送上来的关于发生动乱的报告，他都做手脚加以删减，以免隋炀帝看了不高兴。

隋朝有位大臣叫作杨义臣，在河北地区全力镇压反乱，破敌数十万。战报送上来，隋炀帝感到非常意外，说道：“我没想到反乱这么严重，杨义臣破贼竟然如此之多。”虞世基知道隋炀帝不高兴，说道：“这些鼠辈不足为虑，倒是杨义臣拥兵甚多，长期在外，恐怕最需要担心。”隋炀帝喜欢猜忌，觉得有理，下令将杨义臣调回来，解散其部队。

驻守在洛阳的隋朝越王侗派人冲出瓦岗军的重重包围，来到隋炀帝所在的江都告急，说李密统帅的瓦岗军有百万之众，声势浩大，请求隋炀帝赶快回洛阳坐镇指挥，否则洛阳一破，隋朝大势便去了。虞世基对隋炀帝说道：“越王侗年轻，被手下人欺骗了。如果使者说的是真话，那他如何能够来到这里呢？”隋炀帝勃然大怒，痛斥来使当众欺骗他，派他通过起义军占领的地盘到东阳去催粮，以证明他确实具有穿过敌占区的能力，不然如何从洛阳来到扬州呢？结果把这个人活生生送入叛军虎口，惨遭杀害。这下子证明来使是骗子，隋炀帝高枕无忧了，真是自欺欺人。虞世基通过这几件事情让百官再也不敢把外间烽火遍地的真实情况告诉隋炀帝，以讨其欢心。最后，隋朝被推翻，虞世基也不能幸免。

唐太宗不但经常讲隋朝灭亡的历史教训，他还多次向大臣们讲西晋的事情。西晋武帝平定东吴，统一中国之后，志得意满，不再留心政务，耽迷于享受太平，位居三公的何曾看到这种情况，回家对子女们说道："我每次上朝都没听到皇上谈论治理国家的宏图大略，尽说些日常生活的琐事，这不足以把江山传给子孙。"他指着儿子们说："你们大概可以免祸。"然后又指着孙子们说："你们就逃不过动乱了。"后来他的孙子果然死于战乱。史家称赞何曾有远见之明。但是，唐太宗并不这么看，认为何曾为臣不忠，罪恶甚大。为什么呢？因为作为臣子应该进则思忠，退则补过。何曾身居高位，不曾发一句谏诤之言，眼睁睁地看着西晋迅速滑向灭亡。见到危险不去挽救，用这种人有什么用处呢？

在西晋，这样的大臣并不少见。西晋惠帝穷凶极恶的贾皇后，把太子给废了。司空张华完全不去阻止，视而不见，一言不发。贾皇后的倒行逆施引起天下大乱，赵王伦起兵控制京城，把张华捉来要处斩，张华为自己辩解道："当时不是我不抗争，而是说了没有用。"赵王伦手下的人质问道："那你为什么不辞职呢？你尸位素餐，还有什么道理可以争辩的呢？"张华哑口无言，终于被处斩，而且被诛夷三族。

虞世基、何曾和张华等人，身居高位，却不尽心尽责，以为政治混乱是朝廷的事情，事不关己，明哲保身，这是非常自私和不负责任的行为。唐太宗语重心长地对大臣们说道："当时皆谓祸不及身，面从背言，不以为患。后至大乱一起，家国俱丧。"不从政则已，既然从政，就必须以国家和百姓为重，要知道覆巢之下焉有完卵？虞世基和张华被杀，可以说是自取其祸。那么正确的做法应该是什么呢？唐太宗提出应该做到："灭私徇公，坚守直道，庶事相启沃，勿上下雷同也。"（《贞观政要·政体》）

如果君臣之间不能讲真话，皇帝听不进不同意见，大臣专门说好听的话，下情不能上达，君臣全都自吹自擂，上下欺蒙，"则君为暗主，臣为谀臣，君暗臣谀，危亡不远"。（《贞观政要·求谏》）

虚己求谏

历史的教科书里面，都盛赞唐太宗善于纳谏。这个说法至少是不准确的，为什么呢？让我们翻开《贞观政要》，上面清清楚楚写的是“求谏”，后面才是“纳谏”。“求”这个字非常重要，是主动征求，而“纳”则是被动接受，唐太宗的开明不仅是被动地接受不同的意见，而在于他深知宝贵的治国建议不是你高高在上就有人主动献上来的。相反，作为皇帝，应该主动去寻求治国的建议和不同的意见，尤其是批评。为了最大限度地听取不同的意见，唐太宗可谓是费尽心血，来营造让大臣们畅所欲言的良性环境。

第一，谦和待下。唐太宗长得非常威猛，从他的画像可以看到一双炯炯有神的眼睛，英气逼人，络腮胡子，虎背熊腰，显得非常的彪悍，连瓦岗军李密这种号令三军的统帅见到唐太宗都心里暗惊，更不用说一般人了。许多人在唐太宗面前，完全被他的气势给震慑住了，话都说不出来。唐太宗自己也知道这一点，所以，坐朝的时候，他时刻要注意自己的神色，尽量和颜悦色，特别是大臣奏事的时候，更是充满和蔼之气，听到不同意见和对自己的劝谏，耐心倾听。让一位打天下的皇帝为了倾听大臣意见而自我抑制，给部下赔笑脸，不敢怠慢，这是许多皇帝做不到的事情。

第二，多听少说。唐太宗当皇帝之后，二十多年手不释卷，刻苦读书，博闻强识，再加上他的才华，见识过人。因此，听到大臣奏事的时候，十分自然地会发表自己的看法，希望同大臣们讨论。但是，他恐怕没有想到，在中国古代，皇上一言九鼎，谁敢随便和皇上讨论事情呢？还不是把皇上说的话作为圣旨，看着皇帝的脸色说话办事！唐太宗本人未必知道这一点，他往往不经意发表意见，试图引起讨论，结果却造成部下噤口。毕竟不是每位官员都像魏征、王珪一样敢于坚持自己的意见。

有一次，唐太宗对大臣们说，我想知道自己的缺点，请大家说说我的过失。长孙无忌、李勣这些朝廷最高级别的官员都说皇上英明，天下太平，没有错误。可是，被唐太宗赞誉为性格贞洁的宰相刘洎就不附和，他直言道："陛下功高盖世，确实如长孙无忌他们所说的那样。但是这段时间有臣下上书，不符合圣意的，陛下会当面辩驳，让上书的人感到惭愧而退下，这不是鼓励大家尽忠言的做法。"刘洎的批评直截了当，唐太宗虚心接受了，当场表示"卿言是也，当为卿改之"（《旧唐书·刘洎传》）。皇帝要为臣下而改正自己，在历史上同样不多见。

第三，切忌恃才傲物，自以为是，目空一切。开国皇帝大都经历过多次大风大浪，天资聪明，悟性很高，反应机敏，对于事物的理解比一般人快得多，这是他们的巨大优势。但是，他们身上的不足之处也非常明显，没有受过完整系统的教育，即使像唐太宗这种出身高贵的官宦子弟，也因为早早投身于武装斗争，所以在文化上大有欠缺。他们的文化知识，是在当政以后努力补上的。在此过程中，丰富的阅历弥补了知识方面的不足，表现出过人的领悟能力，学习能力很强，许多事情一经点拨就能够明白。他们身上两方面的特点，也就是取得成功的强大自信心和对文化欠缺的自卑，混合在一起，往往通过夸张的形式表现出来，用过度的自我夸耀来掩饰文化上的不足，反而显得恃才傲物。

隋炀帝不听谏言是比较出名的，这同他恃才傲物的性格大有关系。隋炀帝才气很高，诗文写得好，在北朝的诗人中，隋炀帝无疑是一流的，他的诗风大气，意境甚高，句式严整，开启唐朝格律诗的先声。他曾经写过五言诗《春江花月夜》："流波将月去，潮水带星来"，影响了唐朝诗人张若虚的同名诗歌。北宋词人秦观盛赞隋炀帝的诗句"寒鸦飞数点，流水绕孤村"为绝好妙词。隋炀帝对于自己的文学才华非常自负，看到能够和自己比肩的士人，便心生嫉恨。隋朝有一位很有名的文人名叫薛道衡，很能写诗，在隋朝，大概也就他和卢思道等寥寥数人能够在诗文方面和隋炀帝相比，这就招来隋炀帝暗忌。薛道衡浑然不知，写文章歌颂隋文帝，以为可以博取隋炀帝的欢心，不料马屁拍在马蹄上了，隋炀帝认为薛道衡是在讽刺自己，心里已经怒气上升，想要教训教训他。旁边的人看出苗头不对，劝薛道衡低调，别再舞文弄墨随便说话了。可是，薛道衡是个文人，哪里知道官场的凶险？有一次，朝廷讨论制定新令，很久定不下来，薛道衡就说："要是老宰相高颎在的话，早就完成了。"隋炀帝大怒，把薛道衡捉起来。薛道衡自以为没有什么大过，催促隋炀帝赶快裁断，还让家人设宴准备迎接他回家。他万万不会想到，等来的是隋炀帝让他自裁的命令。薛道衡死后，隋炀帝不解恨，念着他的"暗牖悬蛛网，空梁落燕泥"，说看你还能怎么写这般诗句！才华高竟然招来杀身之祸，怎么想象隋炀帝能够听进别人的意见呢？

破除内心的傲气，虚心学习，在这点上唐太宗做到了，但有一点他不明白，就是为什么孔子的高足曾子说知识多的要向知识少的人请教呢？唐太宗向著名学者孔颖达问这个问题，孔颖达告诉他："不但平常人要这么做，帝王更应如此。帝王的聪明智慧应该内敛，外表不要张扬，炫耀聪明，恃才傲物，饰非拒谏，这样做，臣下不敢和你说真话，下情不能上达，是导致失败之路。"唐太宗明白了，深以为然。

唐太宗从少年时代参军打仗，用过无数张好弓，自己也收藏良弓，俨然是这方面的行家，深以为豪。有一次，他又收集到十几张好弓，非常得意，向制作弓的师傅展示，让他们开开眼。可是，他完全没有想到，弓匠仔细看了以后，对唐太宗说："这十几张没有一张好弓。"怎么会呢？唐太宗大惑不解。于是，师傅告诉他，这些弓的木料，木心不正，所以纹理走向都歪了，弓虽然很强劲，但是箭却射不直，所以不是好弓。这下子唐太宗明白了，自己只懂得挑选硬弓，而射击时的稍许偏差来调整准头，还以为好弓都是如此，这么多年下来，自以为成为专家了，今天才知道完全错了。

从这件事情，唐太宗马上联想到国家治理，许多官员都是凭着以往的成功经验办事，其实并没有真正掌握其中正确的道理，经验必须升华到理论层面，任何事情都应该尊重专家，正所谓“术业有专攻”，千万不可自以为是，否则失之毫厘差之千里。怎么才能得到专家的意见呢？你一定不能自命不凡，而要不耻下问，哪怕普通人都有某一点精辟的知识，古人才会说“以能问于不能，以多问于寡”，破除的就是人们的自傲。

想到这里，唐太宗感触良深，想到了就要去做，而且好的东西要变成规矩，制度化才能持久。所以，唐太宗颁发诏令，规定从今以后，五品以上的京官，都要轮流到决策部门的中书省值班，以便唐太宗随时召见，寻访外面的情况，下情上达，让唐太宗知道老百姓的希望和要求，国家政策执行的得失。在征询下属意见的时候，还规定给他们设座，坐下来慢慢讲。君臣坐在一起，严肃的气氛顿时缓和，心里话自然讲出来了。

从一张弓，唐太宗会联想到主动求谏，从这个例子可以看出唐太宗把开言路放到何等重要的地位，时刻萦绕于心头。

鼓励和保障谏诤

要让部下敢于在上级面前说真话，不是一件容易的事情。一个官位来之不易，当得好好的，有时就为了多说几句话，不符合领导的心意，甚至触犯领导，从此前程黯淡，甚至遭到排挤，那又何苦呢？为了保证官员进谏无后顾之忧，唐太宗做了很多工作。

第一，激励进谏。唐太宗善于抓住机会，督促大臣进谏。有一次，他让大臣们推荐人才，御史大夫杜淹推荐一位名叫邸怀道的官员，理由是隋炀帝巡幸江都的时候，召集百官询问意见，邸怀道当时担任吏部主事，也就是组织部主办官员，站了出来说不妥，百官都唯唯诺诺，就他一个人坚持，可见敢于讲真话。唐太宗马上问杜淹：“你认为邸怀道做得对，那当时你为什么不劝谏呢？”杜淹回答说：“我当时当的官不大，又知道说了没用，白白送死，徒劳无益。”唐太宗便追问道：“如果你知道隋炀帝不可劝谏，你为什么还要当隋朝的官呢？既然当了隋朝的官，怎么可以不进谏？你在隋朝的时候，还可以用官小来辩解，那么，后来你在王世充手下当了大官，尊贵显赫，为什么不进谏呢？”杜淹自辩道：“我对王世充不是不进谏，而是他不听。”唐太宗说道：“王世充如果贤明，懂得纳谏，就不会灭亡。如果暴戾，拒绝谏言，你怎么能够逃得了灾祸呢？”杜淹答不上来了。于是，唐太宗对他说道：“现在你的官职可以说是很尊贵了，能够进谏了吗？”杜淹誓言：“我愿意以死进谏！”唐太宗十分满意，抚掌大笑。

第二，建立经常性的批评监督制度。靠人的激励，容易时久松懈，或者人去政息，唐太宗非常可贵的是用制度来确保善政长期延续下去。对于朝政的批评建议，光是开言路还远远不够，很多政策实行以后才暴露出缺点来，这时候再来补救，已经造成损失了。而且，因为决策的封闭性、保密性，不参加其中，不知道其中的问题。能不能在决策的起始阶段就介入，对决策的全程以及后来实行的情况都进行监察，最大限度减少过失或者不周呢？

对此，大臣王珪向唐太宗提出一条很好的建议，说道：“我听说木料因为有墨绳才能够取直，领袖因为听从劝谏才圣明。所以，古代的圣贤君王，必定设置七位谏诤之臣，他们如果坚持正确意见而不被采纳，就会逐个站出来以死相谏。现在陛下广开思路，听从百姓建言，我身处这样一个讲真话的朝廷，真心愿意把心底里浅薄愚昧的想法都吐出来。”唐太宗非常称赞，下诏令规定：从今以后，宰相以及三品以上大官入朝商议国务，都必须随带谏官，随时建言举正。

第三，开言路的保障。对于进谏的人来说，因言获罪是心头抹不去的阴影。要让大家敢说话，就一定要对谏诤给予确实的保障，把批评建议同造谣污蔑严格区分开来，保护批评，让说话的人没有后顾之忧，才会把心里话说出来。

唐太宗曾经多次对大臣们强调善于听取批评意见的重要性，他说道："我每次清静闲坐的时候，就会仔细回想自己做过的事情，担心做错了，对上不称天心，对下遭到老百姓的抱怨。要怎么做才好呢？关键在于有人随时批评指正，让自己耳聪目明，看得清，听得远，了解民情，使得下面不会积怨。"要做到下情上达，就要让官员们敢于报告实情。可是，基层官员见到威严的殿堂，以及高坐上方的皇上，不由自主地感到畏惧，连正常的工作汇报都经常结结巴巴，汗流浃背，甚至语无伦次，控制不住自己。见到这种情况，唐太宗想到如果是对于朝廷政策，甚至是对于皇帝本人的批评意见，就更加不敢说话了，唯恐哪句话不中听，触犯龙颜。这时候，如果因为说错了，皇上给予批评，那简直要吓死了。怎么办才好呢？唐太宗向大臣们保证，不管批评意见中不中听，他都不会生气，更不会认为是在冒犯自己。

绝不对批评者动怒问罪，这样的保证，唐太宗几次三番地强调：

> 公等各宜务尽忠谠，匡救朕恶，终不以直言忤意，辄相责怒。(《贞观政要·求谏》)
>
> 公等但能正词直谏，裨益政教，终不以犯颜忤旨，妄有诛责。(《贞观政要·政体》)

保证不会动怒，不会责罚，更不会诛杀。言者无罪，成为好传统，从唐朝沿袭到宋朝，宋朝上升到法律层面，规定不杀士人和言官。

非但不责怪问罪，相反，还会给予嘉奖。唐太宗说道，自己一定会

“虚襟静志，敬仁德音”。(《贞观政要·君道》)虚心对待，把批评称为“德音”。而且，对于提出批评建言的人，唐太宗说将把他们视为良师益友：

> 每思臣下有谠言直谏，可以施于政教者，当拭目以师友待之。如此，庶几于时康道泰尔。(《贞观政要·政体》)

善意的批评是良药，诚恳的批评者是益友，在世间里最为难得。没有公心，没有真情，把个人利益置之度外，谁愿意如此冒险犯难呢？听取意见，敬重批评者，你将获得坚贞忠诚和充满正气的艳阳天。君臣之义是什么呢？唐太宗说：“既义均一体，宜协力同心，事有不安，可极言无隐。傥君臣相疑，不能备尽肝膈，实为国之大害也。”(《贞观政要·政体》)君臣本为一体，应该相互信任，彼此尊重，肝胆相照，共同为天下大治而同心同德，紧密配合，那就一定能够克服艰难险阻，无往不胜。

无论是主动的求谏，还是虚心的纳谏，在整个中国古代的历史上，唐太宗确实有过人的表现。所以贞观年代用于谏诤的大臣不是一个两个，讲真话、敢批评、坚持原则，蔚然成风。其中广为人知，被视为楷模的魏征，屡屡犯颜直谏，哪怕唐太宗不高兴，板起脸来争论，他依然不依不饶，一定要把道理说清楚。久而久之，唐太宗既怕他，又离不开他。魏征真心希望唐太宗能够成为千古一帝，所以对唐太宗的要求特别严格，不管公务私事，都讲原则。唐太宗生性好动，兴趣广泛，有时候变个新花样玩玩，就怕被魏征瞧见，难免一番规劝，索然无趣。据说有一次唐太宗得到一只驯养得非常好的鹞鹰，好不高兴！让它站在自己的手臂上玩耍，正在开心的时候，看见魏征从外面走了进来，准备奏事。唐太宗一看不好，赶快把鹞鹰藏到怀中，正襟危坐，听取魏征汇报。魏征早就看见唐太宗的这些小动作，他装作没看见，故意把许多事情都拿出来禀报，说了半天，就是没完。好不容易办完公事，魏征走了，唐太宗赶快开怀放鹞鹰，却早已被憋死了。

你说魏征这种人成天跟在身边，烦不烦呢？魏征死了，唐太宗可以解放了吧。其实不然，唐太宗为之痛哭，说他的三面镜子，现在是去了“人镜”，以后还有谁来匡正自己呢？其实，镜子都是自己找来的，只要你想要，怎么会没有呢？唐太宗广开批评之风，谏诤之臣层出不穷，唐太宗曾经对长孙无忌说道：“自（魏）征云亡，刘洎、岑文本、马周、褚遂良等继之。皇太子幼在朕膝前，每见朕心说谏者，因染以成性，故有今日之谏。”（《贞观政要·求谏》）魏征去世后，不但刘洎、岑文本、马周、褚遂良等保持谏诤风气，连皇太子自幼习惯了谏诤，所以见到唐太宗做得不好的地方也会站出来指正。

在这样的环境里面，潜移默化，坏人都会变好。宋朝伟大的史学家司马光在编纂《资治通鉴》的时候，写到这一段，感慨万千，他特地记载了这样一件事情：

唐朝有关部门派人向官吏行贿，有官员上钩了，非法收取一匹绢，唐太宗准备判他死刑。掌管人事的民部尚书裴矩站出来反对，说道：“贪污受贿罪该处斩，但是，这是一件设圈套引诱人犯罪的案子，不符合孔子的教导，没有做到用道德进行教化，用礼制进行规范，所以判决不妥。”唐太宗不但接受了裴矩的批评，而且还召集五品以上大员进行表彰，称赞：“裴矩能够当官力争，而不是当面顺从，如果每一件事情都这样做，何愁天下不能治理！”

这件事为什么让司马光大发感慨呢？因为裴矩是隋炀帝时期炙手可热的宠臣，被人视为佞臣，到了唐朝，他在唐太宗手下当官，却由拍马逢迎的佞臣转变为坚持原则的忠臣，同一个人，却发生了翻天覆地的变化，这是什么道理呢？司马光说道：“古人有言：君明臣直。裴矩佞于隋而忠于唐，非其性之有变也；君恶闻其过，则忠化为佞，君乐闻直言，则佞化为忠。是知君者表也，臣者景也，表动则景随矣。”（《资治通鉴》“唐武德九年”）他认为裴矩的变化是唐太宗影响的结果，皇帝不听批评，忠臣也变成佞臣；皇帝喜欢直言，则佞臣也变成忠臣。皇帝就像日晷上的表针，臣下就像影子，表针动了，影子跟着也动。

在唐太宗的大力提倡之下，贞观年代的批评风气很盛，大家勇于坚持原则，积极开展批评，全国上下，无论大臣或者小官，内臣或者外臣，文臣或者武将，汉臣或者胡臣，贤臣乃至前朝佞臣，直到宫内深处的嫔妃宫女，都能够仗义执言，弘扬正气，抨击丑恶，使得国家走在正道上，蒸蒸日上。后代的史家看到唐朝的这番景象，感慨道：“盖自三代而下，求谏之诚，纳谏之美，未能或之先也。”（《贞观政要》所附史家评论）

言者无罪

唐太宗执政，用各种方法营造让百官畅所欲言的环境和风气，因为他深深地知道民情不能上达，皇帝听不到在第一线工作的百官的心声，王朝就危险了，隋朝灭亡的教训历历在目，让他丝毫不敢懈怠。《贞观政要》专门设立了《求谏》一篇。既然是对于治国和朝政的批评和建议，往往是直言不讳，甚至尖锐犀利，让听者有切骨之痛。我们常常会遇到这样的情况，有些事情，负责的官员办与不办，同当事人的说话方式有很大的关系，好好商量，往往事情容易办；相反，则寸步难行。这有什么道理呢？

因为言者和听者的立场是完全不同的。提出批评的人生怕讲得不够重，不够尖锐，不能引起听者的重视。而听者则希望批评的人尽量温和，给自己保留面子。这就是立场不同造成方法的不同，效果往往也截然相反。

现实中，哪怕再好的建议，因为言词激烈，不但达不到劝谏的效果，有时候甚至会给自己招惹来灾难，虚怀求谏的唐太宗，是不是没有遇到过这种情况呢？而他又是怎么处理的呢？

贞观八年（634 年），有一位名叫皇甫德参的陕县丞，也就是今日河南省三门峡市陕县一个小小的县令的辅官，大着胆子给唐太宗上书，言词激烈，话语难听。这回把经常耐着性子倾听朝臣批评的唐太宗激怒了，这么个小官也如此无礼，而且说的多是捕风捉影的话，比如说社会上女子喜爱梳高高的发髻，是皇宫带出来的坏风气等。高发髻是胡人传入的风俗，正确地说，还是因为社会流行才传入皇宫的。至于唐朝整修洛阳宫，那是为了强化对东方的控制。皇甫德参一个小官，能知道多少事情呢？抓到问题便大做文章，激烈批评，唐太宗忍不住了，对宰相们说道："皇甫德参要国家不调发一个人夫，不征收一斗租税，宫人都不留头发，到底安的是什么心！"要治他诽谤罪。

这时候魏征出来劝唐太宗道："西汉著名政论家贾谊给汉文帝上书，直言当时国家的形势，说是可为之痛哭的有一条，可为之流涕的有两条。由此可知，自古以来上书的人都言词激烈，不这样就不能够打动君主之心，这正所谓'狂夫之言，圣人择焉'，请陛下明察。"

唐太宗马上醒悟过来，说道："是啊，如果我处罚这个人，以后还有谁敢说话呢？"

于是，唐太宗赏赐皇甫德参二十四绢。

过了几天，魏征批评唐太宗说："陛下近来不喜欢臣下直言相谏，虽然勉强接受，但不像以前那般豁然。"

唐太宗听后，深以为戒，厚赏魏征，还给他加官，任监察御史，负责监察。

就这个例子来说，唐太宗生气并不能全怪他，因为皇甫德参的批评，确实有言过其实，甚至失之偏激的地方，从而引起了唐太宗的强烈不满。这就引出了一条非常重要的原则，那就是对朝廷和上司提出批评的时候，是不是都必须对事实调查得铁板钉钉般确凿，不能有不实之词，否则便应该以诽谤罪等罪名加以处罚呢？而这个问题又将引发怎样的后果呢？

显然，唐太宗想得比较简单，认为批评者有必要实事求是，夸大其词是要负刑事责任的。但是，魏征就不这么认为，毕竟批评是一种思想和信息的沟通，是对官府工作的期望和监督，不能要求信息掌握不完整，甚至难以知情的批评者拿出确凿的证据，因为批评建议并不是法院的呈堂证供。所以，有必要提高对于批评的认识，推进畅所欲言的良好风气。

要让人敢说话，形成健康民主的风气，关键在于领导人要有胸怀、气度和自信，更需要从保持国家和社会长治久安的战略高度，落实在制度上。魏征曾经就此问题同唐太宗进行过讨论。贞观十五年（641 年），唐太宗感觉到朝廷的气氛不太正常，大臣们不太愿意在朝堂上深入切磋问题，他问魏征是何道理。魏征从容回答道："陛下虚心纳谏，大臣们本来应该大胆说话的。但是，古人说过：'未信而谏，则以为谤己；信而不谏，则谓之尸禄'。"

什么意思呢？就是说不受信任而进谏，会被视为诽谤；受到信任而不劝谏，则是占着官位不做事。

魏征接着说道："每个人的性格不同，懦弱的人心怀忠直却说不出来，疏远的人害怕不被信任而不敢说，吃官俸的人担心对自己不利而不愿说，所以，大家都沉默不言了，混混日子。"

唐太宗回应道："确实如此。我常常想大臣们要进谏，却会担心招来杀身之祸，简直就和赴刑场、上战场没有两样。所以，忠贞之臣不是不想竭诚尽忠，而是这样做实在很难。难怪大禹听到直言真话要向人家拜谢，不正是因为这个道理吗！现在我敞开怀抱，接纳谏诤，大家不要有所畏惧，而不敢把话说透。”

言者无罪，是保证勇于批评、敢讲真话的基本原则。在贞观年间，唐太宗一再重申这条原则，对于健全民主风气极为重要。这是一个很好的做法，到宋朝更加制度化，规定不杀言官，推动了宋朝官员积极为治理国家展开热烈讨论，蔚然成风。

好的领导人，不但要身体力行，成为表率，更重要的是要带动所有成员一起行动，从而推动整个官吏队伍虚心接受批评，才能造成良好的政治局面。唐太宗为此花费了不少心血，他用大多数人喜欢听好话而不容易接受批评作为例子，告诫身边的高级官员说：“自古以来，帝王多任情，高兴了就滥赏无功，发怒了就滥杀无辜，天下丧乱都是因此而引发的。我念兹在兹，日夜警惕，总是要求你们尽情谏诤。而你们也必须接受别人的批评，不能因为他人的意见不符合自己的想法，就护短而不肯接受。如果不能接受批评，又如何能够批评别人呢？”

正是在唐太宗的强力推动下，贞观年代政治风气非常开放而民主，以至于后人往往把纳谏作为这个时代的重要特点。

针砭时弊

贞观年间大臣的进谏，确实非常开放，涉及的面很广，它到底有什么特点给人留下如此深刻的印象，成为古代公认的直言极谏的开明时代呢？我们来看几个例子。

贞观四年（630年），唐太宗下令修缮洛阳宫，准备到洛阳巡视。皇帝巡视四方，体察民情，是非常重要的治国行为。但是，历史上更多见到的是借巡察之名，游山玩水，搜刮奇珍异宝，朝廷百官、地方大员一路追随左右，前呼后拥，犹如蝗虫飞过，庄稼颗粒无存，百姓不堪负担，社会不胜其扰。所以，唐太宗身边负责审议诏令的官员张玄素马上提出反对意见，郑重地给唐太宗上书说道：

秦始皇立国，希望传之千秋万代，然而二世而亡，就是因为穷奢极欲，可知治国必须轻税节俭。现在咱们结束隋末大动乱，社会残破，陛下更应该以身作则，勤俭治国。

首先，陛下去洛阳的日子还没确定，就下令修缮宫殿。而且，亲王们还都没有到任，就需要给他们修筑王宫，又是一项浩大的工程，这些都不是疲惫的百姓所希望的事情吧。

其次，陛下攻克洛阳的时候，将那里的高楼大殿都拆掉了，让天下之人都看到您励精图治的意志，现在要重新修建，岂不是前后矛盾吗？

第三，陛下常常说要出巡，却没有动身，说明此事不是当务之急，那么修缮宫殿便成为徒劳浪费。现在国库没有两年的积蓄，何必造两个雄伟的京城呢？过度征调税役，必将引起民怨。

第四，百姓经过隋末动乱民生凋敝，朝廷抚育，才勉强能够存立，但依然饥寒，三五年间都难以恢复元气，此时此刻，怎么能够营建没有确定行期的都城，夺去疲惫百姓的劳力呢？

第五，当年汉高祖刘邦打算定都洛阳，娄敬一席话，让他顿时打消念头，马上定都长安，那是因为洛阳的地势物产不如关中。陛下教化凋弊之人，革除恶俗，时日尚短，社会未臻和谐，怎么可以就这样东巡呢？

张玄素一口气讲了五大理由，批评的就是一个问题，那就是朝廷不能随便动用民力去修建宫殿。为什么呢？宫殿就是朝廷办公的地方，相当于今天的楼堂馆所。张玄素讲到的汉高祖刘邦，刚刚平定天下的时候，让宰相萧何修建都城，萧何把长安的宫殿修建得雄伟，刘邦见到后勃然大怒，责备道：百姓还没有从战乱中缓过气来，你竟然如此奢侈！要治萧何的罪。萧何解释道：正因为我们国家十分虚弱，我才故意要把宫殿建得雄伟，起到震慑敌人、稳定民心的作用啊。通过这个事例，可以知道楼堂馆所除了在艰难时刻能够虚张声势让人感到有一点依靠之外，几乎是奢侈和铺张浪费的象征，它不产生经济效益，反而显示出官场的奢侈腐败和高踞人上作威作福的做派来。这就是唐太宗打下洛阳之后马上拆除掉老百姓痛恨的隋朝高楼大殿的道理。那是向天下表明自己将同老百姓站在一起励精图治的政治宣示。

既然明白宫殿是耗费民脂民膏的庞然怪兽，为什么皇帝高官都喜爱它呢？因为它不仅仅让权贵们可以享受豪奢，更能够满足他们夸耀权力的虚荣心。这就是为什么在专制集权体制下，大兴土木建造雕梁画栋而屡禁不止的根本原因。

在这方面唐太宗也不能免俗，贞观八年（634 年），宰相房玄龄和高士廉在路上遇到负责修建皇室工程的少府监窦德素，询问他皇宫里面兴建工程，是在盖什么宫殿呢？窦德素回去向唐太宗汇报，太宗不高兴了，找房玄龄和高士廉训斥道："你们只要管好宰相的事情便罢了，我在宫内动点土木，用得着你们过问吗？"房玄龄和高士廉连忙道歉。在一旁的魏征不干了，他当场对唐太宗说道："臣不明白陛下责备什么，也不明白房玄龄和高士廉道歉什么？他们两位既然是宰相，便是皇上的耳目，有工程兴建，怎能不过问呢？陛下做得对，他们应该帮助完成；做得不对，应该奏请陛下停止，这才是君主任用大臣、大臣辅佐君主的道理。房玄龄他们过问此事既然没有错，那么陛下为什么责备他们呢？臣真的不明白了。房玄龄他们不知道自己的职责范围，只知道检讨道歉，臣也不明白。"

一席话说得唐太宗哑口无言，深感愧疚。显然，明君圣主，英雄豪杰都不是天生的，而是在现实生活中历经锤炼并接受监督才磨砺出来的。唐太宗能够成为千古一帝，首先是他积极创建批评权力的制度与氛围；其次是自己首先接受监督；第三便是有一批正直敢言的忠正官员布满朝廷内外。

我们再回到前面说的张玄素进谏的事情上来。张玄素列举了反对兴建洛阳宫殿的五条理由，还进一步上升到政治的高度，说明其危害性，说道：隋朝建造大型宫殿的时候，长安附近没有巨大的树木，就从今天的江西南昌采伐，一根柱子要动用两千个壮丁搬运，用铁轮车子拉曳，漫漫长路，竟要花费数十万钱。其他费用比这还要高出好几倍。难怪在历史上，阿房宫出，秦国离散；乾元殿成，隋朝崩溃。

说到激动之处，张玄素直接质问唐太宗道："以咱们今天社会残破的现状，能够同隋朝相提并论吗？陛下耗费亿万之功，承袭百王之弊，恐怕比起隋炀帝来，更有过之！"

何等尖锐的批评啊！

唐太宗耐着性子听完这通话，心里很不是滋味，张玄素把自己同亡国之君隋炀帝相提并论，难道自己真的如此不堪吗？他问张玄素："你说我不如隋炀帝，那比起桀和纣怎么样呢？"

唐太宗话里显然暗藏着几分情绪，但是，张玄素才不管皇上高兴不高兴，不对的事情他就要直言不讳，所以，他毫不退让地说道："如果陛下把宫殿建起来了，其结果同样是导致社会动乱，没有什么不同的。"

唐太宗被深深地触动了，说道："我思虑不周，才作这样的决定。"

他转过头对房玄龄说道："看来洛阳宫是不该修建，以后如果必须去那里，就算坐在露天也没什么苦的。马上把所有的工程都停掉吧。地位低的人要干预地位高的人的事情，自古不易，如果不是忠直之人，怎么做得到呢？众人唯唯诺诺，不如一个人直言抗辩。可以赏赐张玄素五百匹绢。"

魏征在一旁感叹道："张公真有回天之力啊，正所谓仁者之言，受益广大。"

直言隐私

贞观年间的进谏，不但针对国家事务，而且还屡屡触动唐太宗的个人生活，构成了其谏诤的一个重要方面，甚至可以说是一种特色。

自古英雄多美女，唐太宗也是非常喜爱美人的皇帝，多次选美入宫。贞观二年（628年），长孙皇后为他挑选了隋朝官员郑仁基的女儿，年仅十六七岁，美貌无双，唐太宗聘郑氏为充华，准备入宫。充华为皇帝九嫔之一，官品居正二品，由此可知唐太宗对于郑氏是非常满意的。

正当唐太宗欢天喜地，发布诏书，准备派出使者迎娶美貌嫔妃的时候，魏征出来当面进谏道："陛下身为君主，爱抚百姓，应该忧百姓所忧，乐百姓所乐，以百姓为念，居宫殿要想到让老百姓都有房子住，吃美食要想到老百姓不受饥寒，娶嫔妃要想到老百姓都有家室，这是君主之常道。如今郑氏早已经许配人家，陛下完全不去了解情况，准备迎娶，消息传到各地，岂是为君之道？臣所听闻未必准确，但是担心亏损圣德，所以不敢隐藏在心中，而向陛下直言，特请留意。"

皇帝选妃子，这是宫内机构负责的事务，外朝官员本来不会知道，也不应该插手。可是魏征竟然管了，而且还是有备而来，才能知道郑氏已经许配他人了，如此一来，岂不成为皇上夺人之妻！传出去既难听，又对朝廷的形象造成重大的打击。唐太宗也意识到这一点，克制住内心涌动的喜爱美女的情欲，亲自给魏征写了回信，深深检讨自己，并且下令停止派出迎娶的使者。可是，这件事情并没有到此结束，因为君身无小事，皇上停止迎亲，同样耸人听闻。朝廷高官调查此事后，由宰相房玄龄、温彦博和吏部尚书王珪、御史大夫韦挺一起出面，呈上调查报告，劝唐太宗说："所谓郑氏已有婚约之事，查无实据。皇上迎亲的大礼已经张办了，不能就这样停止下来。"

宰相出来了，负责文化教育和礼仪典制的礼部长官、监察部门的首长全都出来说话，事情变得越来越复杂。郑氏也不同意呀，本来要入宫成为皇上妃子的，突然成了泡影，这哪成呀！于是传说郑氏许配的陆爽出面给皇上写了情况汇报，说道："家父健在的时候，和郑家交往密切，不时有财礼赠答，但是当时并没有涉及嫁娶婚姻关系。外人不知道事情真相，妄加猜测。"

陆氏都出面澄清了，大臣们当然更加起劲劝唐太宗迎娶郑氏。唐太宗本人也对魏征的说法产生疑问，如果这时候唐太宗采取表决的方法作决定，估计魏征是输定了。但是，唐太宗没有这样做，他了不起的地方在于明白是非善恶并不是用表决来决定的。所以，他再去问魏征道："群臣或许是顺着我的旨意说话，可是陆氏为什么也出来极力澄清呢？"

魏征答道："依我看来，他的心思是可以理解的，他把皇上视同太上皇了。"

唐太宗不明白了，问道："此话怎讲呢？"

魏征把唐太宗的父亲李渊当年的旧事翻了出来，仔细道来："太上皇夺取京城不久，获得了辛处俭的妻子，非常宠爱。当时辛处俭在太子东宫任官，太上皇知道后不高兴，下令将他调出东宫，迁往万年县任职。辛处俭因此战战兢兢，害怕自己保不住脑袋。陆氏觉得皇上虽然现在能够容他，但是今后难保不会暗地里加罪处罚，所以才会反复辩白，其意在此，不足为怪。"

唐太宗觉得分析得有道理，笑着说道："外人的看法或许如此，说明我的话没有让人们深信不疑。"

于是唐太宗下敕称："现在听说郑氏女儿，已经接受过人家的聘礼，此前发布诏令选择入宫时，没有了解清楚，这是朕的不对，也是有关部门的过失，故此停止授予郑氏为充华。"

唐太宗接受了魏征的劝谏，下诏检讨自己的错误，这在历史上是难得一见的，所以此诏一出，当时的人们都赞叹不已。

皇帝私生活的事情，是一个人内心最私密的地方，作为臣下非常难以启齿，提出批评需要有更大的勇气。然而，政治风气的败坏，大多始于生活上的放纵与不检点。换一个角度说，敢于对私生活问题提出批评，那是非常难得的，正符合孔子交友时所希望的“友直”，对于个人而言，“诤友”难得，对于国家而言“忠臣”难求。贞观年代的可贵，在于朝廷内那种坚持原则、敢于大胆开展批评的风气。

唐太宗的伟大不在于他永远正确，而在于他知错而能割爱，痛改前非。对于身居庙堂之高的人，这样做是需要很大的勇气的。而真正的勇气，在于能够不断地战胜自己，超越自我。

贞观时代的大臣们，他们了不起的地方不仅在于创业和奋斗的时期，能够随时指出君主朝廷的错漏缺失，更在于繁荣的年代，能够始终戒骄戒躁，以天下为情怀，防微杜渐，夙夜惕励。

贞观十二年（638 年），唐太宗在殿堂上问大臣们，近年来的朝政教化，同前些年相比有什么得失之处？

魏征回答：“如果论朝廷的恩威影响力，令远夷朝贡，那是贞观初年远远比不上的。如果论德义广施，民心悦服，那也同贞观初年相去甚远。”

这话说得唐太宗纳闷了，问道：“远夷归顺，那是德义所致，怎么说以前的功业比今日还大呢？”

魏征说道：“以前四方未定，陛下时时把德义放在心上，后来海内安定无忧了，陛下也跟着骄奢自满起来，所以功业虽然盛大，但是总不如当初。”

唐太宗问道：“我的言行和以前有什么不同呢？”

魏征说道：“贞观之初，陛下担心别人不肯讲真话，所以用心引导大臣进谏。三年之后，遇到有人进谏，还是高高兴兴地接受。这一两年来，变得不喜欢听人谏言了，虽然还硬着头皮听完，但是神色流露出不平，脸色也不好看。”

唐太宗进一步问道："说的是哪件事情呢？"

魏征说道："陛下即位当初，要判处元律师死刑，最高法官孙伏伽进谏，认为元律师罪不至死，不能滥加酷罚。陛下接受了，还赏赐他兰陵公主的园子，价值百万。有人说孙伏伽进谏的是平常事，给他的赏赐太厚了。陛下答道：我即位以来，还没有人出来进谏，所以要赏他。由此可见陛下用心导人进谏。

"徐州管经济的官员柳雄，妄自增加自己在隋朝时代的官阶，被人揭发，陛下让他自首，如果不肯自首便治他的罪。但是，他咬定不肯自首，司法机构审出作伪情节，将判他死罪，法官戴胄认为其罪只当判处流刑。陛下说我已经批下去了，所以必须执行死刑。戴胄坚持道：陛下既然不肯同意，那就把臣交付法官。柳雄罪不当死，不可以滥加酷刑。陛下不接受戴胄的意见，坚持要执行死刑，戴胄也顶着谏诤，你们相持四五天之后，陛下最后还是宽赦了柳雄。而且，陛下还对司法部门说道，只要能够为我坚守法律，还用得着担心发生滥加诛夷的事情吗？这件事反映出陛下还是欢迎进谏的。

"前些年陕县官吏皇甫德参上书，大大触怒陛下，陛下要治他诽谤罪，臣上奏说上书言词不激烈就不能引起君主的注意，而激烈的言词本来就如同诽谤一般。当时陛下虽然接受了臣的劝谏，赏赐二十段绢，但是内心感到不平，表明已经难于接受谏诤了。"

唐太宗听了魏征这一席长言，虚心接受，说道："正像您所说的，如果不是您，没人能够说到这份上。人最难于自我觉悟，您如果没有指出来，我还以为自己没有什么变化，听您这么一说，我还真的对自己的过失感到吃惊。您要保持这份心，朕始终不会违背您所说的话。"

平心静气而论，从这段对话里看不出唐太宗做错了什么事情，只是对于批评不像从前那么由衷欢迎。试想一个皇帝常年身居四面颂声的环境之中，不沾沾自得才是怪事。魏征担心的就是这一点，所以他要不停地给唐太宗敲响警钟，让他始终保持不骄不躁的心理。“贞观之治”之所以取得如此成功，就在于君臣始终怀着敬畏之心，大权在握却战战兢兢、如履薄冰。批评，尤其是尖锐的批评是难得一求的良药。勇于接受批评，才是充满自信和恢弘气度的表现。

第十五章
多措施反腐败

国家和人一样，保持肌体的健康是最重要的事情。如何保持健康呢？我们知道最重要的有两个方面，一是保持朝气，精神愉悦，蓬勃向上；二是防止病毒细菌的入侵。对于国家来说，保持朝气就体现在弘扬正气，尊重道德，明辨是非，公平正义，这是唐朝以文德治国、建立国家核心价值观的基本点。同时，必须防止各种歪风邪气的侵蚀，提高免疫力，这就需要铁腕治理腐败，防微杜渐。

腐败绝不仅仅是一个追求安逸和捞取经济利益的问题，它是糖衣炮弹，腐蚀人们的意志，造成道德品质的堕落，破坏社会的公平正义，使得老百姓和朝廷离心离德，最后走向对立。

从人事的源头上防止腐败

有效地防止腐败，必须找到这个时代造成腐败的源头，源头不杜绝，反腐败就会陷入泥沼，成为一场没有尽头的斗争。

那么，有可能成为唐朝腐败的根源在哪里呢？从唐朝建立以后的情况来看，人事上的腐败是一个重要的原因。

唐高祖时期，腐败的情况并不少见，政纪不严，尤其在人事上任人唯亲的现象比较明显。这种情况同当时的形势有很大的关系，最突出的原因有两条，一是特定历史条件下不得已的手段，二是为了私利而破坏公正用人的原则。

第一种情况，在唐高祖李渊打天下的时期，为了壮大自己，曾经采取了招降纳叛的办法，重用隋朝官僚，封官赐爵，大加封赏，这实际上是一种收买政策。例如隋朝末年有一个官员叫封伦，善于揣摩人意，逢迎邀宠。隋朝有一位强势宰相名叫杨素，隋文帝派他负责建造仁寿宫，也就是后来唐朝改称的九成宫，唐朝宰相魏征为此宫写了《九成宫醴泉铭》，由著名书法家欧阳询书写，流传千古。杨素生性喜欢壮丽，把仁寿宫打造得金碧辉煌。隋文帝是个俭朴的人，本意是想在都城不远处的山地修建朴素的行宫，用来避暑，没想到建造得如此奢华，勃然大怒，痛斥杨素挥霍民脂民膏，让自己和百姓结怨，要拿他问罪。杨素吓得手足无措，跑去向封伦问计。封伦安慰杨素说："用不着紧张，明天你不但不会被问罪，反而会得到封赏。"杨素将信将疑，惴惴不安过了一夜，第二天竟然如同封伦所料，杨素得到隋文帝的表彰。这回杨素弄不明白了，再去问封伦。封伦笑道："皇上节俭，刚见到宫殿如此铺张，当然不高兴。但是，皇后见了就不一样了，女人哪个不爱奢华的呢？皇上是出了名的怕老婆，皇后高兴了，皇上当然就变卦了嘛。"杨素恍然大悟，说道："揣摩人意，我自愧不如啊！"

封伦就是这么一号投机弄权的人，在专制君主隋炀帝跟前，更是得宠。隋朝末年，天下大乱，他却把告急的奏章都压下去，专门挑隋炀帝喜欢的歌功颂德的表文上报，暗地里却和密谋叛乱的宇文化及勾结。宇文化及政变，杀害隋炀帝，封伦看出宇文化及成不了气候，便留心寻找新的主人，最后投降唐朝。唐高祖起义当初，招降纳叛，封伦善于说顺风的话，文笔又好，所以获得重用。唐太宗和太子李建成争夺接班人的位子，竞相收买大臣，封伦更是如鱼得水，他放胆收取各方送来的财宝，对唐高祖李渊密奏："李世民功高，不服太子，如果不想立他，就要趁早除掉。"然后，跑去对太子说："为国家就不要眷念亲情，不然后悔莫及。"李渊打算对李世民采取措施，封伦又表示反对，向李世民卖人情。他就这样游走于三方，大家还都以为他忠心耿耿。

封伦善于掩饰，平时穿戴非常俭朴，住的地方也很平常，其实，他暗中挑事，收取各方的好处，受贿不计其数。

从封伦的身上，我们得到什么启示呢？它表明收买是换不来真正的忠诚的，只会损害正气，把官场变得龌龊，沆瀣一气，腐败堕落。所以，国家一旦稳固，进入和平建设时期，一定要从停止特定历史时期采用的收买等权宜之计，树立正气。

第二种情况更加常见，那就是在用人上采取狭隘的小集团主义，任人唯亲。唐高祖李渊重用裴寂就是一个典型的例子。裴寂出自河东大姓，在隋炀帝末年当上晋阳宫副监。李渊到太原担任留守，两人原来是朋友，现在成为上下级，关系非同一般了，一起吃喝，下棋游戏，玩起来几天几夜都在一块儿，不分彼此。李渊起义，裴寂大力支持，成为李渊的头号心腹。唐朝建立之后，裴寂成为宰相，得到很多的赏赐，而且，唐高祖还让御厨天天给裴寂送酒食，超常的待遇，无人能比。

可是，裴寂的能力实在有限。河北军阀刘武周进攻太原，唐高祖让裴寂率领大军驰往抵御，双方在今日山西介休交战，裴寂竟然将部队驻扎在一个缺水的地方，结果被敌军断了水路，全军溃散，他自己仓皇出逃，骑马狂奔一天一夜，总算逃脱。这一仗有点像当年诸葛亮用马谡守街亭，也是因为被敌军切断水源而溃败。情况虽然相似，但是结果大不相同，诸葛亮挥泪斩马谡，维持了军纪和原则，李渊却偏袒裴寂，不但没有处罚，还派人送去慰问信，让裴寂继续带兵。裴寂见敌军势大，胆怯避战，强令百姓烧掉房屋粮食，统统搬入据点中，被动防守，称作"坚壁清野"。仗还没打，老百姓已经被折腾得惊恐万状，怨声载道，不少人干脆转而支持敌人。这样的仗结果不说也明白，自然是大败，造成唐朝所在的关中地区暴露在敌人的兵锋之前，局势突然变得危急起来。这么大的失败，唐高祖只是轻描淡写地批评几句，象征性地撤掉裴寂官职，但是马上重新启用，更加宠信。这般偏袒亲信，叫百官如何服气呢？更要命的是让大家觉得怎么做事都不重要，善恶是非都是表面文章，关键要跟对人，天塌下来都砸不到自己。于是，各种枉法行为层出不穷。

裴寂的事例告诉人们，任人唯亲破坏的是正义和法制，一个朝廷要是没有规矩，只有帮派和利益，那么朝政一定紊乱，腐败必然滋长。

眼前活生生的事例，给唐太宗上了最好的课。所以，他当皇帝以后马上强力扭转人事上的乱象。取消了用收买换忠诚的做法，坚决抵制任人唯亲，前面我们曾经专门介绍了唐太宗断然拒绝秦王府老部下伸手要官的情况，坚持了公正用人的原则。而且，他还先后罢免了封伦、裴寂等高官。在罢免裴寂的时候，唐太宗当面批评他说："武德之时，政刑纰缪，官方弛紊，职公之由。但以旧情，不能极法，归扫坟墓，何得复辞？"（《旧唐书·裴寂传》）

用人上的公正如此重要，反腐败就首先要从澄清吏治切入。唐太宗曾经说过："用一君子，则君子皆至；用一小人，则小人竞进矣"（《资治通鉴》"贞观六年"），所以，他坚决不搞任人唯亲。从两个方面来贯彻公平公正的用人原则：

第一，通过严格的考试制度来选拔人才，既注重个人的创造性，又强调对法律法规的掌握和运用。这个问题，我们在前面讲用人制度的时候专门作过介绍，这里不再重复。

第二，运用考核的杠杆来加强对于官吏的监督和管理。唐朝官吏考核，在完成本职工作的基础上，着重考察官吏的品德、清廉、公正和勤政，核心就是考察官吏的道德作风。官吏职位的升降主要不是同事务性的所谓“政绩”相挂钩，而是更加看重官吏以身作则、勤政安民等造福地方社会的“德政”，并且强调每一个层级的多岗位历练，培养有理想情操和真本事的人才，破除官吏提拔上急功近利的做法，升迁有严格的制度性途径，避免靠关系提拔，用制度去堵住人事腐败的源头。

用人公平，官吏依法施政，有效防止买官卖官的古代官场痼疾，也堵住了利用手中权力寻租的途径，使得政风变得清廉。这就使得官员的腐败难以蔓延甚至形成风气，而只能限制在个人暗地里的行为，并且为人所不齿。

善于治国的领导人，一定善于治官，澄清吏治，才能管理好社会。官风正，则民风亦正。所以，对于官吏的监督考核必须动真格，绝不能走过场，流于形式。唐太宗把各地主要负责人的名字写在寝宫的屏风之上，将他们做过的善事记在名字下面，夜深人静时分，总要一个个去琢磨，想想这些人能否胜任。地方官吏的好坏，直接关系到国家的治乱，朝廷的组织部门和监察部门要监督他们，最高领导人也决不能掉以轻心，唐太宗常常为地方官的选任操心，以致晚上睡不着觉。

唐朝的年度考核相当严格，就以贞观二十年（646 年）为例，这一年考核刺史县令以下的地方官，结果一方面有一千多人因为政绩不佳而受到处罚，有七人严重犯罪而被处斩。另一方面，则有二十人因为政绩优异而获得提升。唐太宗时期的官吏人数不多，从上述统计数字来看，对官吏的考核是全面推行的，毫不含糊。正是因为唐太宗对于吏治抓得很紧，所以，贞观时代有效地防止了官府的腐败，维护了政风的端正。总的来说，重大贪污腐败的案件并不多，《贞观政要·政体》评价道：

> 深恶官吏贪浊，有枉法受财者，必无赦免。在京流外有犯赃者，皆遣执奏，随其所犯，置以重法。由是官吏多自清谨。制驭王公、妃主之家，大姓豪猾之伍，皆畏威屏迹，无敢侵欺细人。

制度化、法制化推进反腐败

唐朝建立以后，历经唐高祖、唐太宗、唐高宗三代，多次修订法律政令，使之不断完善提高，成为中国古代法制史的一座丰碑。

唐朝制定的法律法规，一个基本精神就是强化对于权力的制约和对于官吏的法律监督，重点防范和惩治职务犯罪。这可以分为三个层面来讲。

第一个层面，腐败的发生首先是因为权力太大，而且不受制约，或者制约力甚弱，这就造成了滥用权力，以至于权力寻租的情况发生。

对此，唐朝双管齐下，首先在朝廷制度的顶层设计上，对以往统领百官的宰相权力进行合理分割，设立尚书省、中书省和门下省三个平级机构，分别掌管行政、决策和审议批准，相互制约，理性决策。同时，把制定政令同贯彻执行分割开来，制定政令的不负责具体行政，执行部门不具有制定政策的权力，防止政策被利益所绑架，关于这个问题，我们在前面讲解唐朝制度的时候作了详细的介绍。

第二个层面，是从法规上严格规定每个政府部分的权力、职责、编制、每个岗位的权限、办理具体事务所需要提供的材料、办事的时限、处理的程序，等等。唐朝法律，从《唐六典》到唐朝律、令、格、式，有着非常完整而详密的法律规定。把官府和官吏的权责利都用法律法规的形式规定下来，成为明明白白的制度。让权力受到监督制约，是预防腐败最有效的途径。

第三个层面，是通过法律惩治官吏的经济犯罪。唐律将官吏的经济犯罪主要分成六种，也就是受财枉法、受财不枉法、强盗、窃盗、监临官受所监临财物、非监临官因事接收他人财物，这就是有名的“六赃”之罪。

大家都知道，贪赃枉法是严重的职务犯罪，必须严厉惩办，最高可以处以死刑。所以，关于第一种的“受财枉法”，无须多作论述。

“受财枉法”是显性的犯罪，有人就说，那我收人钱财，不给他办事，不枉法，那不就没有犯罪了吗？常言道：“盗亦有道”，拿人钱财却不给人办事，这种行为是连腐败的“规矩”都不遵守了。唐朝不容忍官吏的腐败行为，那怎么可以收取他人钱财呢？所以，唐朝针对这种情况设立了“受财不枉法”的罪名，怎么法办呢？拿钱不办事虽然没有枉法，但是，这种行为与诈骗有什么差异呢，所以唐朝就按照欺骗财物罪来法办，比照盗窃罪量刑。

在“六赃”中，或许有人不理解，官吏手中有权，还会去做强盗或者窃盗吗？岂不是太下作了？原来，唐朝对于“盗”是这样定义的：公开或者秘密取得并且实际占有他人财物的行为。所谓的“强盗”，就是利用手中的权力掠夺他人的财物，这同使用暴力或者以暴力相威胁掠夺他人财物是一样的；至于官吏用隐秘的手法，把别人的财物占为己有，就等同于盗窃。一句话，以权谋私，掠夺公私财物，在唐朝就是强盗，或者小偷，都属于犯罪行为。

主管官员私下收受所管辖范围内的官、民财物，不管对方是自愿的，还是官吏索取、暗示乃至威胁恐吓而获得的，统统属于犯罪行为。即使是采用“借”的名义，以及主管官吏的家属收受财物，不论主管官吏知情还是不知情，都要受到惩处。

第六种的“非监临官因事接收他人财物”是怎么回事呢？这一条在唐律中称作“坐赃”，适用的范围很广，凡是依仗官势索取财物，不管是乞讨还是强要，都纳入这条罪行之中，甚至包括做假账、浪费公物、擅自出借公家东西等，都要追究刑事责任。有人说当官的可以吃公家的，只要不拿就行了。这种情况，这条法律就起作用了，吃也不行，多吃多占，同样要到监牢里去“瘦身”。

唐朝在反腐败上是非常坚决的，“六赃”属于官吏的经济犯罪，惩处是罪有应得。问题是有些官吏滥用权力，作威作福，他没有贪污等经济犯罪，法律就拿他无可奈何了。然而，唐朝对此也有严格的规定，官吏擅自兴建各种工程，乱收税费，层层加码盘剥百姓，隐瞒谎报灾情，不执行朝廷惠民政策等，都构成犯罪，需要追究刑事责任。

唐朝对于官吏腐败的惩治非常严格，而且不予宽贷。从唐朝建立伊始，就建立了严厉的反腐败法律，《新唐书·刑法志》记载，武德二年(619年)，新建立的唐朝很快就制定新的法令，颁布《格》五十三条，其中特别规定，官吏收受贿赂，贪赃枉法，一律不在赦免之列。这条规定被唐太宗所继承，成为唐朝惩治管理腐败的传统做法。《贞观政要·政体》记载，唐太宗“深恶官吏贪浊，有枉法受财者，必无赦免。在京流外有犯赃者，皆遣执奏，随其所犯，置以重法”。不仅对于京官如此，地方官腐败，也必须上报给唐太宗，依照法律，从重处罚。

显然，唐太宗把吏治和反腐败提到关乎国家兴亡的战略高度，绝不手软，常抓不懈，以确保国家肌体的健全。

坚持正面教育，提高道德水平

惩治贪官只是亡羊补牢，但它已经给国家和社会造成了损失，更好的办法应该是防患于未然。因此，反腐败不但要有铁腕，还需要提高官吏乃至全社会的道德水平，强化对于官吏的正面教育，提高反腐倡廉的自觉性。

唐太宗非常重视对于官员的正面教育，多次同官员们讲腐败的危害性，甚至给他们算一笔账，让百官明白贪污腐败其实是因小失大，得不偿失。

贞观二年（628年），唐太宗给大臣们讲了一个故事，说的是战国时代，秦惠王想灭掉蜀国，但是，他不清楚入川的道路，就想了一条妙计，让工匠雕刻五头石牛，把金子放在牛后边。蜀国的人见到，以为石牛会拉金屎，高高兴兴地把石牛拖回去。蜀道自古难行，为了拖回石牛，蜀王派了五位大力士开山劈岭修出一条路来。没想到道路一通，秦国的军队就打进来，把蜀国给灭了。这就是贪心的结果。所以，唐太宗告诫百官道：“为主贪，必丧其国；为臣贪，必亡其身。”(《贞观政要·贪鄙》)

这个故事，很多人都知道，可是官吏中间依然有人贪污，他们往往只看到眼前的利益，利令智昏，连简单的账都不会算。所以，唐太宗要帮助他们算清楚，让他们计算一下五品官员一年的俸禄有多少，再加上各种待遇，以及受到的尊重，这是一笔多大的收入。而贪污受贿，不过几万钱，拿了以后整天惴惴不安，一旦败露，不但赃款充公，还要剥夺公职，身陷牢狱，遭人唾弃，岂不是因小失大吗？

这笔账，唐太宗同大臣们反复算过多次。唐太宗拿明珠作比喻，明珠虽然珍贵，却只是身外之物，用来打鸟，大家会觉得可惜。可是，就有人把它看得比性命还重要，甚至为了金钱不怕触犯法网，收受珠宝。其实，大家只要竭尽忠诚，利国利民，马上就能获得官位爵禄，何苦去贪污受贿，事情败露，连命都保不住？国君也是如此，纵情享乐，疏远忠良，无不灭亡，隋炀帝就是前车之鉴。

前面曾经提到过的御史权万纪，不好好承担起监察违法乱纪的本职工作，而是到处找财路，建议唐太宗开银矿发财的故事。结果被唐太宗训斥之后罢官。这件事情在唐朝引起很大的反响。通过这件事，唐太宗要告诫百官，各个政府部门必须全心全意做好本职工作，而不允许不务正业去谋求经济利益，唯利是图，被利益所驱动。国家的首要目标是建设公平正义的法治社会，有了公平正义和“有益于百姓”(《贞观政要·贪鄙》)的基本原则，社会道德才能树立起来，人人皆有廉耻之心，明辨善恶是非，国家就好治理了。

贞观六年（632年），朝廷的右卫将军陈万福从皇上著名的行宫九成宫回到首都长安，这一路他住在官方的驿站时，多拿了驿站几石的麸子，也就是小麦磨成面筛过后剩下的麦皮和碎屑，拿来饲养牲畜。这算不上是什么大事，但是，毕竟是多拿公物，贪小便宜，必须予以训诫，防微杜渐。所以，回来之后，唐太宗在朝廷上宣布赏赐陈万福麸子，让他自己背回家去。这下子让陈万福羞愧不已，恨不得打地洞钻进去。有了廉耻之心，略施薄惩，就足以煞住不正之风。反腐败还必须从精神文明建设上下大功夫。

唐太宗送给大臣们一条古训，叫作“祸福无门，惟人所召”。提高思想觉悟，恪守道德是最根本的。防止腐败，不管是严厉肃贪，还是制度制约，都是有限度的，要真正杜绝腐败，就必须从自身的道德修养和生活观念做起，勤修内功，理性生活，才能抵制权力、物质、金钱、美色等各种利益诱惑。自己有了定力，才能够做到百毒不侵。国家在反腐败的时候，也必须高度注意这个方面，内外兼治，达到最大的效果。

到这里，我们讲完了唐太宗治国经验的第一编和第二编，已经把唐太宗治国蓝图的基本轮廓勾画出来了。从上面的介绍，我们看到了什么呢？

我们看到唐太宗心中有一个非常宏伟的梦，他倾尽全力正在建构中国历史上前所未有的国家，这个国家的规模、气度、品格和内在的机制，都是以往不能比拟的。用唐太宗自己打的比喻来讲，他正在建造一艘巨大而坚固的航船，这就是唐王朝。

首先，大船航行靠舵手。作为掌舵的船长，唐太宗给自己提出了很高的要求，治国先正君，严于律己，学以致用，做一个高瞻远瞩的领导人，开盛世基业。

其次，是要给航船找到正确的方向，这就是唐太宗登基以后展开关于从战争到和平建筑的政治转型大讨论的出发点，通过各种思想的激烈交锋，统一了君臣的思想，确立了依法治国为基础的以文德治国、藏富于民的国策。

第三，唐太宗深深知道，伟大事业的成败，取决于能不能聚拢起一批具有共同理想并愿意为之奋斗的人才。对于国家来说，官吏队伍是事业成败的关键，而组建这支队伍的关键又是什么呢？决不能是权力和金钱的利益追求，而是具有正直、公平、廉洁、勤奋、能力、品格和服务于老百姓的信念。为此，唐朝建立起系统的官员选拔、考核及奖励处罚的系统，大批提拔忠于国家、忠于职守的官员，给唐朝这艘巨轮配备了精干的各级船员。

第四，要保证航海的安全，不但要有千里眼，还要有顺风耳。所以，唐太宗广开言路，尽可能充分地了解航路上的各种艰难险阻，从而能够趋吉避凶，正所谓“小心驶得万年船”。

第五，要航船坚固耐用，就一定要注意经常性的养护，清除蛀虫，抵御各种侵蚀，还必须严格按照规定来操作。所以，唐太宗非常重视预防腐败，惩治职务犯罪。

通过这五个方面的建设，唐朝这条大船已经可以出海了。接下来的首要问题，就是如何驾驶这条大船？唐太宗君臣为此殚精竭虑，如履薄冰。为什么呢？因为船再好也抵不住万顷波涛。唐太宗把朝廷比作船，把老百姓比作水，“水能载舟，亦能覆舟”，朝廷再强大，也必须顺民心，从民欲，才不至于翻船。所以，执政者应该始终保持清醒的头脑，牢牢把握住大方向，一定要对国家的职责有深刻的理解，知道国家要做什么、不做什么，既要有所为有所不为，还必须知道如何顺势而为。这看似简单的问题，却大有讲究，丝毫不能简慢胡来，轻重缓急，依次展开，便是一篇治国的大文章。

第三编

建设核心价值观和主流文化

第十六章
开放心态接纳多元文化

前面介绍过，唐太宗在执政之后展开了一场确立基本国策的大讨论，把百官的思想统一到以民为本、以德治国的路线上来，奠定了唐朝走向繁荣的思想基础。同样的，在文化建设方面，唐太宗也把确立什么样的文化政策这个基本问题拿出来同大臣们一起讨论，明确认识，找准方向。

关于音律的大讨论

这场关系到唐朝文化兴衰的大讨论是在什么样的背景下展开的呢？

五胡十六国以来，一方面是政治动乱，政权更替；另一方面则又呈现出多个民族纷纷涌入中原，同时带来了丰富多彩的外来文化。这两个因素共同作用，在很大程度上改变了中国传统社会文化的面貌。对于每一个新建立的王朝而言，面对多元文化交融的局面，采取什么样的国家政策便是至关重要的事情了。

多元文化的碰撞和交融，在每一个具体的层面和问题上，都会在不经意间产生。唐朝建立之后，面对中外乐器混杂、中外音乐并存的现状，国家有必要制定一个乐律的基本标准，也就是要确定音阶音律，才不会各奏各的调，杂乱无章。谁也没有意料到，这件事情却引起了唐朝文化政策的讨论。

贞观二年（628 年），分管乐舞艺术的太常寺副长官祖孝孙把新制定音律乐曲上报给了唐太宗。国家制定统一的音律音阶，这件事情看起来不是什么难事。可是，从隋朝建立直到唐太宗登基，这么长的时间就没有完成，现在总算制定了统一的乐律标准，唐太宗非常高兴，说道："制定礼乐是圣人取法自然而设立的教化，用作调适人们的情感，政治的好坏，与此有什么关系呢？"

唐太宗的这番话是什么意思呢？他是有所指的，远则指斥儒家传统的音乐理论，近则批判隋文帝以政治粗暴干涉制定音律的行为。

儒家传统的音乐理论认为音乐是为政治服务的，好的音乐可以改善人心，移风易俗，起到政治教化的作用。相反，坏的音乐会引导人们道德堕落，涣散民心。儒家音乐理论一直占据着主导地位，到魏晋思想解放运动兴起的时候，革新思想家嵇康撰写了《声无哀乐论》，正面批判儒家把音乐政治化的理论，指出音乐的本质是音声的和谐完美，追求的是"和"于天地自然，而喜怒哀乐则是人的情感，并不是音乐的感情。人们只会感受到音乐是否和谐、音声是否完美，至于从音乐中产生什么样的情感波动，完全是由于人本身的思想造成的，心情好的时候，听什么音乐都是喜悦的；相反，思想淫邪的人，听什么音乐都会往堕落之处想象，这不能怪罪于音乐。所以，音乐不会诲淫诲盗，没有政治教化的功能。

嵇康对音乐政治化的批判，打在要害上，十分有力，给当时外来文化艺术的传播普及起到了很大的促进作用，思想开明的人大多支持嵇康的观点，唐太宗就是其中之一，他对于音乐的评论就是由此而发的。

然而，政治人物未必都是思想解放的先锋，有些人出于各式各样的利益关系而秉持保守的文化立场，隋文帝就是一个代表。隋朝建立之后，隋文帝从所谓“功成修乐”立场出发，命令相关人员制定音律。此事主要由重臣郑译负责，他曾经追随龟兹（国都在今新疆库车）乐师苏祇婆学习，深通西域音调，并据此同中原雅乐相融合，制定了七声十二律旋相为宫的“八十四宫”宫调体系，所定音阶恰好和当时流行的俗乐相符，其定乐的方法正代表着本国与外来、俗乐与雅乐之间融合提高的潮流。

郑译的革新遭到国子博士，也就是国家最高学府教授何妥的攻击，出乎大家意料之外。而且，遭到反对的原因竟然同音乐艺术没有什么关系，而是出于政治上的争宠。何妥没有多少音乐素养，但他能言善辩，而且非常明白外行如何打败内行的秘诀。在高度专制的体制下，专业特长是没有话语权的，上面说你对就对、说你错就错，根本用不着证明。因此，何妥只需要说服一个人就能够扭转乾坤。这个人是谁呢？隋文帝。

隋文帝有那么好蒙骗的吗？此人以精明多疑著称。但是，没有关系，知道两个道理，一样手到擒来。第一，什么事情都要大权独揽的人，在很多事情上是道听途说、冒充内行，却又自以为是。所以千万不要同他讲专业知识，这个他听不懂，还以为你在看不起他，就像猴子教老虎怎样爬树，不吃掉你才怪。应该像狐狸那样，花言巧语哄得老虎跟在自己身后逛大街，何等威风神气。那怎么做呢？用他听得懂的其他话题把他绕晕了就成。第二，要明白皇帝心里真正想要的是什么，投其所好，那就无往不胜。

何妥看透了，隋文帝修订乐律，纯粹是为了粉饰自己的丰功伟绩。皇上有唯我独尊企图心，那就好办了。

何妥慢慢开导起只懂得音乐皮毛却自命不凡的隋文帝来，根据儒家以乐律附会人事的理论，先讲一通“黄钟者，以象人君之德”的道理，造成先入为主的印象，然后再演奏一曲黄钟之调，果然听得文帝大悦，

赞叹道："滔滔和雅，甚与我心会。"（《隋书·音乐志》）

何妥把隋文帝说动了，告诉他，音乐的宫、商、角、徵、羽五音分别对应君、臣、民、事、物，君必须唯我独尊，所以只能演奏黄钟宫一调，千万不能转调，因为一旦转调，君岂不变为臣，岂有此理！

这些纯属无稽之谈，可是隋文帝相信啊，因此，他拍板了，所有从西域传来的音律统统不予采用，雅乐只准演奏黄钟宫一个调子……这个决定，是音乐史上的一次大倒退。何妥用似是而非的文化复古主义理论，摈弃外来文化，扼杀进步，竟然取得成功。

所幸的是隋朝短命，很快就灭亡了。制定音律的问题重新提上议事日程，这回遇到了坚持文化多元、思想开放的唐太宗，被颠倒的事情重新颠倒过来，拨乱反正，进步终于战胜了倒退。

当然，秉持文化复古立场的人绝非个别。所以，接着唐太宗的话，御史大夫杜淹便发表了反对的意见，说道："前朝的兴亡，确实是由于音乐造成的。陈朝将要灭亡的时候，演奏的是《玉树后庭花》；北齐将要灭亡的时候，演奏的是《伴侣曲》，路上听到的人无不落泪，悲叹为亡国之音。这些事例证明国家灭亡确实是音乐造成的。"

对于沉浸在观念的世界里面，固执己见的人，最好的说服方法就是让事实来说话，实践是检验真理的标准。所以，唐太宗回应道："不是那样的，音声怎么会感化一个人？高兴的人听了高兴，哀伤的人听了哀伤，喜悦悲伤是由于自己而引起的，而不是音乐造成的。行将灭亡的政治，国人的心都是苦的，心苦时听音乐，悲从中来，所以听起来全是哀伤的。哪里有哀怨的曲调能让喜悦的人转而悲伤的呢？现在《玉树后庭花》和《伴侣》的曲子都在，朕能够为诸位弹奏，我知道你们一定不会悲哀的。"

杜淹没有话可说了。执着于先入为主的观念，那就是偏见，只有破除偏见，才能够获得正确的认识，同时也开阔自己的胸襟，去接受整个世界。在一旁的魏征发言道："古人说，礼呀，礼呀，仅仅是指玉帛说的吗？乐呀，乐呀，仅仅是指钟鼓说的吗？欢乐在于人和，不是因为音调所决定的。"

唐太宗非常赞同魏征的说法。

贞观二年发生的这次音乐讨论，如同前一年对于治国基本原则的大辩论一样，后者确立了唐朝以文德治国的国策，前者则确立了唐朝的文化政策，那就是解放思想，破除束缚文化发展的陈旧观念和教条，承认文化的多样性，兼收并蓄，萃取各种文化之精华于一炉，积极推动文化的繁荣。

正是唐朝采取了开放的文化政策，才出现了融合世界文化的盛大局面，让各种文化艺术都有了无比宽广的成长空间，百花齐放，争奇斗艳，在相互促进，相互融合中，造成中国文化的鼎盛时代，规模之大、水平之高、艺术之美、创造之新都达到了后世难以望其项背的高度。

唐朝就像搭了一个巨大的舞台，让全世界的文化艺术都可以在这里尽情地表演展露，优胜劣汰，五彩缤纷。世界级的舞台，包容世界的胸怀，必定有世界级的水平。

这就给人们一个重要的启示，国家要做的是什么呢？耗尽人力物力训练一支支自己的队伍去摘取各项金牌，固然不错，却是事倍功半。如果换一个思路，搭建最好的舞台和最佳的表演环境，让全世界最好的队伍都来表演，既来之则安之，尽取天下英才为我所用，岂不是事半功倍！由此看来，聪明的国家要做的是创建最好的环境和最完善的设施，成为全世界的人才高地。所谓的人才高地，不仅是精英人才在人口中的比例，更是所有的人才都想到你这里来的强大吸引力。这种吸引力源自清明的政治，先进的制度，公平的法律，公正的官府，宽松的文化政策，崇尚道德的社会，诚信友善的人际关系和海纳百川的包容胸襟。千条万条，归结起来就是道德与法治。

各族融合带来生活方式大变化

造成唐朝文化的盛大局面的根本原因，最重要的有两条，一是多元，二是开放。前面介绍了唐朝积极吸收古今中外优秀的文化，打破以往带有偏见的限制，采取兼收并蓄、海纳百川的开放性政策，从而出现了文化空前繁荣的盛大局面。这是唐朝文化开放政策的巨大成就。

我们进一步深入思考，文化开放政策是国家对文化的管理和引导，而文化繁荣的要素从何而来呢？宋朝的文化政策也很宽松，为什么气象就没有唐朝那般恢弘壮大呢？

新疆吐鲁番曾出土过一幅唐朝画作。画面上唐朝妇女发髻高高盘旋而起，眉心贴着飘逸的图案，像一支盛开的奇葩，更似展翅飞舞的吉祥鸟。唐朝诗人温庭筠咏叹道："脸上金霞细，眉间翠钿深"（《南歌子》），显然，这就是唐朝妇女非常流行的翠钿装扮。再看她的服装：紧身的上衣，袖口收紧；外面加一件直领半臂，收腰，半臂裳上绣着婉转曲折的忍冬花纹，同女性丰腴婀娜的身材相映衬，打扮优美入时。

那时妇女的高发髻明显是受到北方游牧民族的影响。尤其是北魏以来在政坛上居于主导地位的鲜卑族，其妇女喜爱梳高发髻。而眉心所贴的翠钿则是汉族的装扮。相传南朝的刘宋王朝，有一位寿阳公主，横卧时有一朵梅花飘落在她额上，怎么也拂不去，宫内众人都觉得新奇而美丽，纷纷效仿，剪出美丽的花瓣图样贴在眉心，流行开来，演变成为翠钿这种化妆样式。

至于窄袖紧身的衣裳，和南方流行的长袖宽衣迥然各异，是北方游牧民族的装束，便于骑马驰骋。五胡十六国以后，随着各个民族纷纷涌入中原，他们的衣饰装扮也传了进来，深受欢迎。唐代有一件牵马俑，汉族男士穿着大翻领的上装，显然也属于胡服。由此可知，唐代非常流行穿胡服，无论男女。

汉地是农业社会，安土重迁，平日居家，丝绣彩染的宽衣大袍更加舒适华丽。于是，外来的和中原的服饰搭配起来穿戴，比如女性在紧身的胡服外面加一件中原传统的半臂衣，这种穿戴随处可见，既便于活动，又展示优美身段，款款而立，把胡服汉装融为一体。

各民族文化要素的吸收，进而在设计上将它们巧妙地融合在一起，便形成了新的服装样式，不断推陈出新，层出不穷。因此，每当人们讲起唐朝的服装，无不交口称赞，那真是千姿百态，争奇斗艳。今天我们所能见到的各种妇女时装样式，在唐朝几乎都能够见到，长安几乎就是世界服装的大舞台。这里所见到的只是胡汉融合的一鳞半爪。

实际上，外来文化对于中原的影响是非常宽广而深刻的，不仅流露在外表，还渗透进内里。大家可能不太清楚，汉朝的服装，基本上是“上衣下裳”，也就是上身穿有袖子的上衣，而下身穿裙子。冬令季节，在裙内穿“袴”。这种“袴”的功能在于给腿部保暖，其外面有裙子，如果不穿裙子，直接把袴子露在外面，便是失礼。南朝刘宋皇族刘袭，到郢州当刺史。郢州就是今日的武昌，那是个有名的火炉，刘袭热得受不了，干脆只穿袴子在衙门厅堂上办公，凉快是凉快了，却落下坏名声，被史家记了下来，评为“庸鄙”。

因为袴子外面要穿裙子，所以里面是开裆的，就像周岁小儿的开裆裤。游牧民族成天要骑马，穿开裆裤就很不方便了，所以他们的裤裆是缝合的，也就是满裆裤。这种装束传入中原，流行了起来，到隋唐时代，男子的服装从“上衣下裙”变为“上衣下裤”。《旧唐书·舆服志》说：“北朝则杂以戎夷之制，爰自北齐，有长帽、短靴、合袴、袄子，朱紫玄黄，各任所好。”正是胡汉各族服饰装扮的大融合，才造成唐朝服饰空前繁荣的盛大局面。

各族文化在唐朝这个大舞台上竞相演出，极大地丰富了唐朝社会生活，也改变了人们的生活样式。今天的人们习以为常的许多生活习惯，其实是在胡汉文化融合中形成的。例如我们日常读书写字，甚至吃饭喝酒，都是坐在椅子上，围着桌子进行的。然而，如果仔细想一想，我们是从什么时候坐起椅子来的呢？提出这个问题恐怕会引来许多人的嘲笑，这难道不是自古以来就如此的吗？前些年有人拍卖汉朝的凳子，价值过亿，不就是最好的证明吗？可是，这样想还真的错了。那张所谓的汉朝凳子被揭穿是假货。大家耳熟能详的鸿门宴片段，项羽设宴招待刘邦，席间项庄起身舞剑，试图寻机刺死刘邦。场上的空气紧张得快要凝固了。这时候，刘邦的部将樊哙持盾牌冲倒卫士，闯了进来，挺身保护刘邦。项羽见到樊哙是一员勇士，暗地称赞，赏他一条生猪腿，樊哙将盾牌放在地上，拔出剑来，边切边吃。从这段描写不难明白，当时人都是席地而坐的。五胡十六国以后，传来了许多外来的文明，很大程度改变了中原的生产和生活习俗。

游牧民总是带着可以折叠的坐具，骑马累了，可以随时随地打开折椅，坐下来休息。这种椅子也称作“交床”“交椅”，这就是汉语中“坐头把交椅”说法的由来。实际上，最初的名称不是“椅”，而是“床”。什么是“床”呢？按照东汉末年刘熙所撰《释名》的解释，床是用来装载的器具。所以，古代所称的“床”并不像今天专门用来指卧具。到隋唐时代，外来的胡床从名称到形状都发生了变化。首先是名称上的变化，《贞观政要》记载：隋炀帝忌讳胡人，把那些和“胡”字关联的词语作了改变，例如“胡瓜”改为“黄瓜”，“胡床”也被改为“交床”。其次是出现了不能折叠的固定的高坐具，它是从胡床演变过来的，依旧称作“胡床”。关于这一点，以前的研究者只是作些推测，缺乏实物证据。

在日本的正仓院里面保存了一套胡床的实物，非常珍贵。八世纪中叶，日本建立了全国佛教总寺院东大寺，正仓院就是这座寺院的正式仓库，里面收藏着日本圣武天皇生前使用的数千件文物，从朝廷官方活动到私人生活的方方面面所使用的器具。这些器物大多来自唐朝，如果同中国发现的唐朝文物作比较，可以清楚地判明其规格级别非常高，属于唐朝顶级的文物。

我们在复原日本天皇宫廷生活场景的时候，见到有一张胡床，已经不是可以折叠的简易交椅，床面固定，而且开面甚宽，远比今日椅子的开面要宽得多，正好反映出唐人从原先的踞坐（跪坐）向两脚下垂的坐姿过渡的形态。宽阔的开面，可以像今天这般两脚下垂端坐，也可以在胡床上面踞坐或者盘腿而坐。唐朝有一位高级官员名叫张亮，带兵出征，遇到敌人的猛烈进攻，形势相当危险。张亮心里害怕，不知如何处置，干脆踞坐在胡床上，两眼直视前方，一动不动。部下以为他如此镇定，因而军心大振，大家奋勇作战，取得大胜。从这个故事可以知道，唐人还习惯踞坐在胡床上，所以胡床开面要大。以后慢慢适应两脚下垂的坐姿，胡床的开面也就随之缩小，这就演变为今日的椅子。

人从席地而坐转为高坐于胡床之上，和它相配的桌子也应运而生。桌子原来是低低的“几（机）”，高度就一尺左右，恰好同席地而坐相配。胡床流行开来，“几（机）”也必须升高起来。在正仓院里面见到高脚“几（机）”的实物，两侧的几脚各有十几条，数目不定，显然还没有定型，以后逐渐演化为四条腿的桌子。

桌椅改变了我们的生活样式，解放了我们的双腿，人长高了，房子宽了，人们也不再睡在地板上，而使用高起的寝具，也就是今天所称的“床”，或者炕等，一切都变了。而这些变化，正是在唐朝胡汉融合的大潮流下诞生的。正是中外文明的荟萃，给中国人的生活带来了巨大的变化。

无数的事例说明，唐朝文化的空前大繁荣，其支撑的要素就是民族大融合。唐朝是中华民族形成中极其重要的时代，四面八方的民族融入了唐朝这个大熔炉，汇成一个高度文明发达的和睦家庭，造就了包容寰宇的宽阔胸怀，锤炼出恢弘壮丽的文化盛世。

平等政策促进民族和睦

在世界上，民族问题自古以来都非常棘手，真正能够处理得好的国家并不多，而中国就是为数不多的能处理好民族问题的国家，特别是在唐朝，复杂的民族带来的不是战乱，而是民族大融合与文化大繁荣。唐朝留给我们的历史遗产非常丰厚，极其珍贵。当然，这份遗产中间也包含着非常痛苦的历史教训，是用鲜血和生命总结出来的。这一切都值得我们认真总结与借鉴。

民族大融合是唐朝文化大繁荣的基础，然而自从五胡十六国以来，多个民族进入中原，为什么没有造成社会繁荣，文化昌盛的局面呢？究其根本原因，就是没有实行各个民族一律平等的政策。

我们知道，自从西晋灭亡之后，边疆民族纷纷大举涌入中原，建立国家。其中最重要的是来自北方和西方的匈奴、羯、鲜卑、氐和羌族，历史上把这段时期称为“五胡十六国时代”。在这个时期，民族斗争成为当时政治社会的主要方面，带来的是极其残酷的血腥屠杀和惨无人道的民族压迫。

胡族进据中原建立国家当初，依靠的是军事力量，可是，他的内心很不自信，甚至感到恐惧。为什么呢？因为汉族的人太多，文化太深厚。所以，最初建立国家的胡族在笼络汉族上层政治人物的同时，采取了两个手段来强化统治。第一是拔掉汉族文化的根，火烧洛阳，把几百年的文化积累付之一炬，这还只是一个例子；第二是血腥镇压汉族，实行民族压迫政策。

五胡之一的羯族统治者石虎非常残暴，其实他的内心深处掩藏着深深的不自信。他当皇帝的时候，大力推行佛教，因为他认为佛教是外来的，可以用佛教来取代儒学。佛教徒里面有人迎合石虎，将本应解救苦难的佛教做了政治的利用，出现了算命占卦的政治僧人，例如沙门吴进对石虎说：“胡族的运势要衰落了，晋朝将复兴，所以要抓晋人来服苦役，才能把这股气压下去。”石虎听信了吴进的话，真的征调了首都邺城附近的十几万汉人服苦役，大兴土木，残酷虐待，光是开通漳水一项，就淹死了好几万人。

像石虎这种有目的的残杀汉人来巩固胡族政权，在当时绝不是个别事例。胡族实行胡汉分治的政策，胡人掌兵，以征服者的姿态压迫汉族，各民族之间相互仇杀，冤冤相报，到处是血雨腥风，种下了世世代代的血海深仇。正因为民族斗争非常尖锐，造成胡族政权极度不稳，十几个政权像走马灯似的更换，长则几十年，短则十几年就垮台了。

唐太宗从这段悲惨的历史中充分吸取了教训，深刻地认识到：

第一，民族矛盾不是依靠军事力量以及政治高压所能够克服的。相反，采取民族压迫的政策只会加深仇恨和反抗，让问题变得更加难以解决。因此，必须告别胡汉分治的错误政策，积极推进民族和解，实行民族团结的政策。

第二，不同的民族绝不是水火不容，无法一起相处的。北朝后期的北周政权，告别民族隔离的做法，通过把胡汉民族混编起来，组成统一的军队去对抗外敌，在火线相互救援中成功地消解了长期的民族矛盾。这个成功的做法，给唐朝一个重要的启示，那就是多民族并存不但不是负资产，反而是非常正面的，在不同文化的取长补短和相互促进中，带来的是各族的共同进步和文化繁荣，前面介绍的事例不正是活生生的证明吗？

第三，民族融合的根本基础是坚定不移地实行民族平等的政策，既要消除民族歧视和压迫，也要取消民族特权和优待。对于不发达的民族，可以在经济上扶助，但绝不可以开法律上的方便之门。只有坚决彻底地贯彻法律面前一律平等的政策，才会培育遵守法律的意识，才能促进真正团结和国家的长治久安。唐太宗曾经评论五胡十六国以来的民族问题，说到为什么以前的王朝都做不好呢？就是因为区别对待，心生彼此，而他对于各民族视同一家，并没有任何差别，所以各民族和睦团结。

唐太宗在这三个方面做得非常出色。对于他来说，民族问题已经发生了根本性变化，汉族已经从以前被压迫的地位，转变为居于主流的民族。

这个变化还得从隋朝说起，隋文帝建立隋朝，在继承北周成功的民族政策基础上，公开打出恢复汉魏的旗帜，建立起以汉族为主体、胡汉融合的新政权。五胡十六国以来的不正常的胡汉民族关系重新颠倒过来了。在这个变化之中，又有新的问题产生了。什么问题呢？那就是能不能真正对各个民族一视同仁，真诚互信。应该说隋朝的民族平等政策还是执行得比较好的，但是其中确实出现过一点偏差，主要发生在隋炀帝时期。唐太宗批评隋炀帝，说他性格上好猜忌，不信任胡族，“乃至谓胡床为交床，胡瓜为黄瓜，筑长城以避胡”（《贞观政要・慎所好》）。结果，自己最后命丧于胡人之手，被宇文化及杀害。

对于隋炀帝死于胡人之手这件事情，唐太宗是如何总结教训的呢？唐太宗并不像一些激进的人那样，从此得出“非我族类，其心必异”的结论。他认为问题不在于民族矛盾，而在于隋炀帝猜忌，相信歪门邪道，滥杀无辜，倒行逆施，这足以成为后世治国者的深刻鉴戒。因此，他提出“君天下者，惟须正身修德而已，此外虚事，不足在怀”（《贞观政要・慎所好》）。

唐太宗是这样说的，也是这样做的。隋朝建国以后，兴师动众，重修万里长城来防备突厥入侵。唐朝建立之后，大臣们也援引隋朝的事例，建议唐朝继续修筑长城。唐太宗告诉大臣们，保卫国家主要靠的不是长城，不是武器，而是讲道义，修文德。孔子早就说过：“远人不服则修文德以来之。”突厥居住在塞外，频生天灾，但是，突厥可汗不去爱抚百姓，却不断发动军事冒险，对内则实行集权专制，搞得内外交困，骨肉相残，不亡何待？

唐太宗不修长城，励精图治，广施仁政，以逸待劳，整个形势的发展如他所料，在贞观四年（630 年），唐朝取得了灭亡突厥的空前胜利。对于亡国后的突厥，要如何处置呢？这件事情考验着唐太宗的民族政策。唐朝内部进行了激烈的辩论，宰相温彦博认为对于各民族都应该善加对待，现在突厥归顺，不能弃之不顾，而应该秉持孔子“有教无类”的原则，拯救他们，帮助他们自立谋生，教导他们学习礼义。几年之后，他们就和汉族没有差别，和睦相亲。突厥人民懂得畏惧国法，心怀感激，就不会有后患。唐太宗采纳了温彦博的意见，在长城内外安置突厥部民。

在经济上帮助不发达的民族，在政治上信任他们，在人事上重用他们，贯穿其间的就是以诚相待。《资治通鉴》“贞观四年五月”条记载：

其余酋长至者，皆将军中郎将，布列朝廷，五品已上百余人，殆与朝士相半，因而入居长安者近万家。

唐朝从打江山时起，一直坚持任人唯贤、不分民族的政策，所以，朝廷内外都有大批少数民族的官员，担任重要官职，手握大权，不少人成为唐朝的栋梁。被唐太宗刻录于凌烟阁的功臣中间，少数民族出身者占据三分之一，这就是最好的说明。所以，唐太宗能够自豪地说道：

自古皆贵中华，贱夷、狄，朕独爱之如一，故其种落皆依朕如父母。此五者，朕所以成今日之功也。(《资治通鉴》“贞观二十一年五月”条)

这不是自我吹嘘，而是当时各族都认同的事实。对于唐太宗来说，让他最值得夸耀的事情，就是在贞观四年，周边各族联合起来，他们的君长一起来到长安，共同推举唐太宗为“天可汗”，也就是天下共主，“群臣及四夷皆称万岁。是后以玺书赐西北君长，皆称天可汗”（《资治通鉴》“贞观四年二月”条）。不是通过军事手段，而是各族诚心悦服，主动推举中国的皇帝为天下共主，这是前所未有的事情。

盛大的乐舞

唐朝文化上采取兼收并蓄、百花齐放的政策，对于文化艺术的问题不用旧观念和教条随便上纲上线，不是绞尽脑汁去限制，而是坚持正面引导，这就给了各种文学艺术很大的发展空间，向传统文化注入外来文化的活水，整个文化呈现出朝气蓬勃的繁荣景象，各种文学艺术相互激荡，推动唐朝在文化上走到了古代文明的巅峰。

唐朝文学艺术之盛，可谓家喻户晓，尽人皆知。文化高度繁荣的背后，是对旧观念藩篱的冲破和多元文化的交融，那个辉煌年代的盛大情景，有不少已经被人淡忘了，有些则已经融入我们的日常生活之中而习以为常，哪怕只鳞片爪，都足以让我们心向往之。

日本古代长期向中国学习，尤其在隋唐时代，更是醉心于美妙的文化之中。他们模仿唐朝首都长安建立的平城京，也就是今天的奈良，其中有一座非常大气而朴实的建筑，叫作正仓院。这里原来是日本国家建造的佛教总寺院东大寺的仓库，里面收藏着日本圣武天皇生前使用的全套用具。皇家级别的传世文物，在世界上也是非常罕见的，所以，正仓院和里面数以千计的绝美文物被指定为世界文化遗产。其中有一把五弦琵琶，在世界上独一无二，堪称无价之宝。

唐朝乐舞中广泛使用琵琶，有圆形的琵琶、半梨形的琵琶、直颈琵琶、曲颈琵琶、四弦琵琶、五弦琵琶，等等，多种多样，以至于唐朝甚至用“胡琴”来统称琵琶。这几种琵琶当中，只有圆形音箱的琵琶属于中国的乐器，在先秦时代就已经出现了。传说琵琶二字在中国古代是模拟演奏手法的形声字，手向前拨弦称“琵”，向后拨弦称“琶”。凡是用这两种手法抱在怀中弹奏的乐器，在早期都称为琵琶。汉代解忧公主曾经把琵琶带到西域，所以，当地称之为汉琵琶。

五胡十六国以来，波斯也就是今日伊朗、印度以及西域各地的多种琵琶，通过丝绸之路传入中国，深受中国人的喜爱，迅速普及开来，一千多年之后，我们已经几乎不知道它是外来的乐器，而称之为民族乐器。显然，西域传来的琵琶已经完全融入了中国，密不可分。

正仓院传世的这把五弦琵琶，用紫檀木制作，正反两面均有精美的螺钿装饰，背面全部雕绘着飞鸟、蝴蝶、花卉、彩云和宝相华文，花心叶心涂上红碧粉彩，描以金线，上覆琥珀、玳瑁等。正面有紫檀桿拨，用来保护弦拨之处，上面有螺钿树木，下方是骑在骆驼背上的胡人，手执琵琶，边走边弹，曲声悠扬，引来飞鸟起舞、骆驼回首，不由得让人联想起当年正是这些往来于丝绸之路的胡人一串驼铃一路歌，把琵琶传入中国。

如此精美的螺钿五弦琵琶，琴身的螺钿使用的夜光贝产于南海，琥珀来自缅甸，以紫檀作桿拨，则常见于唐朝琵琶，唐代诗人张籍《宫词》吟诵道“黄金桿拨紫檀槽，弦索初张调更高”，可以证明。能够把世界各地的珍宝汇集起来，以高超的工艺制成的琵琶，既不是西域的产品，更不可能是当时落后的日本能够制作的，它只有一个可能性，就是唐朝的杰作。

我曾经把古代石窟壁画上面所有琵琶的图像做过全面的整理，分类观察，按照时代先后排列起来，发现这样一个事实：南北朝时期的琵琶最初在弹拨弦处没有上漆加以保护，随着年代向后推迟，开始简单上漆，到唐朝以后，进一步发展为漆画。至于正仓院这把五弦琵琶采用的是螺钿漆绘，非常精美，显示器级别很高，不是什么人都可以拥有的，在日本属于皇室乐器，在唐朝恐怕也属于宫廷级别。

1973 年陕西省发掘了唐高祖李渊的堂弟、淮安靖王李寿墓，在墓室北壁东部乐舞壁画中，见到了伎乐队伍，有一人在弹奏五弦琵琶，正好和正仓院的五弦琵琶实物相互印证，非常珍贵。

再看看乐队弹奏的其他乐器，来自西域的乐器绝不是一件两件，几乎占了主要的地位。有来自波斯的曲颈琵琶，来自印度和缅甸的凤首箜篌，来自龟兹的筚篥，来自疏勒和龟兹的羯鼓……

从壁画和实物两方面来看，隋唐时代是外来乐器全面融入中国而展现出中外结合新风采的时期，如同正仓院五弦琵琶所见到的，外来乐器已经中国化了。

乐器传入中国，乐曲自然也伴随它一起传入，而确定音律直至音乐理论都将发生很大的变化，并同传统的音乐在碰撞中交融，形成音乐新风，流行于世。

贞观十六年（642 年），唐朝在总结前代音乐的基础之上，充分吸收外来音乐的精华，确定了十部燕乐曲，分别是《燕乐》《清商》《西凉》《天竺》《高丽》《龟兹》《安国》《疏勒》《康国》和《高昌》。燕乐是融合胡乐的大型音乐演奏。在这十部乐曲中，属于汉魏以来传统乐曲的仅有《清商》一部，《燕乐》则融合了中外音乐。此外的八部乐曲，都自外部传入，大部分来自西域和印度，也有来自东方的高丽，唐朝音乐的辉煌，就在于它集中了周边各国音乐的精华。

对外来文化的吸收，让唐朝文化更上一层楼，站在了艺术的顶峰之上。我们还是说音乐，燕乐中精华的部分，抽取出来单独演奏，称作“法曲”。其中的《霓裳羽衣曲》最著名，成为盛唐乐舞的代表之作。

据说有一天夜里，唐玄宗在睡梦之中游览月宫，听到了天堂的曼妙音乐，欣赏天上仙女的翩翩舞蹈，深深地铭记在心间。睡梦醒来，这位多才多艺的风流天子把天堂听乐的片段，用玉笛一点一点地回忆吹奏，整天沉醉其中，苦苦追忆，总是不甚流畅。有一天，他来到三乡驿，举目远眺，望见了传说中的仙山女儿山，山峦起伏，烟云缭绕，说不出的美景触发了心中的灵感，把天堂听到的弦乐全部回想起来，终于谱写成一部无比美妙的乐舞曲。

这部乐舞曲采用磬（唐代指铜钵）、筝、箫、笛、箜篌、筚篥、笙等金石丝竹，分为三十六段，有抒情的散板，也有乐器的独奏，随着节奏快慢的变化，宫女轻盈入场，翩翩起舞，乐曲和舞蹈融为一体，让人陶醉。曾经在浔阳江头沉醉于琵琶曲中的白居易，称赞《霓裳羽衣曲》道："千歌万舞不可数，就中最爱霓裳舞。"

开元二十八年（740 年），唐玄宗第一次召见绝代美女杨玉环的时候，拿出自己生平最得意之作，让宫廷奏响《霓裳羽衣曲》欢迎杨玉环。杨玉环伴乐轻挪玉步，款款而来，宛如仙女下凡，张说《华清宫》描写了当时的情景：

天阙沉沉夜未央，碧云仙曲舞霓裳；
一声玉笛向空尽，月满骊山宫漏长。

《霓裳羽衣曲》的故事动人心弦。其实，唐玄宗所谓的天堂仙乐是一首来自印度的梵音曲子，经过他的改编而成为盛唐最为著名的舞曲，是中外音乐融合的结晶和象征。

在唐朝燕乐中，成就最高的无疑是"大曲"，它是传统的乐府音乐同外来音乐的完美结合，经过唐朝乐师的创造和提炼，把管弦乐同声乐、舞蹈有机地结合在一起，构成盛大的音乐舞蹈场面。在敦煌壁画中，屡屡见到如此壮丽乐舞，乐师排列在左右两部，分为坐部伎和立部伎，组成甚至多达一二百人的大型乐队，吹拉弹奏十多种乐器，穿插着声乐演唱，气势宏大。舞台中央是舞蹈的空间，有独舞、合舞，长袖飘带，翻腾飞跃，舞出漫天彩云，更有胡姬汉女身穿五彩羽毛编织而成的羽衣罗裙，快速旋转，羽衣展开，仿佛百鸟朝凤，仙人下凡，欢快而华丽，堪比天堂。

十八世纪，意大利在歌剧的基础之上，形成交响曲的演奏形式，风靡世界，流传至今。其实，大型器乐合奏的演出形式，比唐朝出现的年代要晚一千年左右，只是后来国运衰落之后才逐渐衰败下去的。一定程度上，文化是和国运密切相关的。

音乐舞蹈只是唐朝灿烂文化的一个缩影。在唐朝各种文艺形式中，都显现出胡汉交融的情景，“明月出天山，苍茫云海间。长风几万里，吹度玉门关”（李白《关山月》）。

唐朝文化之盛大，大有气吞山河，包容寰宇的气概，取得这样的成就，朝廷采取兼收并蓄、海纳百川的文化政策，起到了十分积极的推动作用。唐朝的文化要素来自五湖四海，唐朝的辉煌文化也属于世界。

第十七章 用核心价值观凝聚民心

多民族造成的文化多样性，配合国家内外全面开放的政策，形成了中华民族的文化高潮。这两者相结合，只是为了繁荣文化艺术，让我们的生活丰富多彩，对酒当歌，歌舞升平，仅此而已吗？这样的理解，太过流于形式了。繁荣文化最重要的是让人们的精神需要得到满足，获得提升，崇尚美好，抵制丑陋，形成核心价值观，成为民族认同与国家认同的坚韧纽带。

用仁政打造国家向心力

人和动物的最大不同在于对文化的追求，让心灵得以超脱凡俗，使得生活如诗如画。我们找一口饭吃，是为了生存，而我们的生存又是为了什么呢？为了明天找到更多的食物吗？显然不是。我们是为了让生活更加和谐，人和自然的和谐，人与人的友爱相处，用我们的精神创造力建设诗情画意般的世界。只有这样的价值观和对美好生活的追求，才能够让我们在物质利益的争夺中解脱出来，让我们彼此相互信赖，心如此的沉静，不动如山。我们每天的忙忙碌碌，终究是在给自己的心灵找一个温暖的家。

认识到这一点，不难发现，从个体的人能够安下心来不再恐惧，到一个社会、一个国家走向稳定而繁荣，道理相通。

从三国直到唐朝，多少人试图回答这个问题！他们无不认为关键的关键就是要让朝廷拥有无比强大的实力，让物质生产无限提高。然而，实践证明他们全都错了，这期间建立的国家没有一个能够长治久安的，长则几十年，短则十几年。唐太宗刚刚登上帝位，就语重心长地告诫道：

> 朕看古来帝王以仁义为治者，国祚延长，任法御人者，虽救弊于一时，败亡亦促。既见前王成事，足是元龟。（《贞观政要·仁义》）

唐太宗比较了推行仁政和法家权术政治的不同结果，作为这两种治国道路的典型，唐太宗在《贞观政要》中列举了西周和秦朝的例子。西周推翻商朝之后，采取了和解与包容的政策，对于归顺西周的前朝势力，保证他们的权益，和西周的功臣们一样获得分封，化敌为友，团结在新的王朝之内，同心协力去开辟未来。秦朝则对于被征服的六国进行镇压，高压统治，唯我独尊，严重激化了社会矛盾。唐太宗分析道：“周则惟善是务，积功累德，所以能保八百之基。秦乃恣其奢淫，好行刑罚，不过二世而灭。”通过这一比较，唐太宗总结道：“岂非为善者福祚延长，为恶者降年不永？”（《贞观政要·君臣鉴戒》）

用权谋手段治理国家，可以收到一时之效。有时候采取高压，可以获得威吓震慑的作用，甚至是立竿见影。但是，它造成的副作用和后遗症很大，往往难以消除。这就是唐太宗一再批评的“任法御人”，认为它最可怕的后遗症是人们会变得非常的功利和刻薄，无耻而刁钻。因此，唐太宗在这里公开宣誓：

今欲专以仁义诚信为治，望革近代之浇薄也。（《贞观政要·仁义》）

大臣王珪大力赞同，鼓励唐太宗，向他分析形势道：现在咱们处于长期急功近利、道德沦丧的时代，不能重走这条老路，而应该改弦更张，反其道而行之，大力推行仁政，以求移风易俗，给后代积德造福。

把朝廷施政的重心放在仁政之上，无疑是抓住了根本。这可以从三个方面来看。

第一，建立国家之后，应该最大限度地缓和长期战乱造成的社会矛盾，特别是五胡十六国以来还交织着复杂的民族矛盾，冤冤相报，战乱不息。朝廷推行仁政，提倡宽容，先让尖锐的矛盾缓和下来，争取到更多的时间和空间，通过和平建设来抚平创伤，消化矛盾，化敌为友，最终促成民族大融合。没有和谐，就没有发展，这是历史一再证明的道理。

第二，在国家治理方面，最重要的是要抓什么呢？不是极大地强化镇压力量，而是极大地强化文化建设，形成全民对于国家的认同。唐太宗登基四年之后，宰相房玄龄汇报，唐朝的军备已经超过隋朝了。唐太宗丝毫没有感到兴奋，反而告诫大臣们，隋朝灭亡是因为军队不够强大吗？不是的，那是因为仁义不修，所以众叛亲离。因此，军备固然重要，但是希望大家更加注重治国之道，做到“务尽忠贞，使百姓安乐”，（《贞观政要·仁义》）也就是要大力推行仁政，这才是政权稳固的根本保证。

这是什么道理呢？唐太宗打了一个比喻，林子大了，鸟儿自然会飞来栖息；水深了，鱼儿就会游过来。“仁义积则物自归之”，（《贞观政要·仁义》）国家善待百姓，就会出现“近者悦，远者来”的欣欣向荣景象。大家现在大谈发展，要怎么做才能大发展呢？人才汇聚而来，还有什么不能发展呢？说到底，有了人就有了一切。大家为什么到你这里来而不到别处去呢？那就是因为朝廷清明公正。所以，行仁政就是在强化国家的向心力，这才是本。

第三，只有行仁政、积德行善，才能彻底改变人们急功近利的思想，让心安下来，让社会品质提升上去。唐朝建立，结束了战乱，通过和平发展，人们的生活渐渐起色，富裕起来。这时候国家的中心工作就要从恢复社会、发展生产调整到提升国民与社会素质上来。

当时有不少人认为长期的战乱，使得道德败坏，风俗难移。唐太宗仔细观察，发现百姓富裕起来之后，不再像以前那样你争我抢，而是渐渐地懂得廉耻，官吏和百姓越来越遵守法纪，犯罪的现象也不断减少。这说明什么呢？说明风俗不是一成不变的，造成这种变化的关键在于社会治理的好与坏，这就是唐太宗所说的“故知人无常俗，但政有治乱耳”。(《贞观政要·仁义》)国家治理的好坏，决定了社会品质的提升或者沉沦，说得何等深刻。

孔子早就告诉他的学生冉有，治理国家首先要让老百姓富起来。富裕以后怎么办呢，冉有问孔子曰：“既富矣，又何加焉？”曰：“教之。”(《论语·子路》之九）也就是富裕之后，不能再无限度追求财富，扩张物质欲望，而是要赶快转变为丰富的精神世界，所以要广开文教，让大家知书达理，成为有道德，有文化的公民。唐太宗所作所为，走的就是这条道路。

如何做到“富而教之”呢？唐太宗指出了基本的原则，那就是：

> 抚之以仁义，示之以威信，因人之心，去其苛刻，不作异端，自然安静。(《贞观政要·仁义》)

朝廷行仁政，给全社会树立起开放和包容的精神，把各种社会矛盾缓和下来，朝廷及时把以往不讲规则的内斗，通过确立严明的法治让社会变得有序，敬畏法律。同时，朝廷首先不再使用阴谋权术等统治百姓的手段，把不近人情的严酷规定和苛捐杂税统统废除，取信于民。如此一来，大家就可以坐在一起，共同谋求国家的繁荣昌盛，这是国家治理的根本所在。

高站位倡导忠诚的品格

要想让国家长治久安，就一定要紧紧抓住治国之本，那就是以建立核心价值观为中心，全力以赴进行精神文化的建构，用国家的法律制度来捍卫核心文化，维护社会正义，从而形成全民的国家认同，成为凝聚社会强大的向心力。

高楼大厦总是要从一砖一瓦建起的。唐太宗是怎样做的呢？

第一步总是要从最基础的地方做起。在当时，什么事情最重要呢？

在急功近利的社会，社会风气浮躁，唯利是图，泛滥的是权力和金钱，缺乏的是道德和立场。人之所以骚动不安，就是因为找不到坚强的依靠，朝廷如果让大家有了归属感，喧嚣的世界很快就会安静下来。这就是为什么自古以来善于治国的高明领袖要紧紧地摁住国家躁进的念头，绝不鼓动急功近利的深刻原因。沧海横流，国家要成为中流砥柱，所以唐太宗要大力提倡忠诚的精神。有了至死不渝的忠诚，人就有了归属，浮草就有了根。

贞观元年（627 年），刚刚当上皇帝的唐太宗，特地召集大臣们一起讨论隋朝末年的历史，他早有准备，讲了姚思廉的故事。

姚思廉是唐初著名的历史学家，今日传世的历代正史之二十四史中，就有《梁书》和《陈书》两部是他编撰的。他是今天浙江湖州吴兴人，书香世家子弟，自幼潜心读书，尤其精通历史，深明古今兴废的道理。隋朝平定江南，他随父亲被迁往京城长安。隋炀帝博学多才，和江南有很深的关系，萧皇后是江南皇族出身，自己担任过平定江南的统帅，当上皇帝以后，重用江南士人执掌大权，像姚思廉这种江南大学者很自然成为隋炀帝器重的人。隋末动乱，隋炀帝再次到江南平叛，留下孙子代王侑镇守长安，任命姚思廉为代王的侍读，陪伴在代王身边，给他讲解历史，辅佐他掌权。

隋朝暴政引起全国各地的起义，镇守太原的李渊也起来响应，率部进攻关中，一举拿下首都长安。唐朝的将兵冲进皇宫，直接奔上大殿夺权。隋朝百官见势不妙，各自逃命，让代王侑自己去面对挥舞刀枪的士兵，场面非常惊悚。这时候，只有姚思廉这位书生挺身而出，毫不畏惧地大声喝道："唐公起义兵，是来匡扶皇室的，你们不得对代王无礼！"唐军将士被镇住了，停止喧嚣，肃然站立在大殿阶下两旁，秩序井然。唐高祖李渊见到这场面，不由得对姚思廉心生敬重，特别准许他扶着代王侑下殿，一直送到住处，拜别而去。

在危难的关头才能见到一个人的本色。这件事情传到李世民的耳朵里，他也对姚思廉的坚贞和品格肃然起敬，经常向部下讲述。有一次，唐太宗带兵出征，在激烈的战斗中，唐太宗再次想起了姚思廉，赞叹道："姚思廉不惧兵刃，以明大节，求诸古人，亦何以加也！"（《旧唐书·姚思廉传》）于是，唐太宗专门派人从前线回到洛阳，送给姚思廉绢帛三百匹，以表彰他的忠诚。唐太宗当皇帝之后，再次向大臣们讲述姚思廉的事迹。而且，唐太宗还礼聘姚思廉为"十八学士"之一，成为自己的老师。

站在唐朝的立场上，唐太宗应该褒奖那些倒向唐朝的隋朝官员才对呀，而姚思廉简直就是负隅顽抗，应该镇压才是。但是唐太宗不是这样想的。

第一，对于国家来说，不应该鼓励见风使舵。在唯利是图的时代，从来不缺乏投机取巧的人，他们没有原则和节操，完全随着利益和形势走，谁得势他就跟随而去，今天会投向你，明天同样会投向别人。奖励他们，等于奖励投机、奖励唯利是图，结果只能葬送自己。唐太宗看重姚思廉的是他的忠诚，临危不惧恪尽职守的品格，正如他给姚思廉的信中所写的“想卿忠节之风”（《贞观政要·论忠义》）。

第二，唐太宗表扬姚思廉还有更高的立意。他如果只是表彰自己一方的忠诚之士，从社会一般人的立场来看，至少觉得立意过于狭隘，甚至会觉得这是胜利者的私心。建立国家之后，领导人应该站在更高的高度上，超越自身的利益，站在全国和全社会的角度来思考和处理问题。表彰姚思廉可以达到两大效果：首先是表现出宽容和公正的精神，有助于感召更多的人认同新的国家。还有一点很重要，这时候应该大力褒奖对于国家的忠诚。姚思廉并不是冥顽不化的旧王朝的送葬人，他所表现的是对于国家的忠诚高于一切，哪怕牺牲个人性命也在所不惜。奖励对国家的忠诚，正是克服急功近利和唯利是图的一剂良药。唐太宗命人给“十八学士”画像，在姚思廉的画赞中说“临危殉义，余风励俗”，清楚反映出唐太宗以他为榜样移风易俗的用意。

贞观五年（631 年），唐太宗临朝询问大臣们说：忠臣烈士，历朝历代都有，请你们推举隋朝哪位最为忠贞？

宰相王珪推荐元善达，介绍其事迹说道：元善达奉命留守京城，看到天下大乱，烽烟四起，而隋炀帝却身在千里之遥的江南，不利于掌控全局，十分危险。所以他自己不避危险，骑着马赶往江南，混过义军的盘查，好不容易到达扬州，当面向隋炀帝进谏，告诉他瓦岗军百万大军围攻洛阳，城内快要断粮了，形势非常紧急，请他赶快回长安。隋炀帝不听，元善达流着眼泪，再三苦劝。隋炀帝很不高兴。在一旁的权臣虞世基看在眼里，竟然出了个坏主意，对隋炀帝说，如果遍地都是敌人，形势那么危险，元善达怎么能来到这里呢？这一说，隋炀帝勃然大怒，痛骂元善达是小人，谎报军情，派他到东阳（今日浙江东阳）去催运粮草。此时江南遍地都是义军，隋炀帝故意让元善达通过义军的地盘，好证明他撒谎。这回元善达没有那么幸运了，在北方他熟悉地形，可以蒙混过关，到南方就露出马脚了，北方口音让他落入义军手里，被抓起来处斩。元善达明知是死路一条，还是为隋朝尽忠，这样的人应该追认为烈士。

唐太宗赞同王珪的意见，同时也推荐了一个人，名叫屈突通，是少数民族出身的将领，性格坚毅，刚正不阿。当官公正，不畏权势，执法严格，哪怕亲人也不敢犯法，当时人编歌谣称“宁服三斗葱，不逢屈突通”（《旧唐书·屈突通传》），对他敬畏有加。隋炀帝到扬州去镇压江南的叛乱，命令屈突通镇守关中。

这时候，李渊起义了，率部长途奔袭长安。消息传入京城，留守长安的代王侑派遣屈突通把守河东（今山西省永济市），阻击唐军渡过黄河。然而，唐军推进的速度太快了，屈突通还没站稳脚跟，唐军已经西渡黄河，大破隋军，攻克粮仓，占领要地。屈突通赶快调整部署，留下骁勇善战的将军尧君素坚守河东，自己率部后撤，在潼关一带构筑保卫首都的防线。这个调整起了很大的作用，屈突通在潼关堵住了唐军，双方战斗一个多月。这是非常关键的一个多月，对于奔袭长安的唐军来说，陷入进退两难的境地，整个推翻隋朝的计划险些化为泡影。幸好隋朝实在不得人心，全国到处是起义军，使得隋朝没有能力调动部队增援首都长安，否则唐军的后果不堪设想。在前线督战的屈突通见到唐军进攻一个多月，已经疲惫了，抓住机会打反击，连克唐军两座大营，双方激烈争夺，来来往往，打得难解难分。唐军主将被箭所伤，军心开始动摇，形势越来越有利于隋军。战斗到中午，战士们都累了，隋军暂时停止进攻，吃饭休整，准备下午再战。唐军趁着这个机会，分兵夺回失去的阵地，同时派出一支骑兵绕到敌人后方，前后及侧翼三面同时反攻，将士大声呼喊，全线冲锋。隋军没有料到唐军如此顽强，还没来得及恢复阵形，唐军已经冲上来了，一时乱了阵脚，形势在瞬间逆转，唐军越战越勇，隋军支撑不住，最后全军崩溃，只有几员将领逃脱。部将看到大势已去，劝屈突通投降。屈突通断然拒绝，说道："我受国家厚恩，服务于两朝天子，获得高官厚禄，受人重用，怎么可以逃避危难呢？我只有以死报国而已！"

他这么说，同时也是这样去激励残部，战士们被他所感动，无不流泪奋起，愿意追随他。唐军统帅李渊知道屈突通不肯投降，便派遣他的家童前去说服，被屈突通推出去斩首。

京城已经被唐军攻克了，屈突通留在潼关一带没有意义，他便率部企图突围而出，东下洛阳，和隋军主力会合。唐军怎能让屈突通的计划得逞呢？他们紧追不舍。屈突通冲不出去，结阵防御。唐军在京城俘虏了屈突通全家，让屈突通的儿子在阵前劝降。屈突通对他儿子高呼："我们往日是父子，今天是敌人。"命令部下开弓射箭。屈突通部将投降了唐，在阵前喊话，劝关中的将士们放下武器，不要跟屈突通背井离乡前往洛阳。乡情战胜了斗志，战士们纷纷放下武器。屈突通再也无力挽回，他下马对着隋炀帝所在的扬州方向，拜地痛哭道："臣力屈兵败，不负陛下，天地神祇，实所鉴察。"（《旧唐书·屈突通传》）

屈突通被俘虏了，押送到长安。李渊敬佩他的坚贞不屈，称赞他是隋朝的忠臣。不但不问罪，还任命他为兵部尚书，相当于今日的国防部长，封他为蒋国公，担任唐太宗的副手。一个人能够被对手所尊敬，真是好样的，这一生值得。

唐朝重用屈突通，只是出于招降隋朝各部的功利性考虑吗？显然立意要高很多。我们回头来看屈突通留守河东的战将尧君素，他竟然宁死不降，直到唐朝建立之后，他还坚守河东长达数年之久，几乎可以说是负隅顽抗。然而，后年唐太宗路过河东的时候，特地下诏表彰他，诏书并没有赞扬他顽抗到底，不肯顺应时代。唐太宗表彰他什么呢？诏书中称赞他：

> 固守忠义，克终臣节。虽桀犬吠尧，有乖倒戈之志，疾风劲草，实表岁寒之心。爰践兹境，追怀往事，宜锡宠命，以申劝奖。可追赠蒲州刺史，仍访其子孙以闻。（《贞观政要·论忠义》）

这就是唐太宗表彰屈突通和那些坚贞不屈的忠义之士的道理。对于忠义之士，超越敌我界限给予表彰，可以尽显领导人宽容海涵的公心和气度，促进社会的和解，更可以让所有为国尽忠的人感到生命的价值和意义，才能激发出爱国的情怀。有了这份赤诚，才有国家核心价值观的建立。

忠诚获得表彰，人心才能凝聚。屈突通见到李渊，并没有屈节乞怜，而是当面诉说自己有负隋朝重托的遗憾。唐朝重用他，用的就是他的忠诚气节。忠诚的人一辈子都会用自己的生命去坚守原则。屈突通受到唐朝的重用，他的忠诚转而投向了唐朝。唐太宗出兵征伐据守洛阳的隋将王世充，屈突通作为副手一同出征。唐高祖召见屈突通，对他说："你的两个儿子在王世充手里，怎么办？"言下之意，颇有让他回避以保全骨肉的含义。但是，屈突通回答得很干脆："臣已经老了，一生戎马，陛下释放我，以礼相待，我心里发过誓言要以身奉国。所以，我愿意担任前驱，儿子如果因此而死，那是他们的命，我不能因私而损害道义。"李渊被他的话感动得刻骨铭心。

后代撰写《旧唐书》的史官，非常感慨，有人问屈突通为什么能够尽忠于隋而立功于唐，历经两朝而声名愈彰呢？回答只有一个：纯洁无瑕的忠诚！有了这份忠诚，在哪个朝代都能够受人敬重，建功立业。正所谓"一心可事百君"。爱国之心从何而来呢？从忠诚，从对忠诚之士的敬重与珍爱而来。

用公平公正战胜私利

唐太宗登上皇位后，首先遇到的不是政治上对立阵营的反抗，反倒是己方亲密部下的怨愤，宰相房玄龄向他禀报：秦王府的老部下没有得到封官的人，埋怨原来太子宫和齐王府的部属获得官职，愤愤不平。

李世民登基之前封秦王，秦王府故旧也就是他的老部下。他的哥哥李建成担任太子，弟弟李元吉封齐王。李世民当上皇帝，老部下们想的是一人得道鸡犬升天，而李世民却不是这么想的，当皇帝并不是垄断利益，拉一派打一派，而应该站在治理全天下的高度上，超越帮派利益，选拔贤人，治理国家。因此，就不能以什么秦王府、齐王府来划线，而应该任人唯贤，谁贤能就用谁。可是部下不理解他，所以怨声纷起。

可千万不要小看来自老部下的怨言，这在历史上有很多的教训。当年刘邦战胜项羽，统一中国之后，老部下就是因为对官位封赏不满，三三两两窃窃私语，串门走动。刘邦听不到部下说的话，心里很不踏实，问谋士张良出了什么情况，张良直接告诉他，部下们因为不满而图谋生事。刘邦大惊，很快采纳张良的计谋，先封赏他平日最厌恨的人，让大家觉得连刘邦讨厌的人都得到封赏，自己肯定没有问题，这才稳住了部下的心，否则真的要出乱子。

既然来自自己一方阵营的压力如此之大，历代皇帝是怎么做的呢？简单地说，有两种做法，一种是坚持任人唯贤，一种是以人划线。后一种做法，压力最小，看起来似乎是一条捷径，但是，其结果一定造成特权横行而失去公平，最终腐败灭亡。所以，唐太宗义无返顾地踏上第一条道路，他对房玄龄说了心底里坚持的两条基本原则，那就是：

第一：“君人者，以天下为心，无私于物。”（《贞观政要·公平》）

这个认识的理论依据是什么呢？来自一千多年来中国历史的经验教

训。唐太宗说道:“古代被人称作最公正的,大概指的是宽恕而没有私心。例如丹朱和商均,分别是尧和舜的儿子,但是尧和舜因为他们两人不肖而废弃不用。管叔和蔡叔,是周公的兄弟,周公却因为他们反叛而将他俩诛杀。由此可知,身为君主,必须以天下为公,不能私心偏袒。诸葛亮当小国的宰相,都懂得说我的心像秤一样公平,更何况我要治理的是大国!”

第二:“用人但问堪否,岂以新故异情?”(《贞观政要·公平》)

也就是说,用人重在考察是否胜任,怎么能够按照新人或者旧部来区别对待呢?唐太宗语重心长地说道:“我和你们大家吃的穿的都来自老百姓,百姓已经把人力奉献给朝廷了,而我们还没有把恩泽施予百姓,现在为什么要选择贤能之人当官呢?就是为了让老百姓安居乐业。”

将心比心,老百姓纳税供养我们,我们不想着善待百姓,谋求国家长治久安,却忙着任人唯亲,瓜分利益,情何以堪!所以,唐太宗批评房玄龄道:“现在不谈用人是否胜任,却关心老部下有怨言,这公平吗?”

房玄龄号称历史上的贤相,为官处事讲究公平正义,连他都出来给秦王府部属说情,反映出来的问题不是他的私心,而是压力太大了。果然,房玄龄接受唐太宗的批评,支持公平用人,但是这件事情还没有了结。不久,又有人用书面的表文,向唐太宗要求把秦王府的卫队统统调入宫中,任命为皇宫的警卫部队。

警卫部队保卫的就是唐太宗本人,性命攸关,过去的皇帝有几个不用自己人呢?但是,这个建议同样遭到唐太宗的拒绝,他批示道:“朕以天下为家,不能私于一物,惟有才行是任,岂以新旧为差?”(《贞观政要·公平》)

唐太宗还开导上书的大臣,告诉他“兵犹火也,弗戢将自焚”。自古兵就像火一样,不严格管理,就会自己烧着自己。唐朝中后期的藩镇不懂得这个道理，放纵身边的亲卫士兵，以特权跋扈换忠诚，结果换来的是骄兵悍将和不断的政变，统帅反倒成为骄兵手中的玩具。宠坏的孩子不懂得感恩，骄兵悍将没有忠诚。

唐太宗拒绝身边旧部伸手要官，并不是他薄情寡恩，他对大臣们说："一面之交都感到亲切，更何况追随左右的旧人。"常言道："衣要新，人要旧"，唐太宗其实是个念旧的人，公心和私情的天平上，他毫不迟疑地一边倒向公心，因为他清楚国家和个人谁轻谁重。这件事情处理起来不容易，也让唐太宗深切感受到建立公平之风是何等大事！

无偏无党，王道荡荡

公正、公平之所以重要，是因为它关乎到整个道德体系乃至国家核心文化能否成功建立起来的基础，本身也是朝廷必须大力弘扬的核心价值。既然如此重要，以为公正处理几件事情就能够完全树立起来，那就想得太容易了，这是需要长期不懈贯彻到底的，还必须反复向百官乃至社会讲清楚它的必要性和重要性。怎么做最有效果呢，历史是最好的老师。

实际上，唐太宗如此重视公平正义，这种认识是从哪里来的呢？是对于历史的总结，他常常把自己的心得体会和大臣们讲，统一思想认识。

唐太宗非常赞赏诸葛亮，从他治国的经验中学习到许多宝贵的东西。所以，唐太宗多次讲述诸葛亮的事迹。

诸葛亮治理蜀国期间，有两位很有才干的人，一位名叫廖立，一位名叫李严。刘备夺取蜀州，也就是今日四川，筹划按照诸葛亮《隆中对》的战略，南联孙吴，北伐曹操。彼时需要派遣一位有战略见识的使者前往孙吴沟通，诸葛亮推荐廖立，称赞他"楚之良才，当赞兴世业者也"（《三国志·廖立传》）。廖立也以此自负，常常以为自己的才干能力应该位居诸葛亮的副职，没有如愿，便愤愤不平，经常口无遮拦，批评朝廷施政方针，贬斥朝中大臣。他批评的人和事，并非没有道理，但是如此恃才傲物，不利于团结，会成为害群之马。更何况他任职期间，曾经临阵逃脱，也曾经处事不公，所以诸葛亮依照纪律法典，将他撤职，贬黜为民。后来，诸葛亮去世，廖立听到这个消息，痛哭道："我们将要亡国了。"

再说李严，辅佐刘备治理蜀国，屡立功勋，深受器重，以至被挑选出来，和诸葛亮一起成为顾命大臣，辅佐后帝。诸葛亮率军出祁山伐魏，命令李严殿后，馈运粮草。不料碰上雨天，交通受阻，李严就编个理由让诸葛亮退军，贻误军机。诸葛亮将他撤职查办，下放为民。诸葛亮去世，李严接到讣告，发病而死。为什么呢？因为他了解诸葛亮的为人，诸葛亮处罚他，他心服口服，只要诸葛亮在，他还有重新被任用的机会，诸葛亮死了，恐怕就没有指望了。

执政是不容易的，像诸葛亮这样，让受处罚者自己都没有怨言，更不容易。诸葛亮为什么能够做到呢？东晋著名的历史学家陈寿做了非常到位的分析，他说："夫水至平而邪者取法，镜至明而丑者无怒，水镜之所以能穷物而无怨者，以其无私也。"（《三国志·李严传》注）也就是说一碗水端得非常平，连歪门邪道的人都会遵守法纪，镜子非常明净，连长得丑的人都不会发怒，道理就在于无私。无私就公正，人心也就服了，也就不会出现怨言和诽谤。所以，他称赞诸葛亮执法之公正，是秦汉以来所未有的。

诸葛亮的公正是公认的，哪怕是他的敌人都承认这一点。唐太宗最为赞赏诸葛亮的方面，是他的公正无私，他引用和诸葛亮同时代的历史学家陈寿的话，说道：

> 亮之为政，开诚心，布公道，尽忠益时者，虽仇必赏；犯法怠慢者，虽亲必罚。

这就叫作公正无私，公平才能伸张正义，弘扬正气，国家才能长治久安。唐太宗从历史的经验出发，把公平正义作为国家核心价值观，宰相房玄龄十分赞同，他说道：

> 臣闻理国要道，在于公平正直，故《尚书》云：“无偏无党，王道荡荡。无党无偏，王道平平。”又孔子称“举直错诸枉则民服”。今圣虑所尚，诚足以极政教之源，尽至公之要，囊括区宇，化成天下。(《贞观政要·公平》)

朝廷处理任何事情都坚持以公平正义为本，这就是王道，而国家长治久安的道路必将变得平坦而通畅。为什么呢？孔子打了一个浅显易懂的比喻，弯曲的木材怎么才能弄直呢？用直的木材压在它上面。怎么治理国家呢？任用公正的人，心怀奸邪的人自己就会离去。舜治理天下，从众人中选举皋陶这位贤人来主持司法，于是不仁之人都四下走开了。所以，房玄龄指出公正是“政教之源，至公之要”，真正做到公平正义，就能够包容四海，教化天下。

从严格要求身边人做起

作为执政者，要做到公正无偏，并不容易，特别是两个方面的关系不好处理：第一是亲朋好友中间出了贤能之人；第二是亲朋好友的利益难以摆平。说来说去，都围绕着“亲朋好友”，也就是身边的人。正因为这些人或者同自己有血缘关系，或者是亲密无间，所以特别引人注目，容易招来各种议论。这也反映出坚持公正，必须从自己身边做起。

贞观初年，唐太宗全心全意寻找能够治理国家的德才兼备的人才，致力于建设一个开明的盛世。发现这样的人才，就会起用他们，给他们压担子。但是，常常有人对于选拔出来的人指指点点，说这个人是某宰相的老部下，那个人又是某大臣的亲戚等，使得大臣们有所顾忌。唐太宗知道这个情况后，对大臣们说，你们处事公正，就不必担心这些传言，缩手缩脚，不敢办事。古人说过“内举不避亲，外举不避仇”，也就是推荐贤能人才，对内不用回避亲人，对外也不要回避仇人，但求推荐得人，不管是自己的子弟还是仇人，都必须推荐。

唐朝用人、考核、晋升等，有一套做法，首先是公示，其次是允许评议，可以自评，也可以评议别人。例如，唐太宗曾经亲自评定房玄龄、杜如晦、长孙无忌等人的品级爵位，初评之后，在朝堂上向百官高声宣布，接着让大家评议。出身于皇族的淮安王李神通不服气，站了出来，公开自己的意见，说道：“大唐起义的时候，我首先在关西举起义旗响应，而房玄龄、杜如晦这几个人，只是耍耍笔杆子，现在评定他们的功劳在我之上，我不服。”

既然是让大家评议，那就要以理服人。房玄龄等人因为是当事人不好说话，李神通还是唐太宗的叔父，一般的官员也不敢轻易说话。这时候，唐太宗站出来评理，说道：“起义当初，叔父您确实首先起来响应，但是，很大一部分原因是为了避祸，免得被隋朝株连逮捕。起义之后，窦建德攻打山东，您全军覆没；窦建德败灭之后，刘黑闼死灰复燃，率部来战，您望风溃逃。房玄龄等人虽然没有在战场上厮杀，但是，他们运筹帷幄，安定社稷，论功行赏，当然应该排在您的前面。您是我的叔父，是至亲之人，但是，我不能因为这层关系而滥加封赏，混淆公私，让您和元勋们没有分别。”

百官们听了唐太宗这番话之后，不得不从心底里钦佩，说道：“皇上非常公正，对自己的叔父都没有偏袒，更何况对待我们。”

因为公平无私，所以，唐太宗评定功勋，做到了百官心悦诚服。唐太宗用人，心里都有一个谱，对于每一位大臣的特点，知道得非常清楚，能够说出道理来。有一次，唐太宗当面点评众位大臣的优缺点，让他们引为鉴戒，说道：

> 长孙无忌善避嫌疑，应对敏速，求之古人，亦当无比；而总兵攻战，非所长也。
>
> 高士廉涉猎古今，心术聪悟，临难既不改节，为官亦无朋党；所少者骨鲠规谏耳。
>
> 唐俭言辞俊利，善和解人，酒杯流行，发言启齿；事朕三十载，遂无一言论国家得失。
>
> 杨师道性行纯善，自无愆过；而情实怯懦，未甚任事，缓急不可得力。
>
> 岑文本性道敦厚，文章是其所长；而持论常据经远，自当不负于物。
>
> 刘洎性最坚贞，言多利益；然其意上然诺于朋友，能自补阙，亦何以尚。
>
> 马周见事敏速，性甚贞正，至于论量人物，直道而行，朕比任使，多所称意。
>
> 褚遂良学问稍长，性亦坚正，既写忠诚，甚亲附于朕，譬如飞鸟依人，自加怜爱。(《旧唐书·长孙无忌传》)

通过这段点评，我们得以窥见贞观年代大臣们的风貌与特点，以及唐太宗的唯贤是举的用人之道。

唐太宗的亲女儿长乐公主出嫁时，因爱女心切，唐太宗传令有关部门备办嫁妆，非常隆重。魏征知道以后，马上给唐太宗上表，劝谏道："从前汉朝的明帝在分封儿子的时候，指示道：'我的儿子怎么能够和先帝的儿子一样的待遇，所以，参照他的叔父楚王、淮阳王的规格，减半封赏。'这件事情被传为美谈，记载在史书上。皇上的姊妹为长公主，女儿为公主。为什么要加个‘长’字呢？就是为了要同公主相区别，表示比公主更加尊崇。虽然感情不同，但是在道理上不应该有规格差别。如果让公主的礼遇超过长公主，于理不通，请陛下再斟酌思考。”

唐太宗看了魏征的表文，深深感到言之有理，进宫告诉长孙皇后，皇后也非常赞叹，说道：“我经常听到陛下称赞魏征，不知道是什么缘故，现在听到他的谏言，能够用道义来抑制领导的情欲，真正是社稷之臣啊！妾和陛下为结发夫妻，受到礼敬，情意深重，但是，想劝谏陛下的时候，还要看看陛下的脸色，不敢轻易触犯威严，更何况作为臣下，感情没那么深，身份上又有上下之分，真的很不容易。所以，韩非子称这种情况为‘说难’，东方朔也说进谏‘不易’，非常有道理。忠言逆耳利于行，对于国家尤其重要，采纳了便天下大治，拒绝了就国政紊乱，真心希望陛下能够仔细体会这个道理，则天下万民无比幸运！”

公正不是说出来的，而是切切实实地做出来的，不管是表彰还是处罚，想事情不能离开一个“公”字，做事情不能离开一个“正”字，天大的事情抬不过一个“理”字。坚持公平正义往往会和私人感情相冲突，难以割舍，更会同私人利益乃至小集团的利益相冲突，更加难以割舍，有切肤之痛。然而，不舍私利就没有公道，也就没有社会安定，国家稳固。就像唐太宗一再告诫的，别以为国家和个人没有多少关系，放胆损公肥私，一旦这种邪气弥漫于世间，国家难免灭亡，而覆巢之下岂有完卵，国不在，家也就不保了。

第十八章
诚信有德　无信不立

告别动乱年代形成的军国体制以及急功近利的治理方式，唐太宗给新建立的唐朝树立起了长远的国家发展目标，那就是实现人民富裕、国家强大、社会和谐的文明社会，以文德治理国家，提倡道德，讲礼守法，追求高雅。这是中国人自古以来的梦想。把梦想变成现实，要从哪里着手呢？

乱世重建，诚信为先

一个文明的社会，一定表现为公民相互友爱，谦恭有礼。孔子曾经给中国人描绘过这样的时代，那就是尧舜禹的黄金时代。按照孔子的说法，这个黄金时代后来被破坏了，其根本原因是贫富分化，人们不顾一切地谋求私利，侵夺别人的东西。

在儒家看来，秦朝是中国的一个大变局。秦始皇做了一件遗臭千年的事情，就是“焚书坑儒”。“焚书”和“坑儒”其实是两件事，说起来还很荒唐。先说“焚书”，秦始皇三十四年，也就是公元前 213 年，秦朝的高官淳于越提出应该按照西周几百年的传统实行分封制，因为西周通过分封诸侯王来拱卫周天子的制度非常成功，使得周朝维持了八百年，在中国历史上无与伦比。对此，宰相李斯表示反对。这本来是不同政策思想的争议，但是李斯借机向秦始皇建议说儒生以及各种学说同朝廷的政治主张不符，造成思想不统一，因此应该把所有的思想文化书籍都烧掉，只留下农业技术之类实用书籍。这个建议正中秦始皇下怀，马上在全国实行，成为一场文化浩劫。

如果说“焚书”和政治还有一点关系，那“坑儒”就更加荒唐了。秦始皇当上皇帝，那种唯我独尊的滋味让他乐得屁颠屁颠的，一心就想如何保命，长生不老，永享繁华。于是，他花了不少钱让方士给他炼仙丹。方士大多是骗子，吹得煞有介事，真的让他去做，哪里炼得出什么仙丹？当时有一位方士叫作徐福，花了秦始皇不少钱出海找仙药，找了很多年，空手而回。秦始皇质问他，他装出难以启齿状，委屈地回答：“我是到达了仙山，也见到了仙人，没想到神仙很不高兴，说你家主人怎么这么不懂事，这么小气，没带礼物就想凭空采我的仙药，你们回去吧。”这个理由仿佛很充足，秦始皇想想也对，就让徐福自由挑选礼物，徐福选了五百童男童女、粮食种子、金银财宝，装了好几船再度出海去了。你想他这么周到的准备，明显是出海谋生去的。只是秦始皇太想长生不老了，竟然这么轻易被蒙骗过去。徐福哪里还敢回来？从此再无音信。倒是日本人认徐福为他们的始祖，到处设立祭奠徐福的庙宇神社。

徐福的事情且不去深究，其他的方士脑子没徐福好，眼看骗局快要穿帮，拿不出办法来，就凑到一处骂秦始皇不仁，苛政酷刑，搞得天地间充满厉鬼怨气，所以才炼不出仙丹。不料这些牢骚话传进秦始皇的耳朵，他勃然大怒，想把这些方士杀了便是。不仅如此，秦始皇还趁机大做文章，把儒生也牵连进来，一口气活埋了 460 人。别看区区 460 人，因为当时读书的成本很高，一般殷实人家都供不起孩子读书，所以，全国没多少儒生，几乎都给活埋了。更要命的是“焚书坑儒”把中国近千年的宽容精神和自由传统都给活埋了，造成唯权力论和急功近利甚嚣尘上。在粗暴的政治高压控制下，人们早已经不相信柔性的道德，更相信立竿见影的铁拳；不相信正义，更相信实力。

唐太宗为什么特地把秦始皇暴政导致朝廷短命的教训拿出来讨论呢？就是因为没有道德和文教的基础，加上官吏枉法滥刑，一些人便想方设法钻法律的空子，与官吏勾结，造成司法腐败，这是一股邪气；另一些人则因为司法不公正而怨恨，和朝廷离心离德，这又是一股怨气。这两股气结合在一起，越积越大，各种乱象就发生了，整个社会像火山一样，这就是所谓“废德教而任刑罚”的结果。它对社会破坏最大的还在于让人与人之间的信任关系荡然无存，大家唯利是图，不择手段。从历史上看，人心从来没有如此败坏，变得“习俗薄恶，人民嚚顽，抵冒殊扞”。这是破坏道德唯利是图的必然结果。

从上面的分析可以知道，专制统治造成的后果就是民风习俗变坏变薄了，用老百姓的话说就叫作“缺德”了。这很形象，“缺德”道德就变薄了，那么，反过来“积德”道德就变厚了。大家都知道，种树一定要土厚，人类社会也一样，一定要让道德变厚。历史上任何一个灿烂的文明社会，无不崇尚厚实、厚重、厚道，为人则推崇宽厚、忠厚，这才是人类的美德。

文明的社会崇尚道德，而弘扬道德的关键在于重建人与人的信任关系。这是一项需要全社会共同努力才能够做到的事情，必须由国家带头来做，而且必须竭尽全力才能做成。

以文德治国首先要抓的是诚信，可以说诚信是德之本。《贞观政要·诚信》记载，魏征专门给唐太宗写了一道表疏说道：

臣闻为国之基，必资于德礼；君之所保，惟在于诚信。

要让国家长治久安，必须依靠德和礼，皇帝必须坚守的只有诚信。孔子说“民无信不立”，更何况国家。树立诚信的风气，必须从最高统治者——皇帝做起。所以，唐太宗公开宣言：

今欲专以仁义诚信为治，望革近代之浇薄也。（《贞观政要·仁义》）

唐太宗宣誓，要专用仁义和诚信来治理国家，希望能够革除近代以来道德沦丧的风气。

用诚信凝聚队伍

众所周知，唐太宗特别爱惜人才，只要是贤能之人，他总要想办法争取过来，为我所用。因此，从旁人的眼里看来，唐太宗手下来路不清，鱼龙混杂。于是，有人向唐太宗献上一道妙计。

贞观年间，唐太宗当上皇帝不久，就有人向他进言，请他罢黜奸臣。识别人物并不是一件容易的事。唐太宗一向秉持用人不疑的原则，他问：“我以为手下都是贤良，你能告诉我哪些人是奸臣吗？”献计者说道：“我起自民间，看不出哪些人是奸臣，但是我有一道妙计。您可以假装生气，在您大怒的时候依然直言劝谏的就是忠臣，顺着您的意思拍马阿谀的就是奸臣。”这种“钓鱼”办法古已有之，法家就专门研究如何运用各种手段让下面暴露真面目，更有人设下圈套，派遣下人去挑动大臣们发牢骚，甚至引导他们反叛，或者行贿贪污等。虽然手段卑鄙、令人不齿，但在统治者那里很有市场，所以经久不衰。

可是，这回献计者找错人了。唐太宗越听脸色越难看，对身边的大臣封德彝说道：“要水清首先水源得干净。君主是政治的源头，大臣百姓则是水流，君主自己使奸行诈，却要臣下正直，就像源头混浊却希望水清，怎么做得到呢？我常常认为魏武帝曹操惯用阴谋诡计，非常鄙视他的为人，那样做怎么能够成为国家的政令和模范呢？”然后，唐太宗回过头来，对献计者说道：“我要推大信于天下，不想用欺诈手段来整顿风俗。你的办法虽妙，但我不要。”

在全社会建立诚信，首先要从政治诚信做起。从良好的君臣关系培育良好的政治风气，进而推动社会道德的建设。对于君臣上下级关系，孔子提出一个相处之道，那就是“君使臣以礼，臣事君以忠”。上级不能对下级颐指气使，而应该以礼相待，让部下有尊严，才会尽心尽责去工作。介于两者之间最重要的是信任，魏征对唐太宗说：“上不信则无以使下，下不信则无以事上，信之为道大矣！”（《贞观政要·诚信》）上级不相信下级就无法委任他们，下级不相信上级就无法办事，所以，诚信何其重要！唐太宗拒绝用权术考验大臣，就是为了建立起君臣之间的诚信关系。有了信任感，上下一心，其利断金。

人与人之间的信任关系，建立起来不容易，损坏则在瞬间。有一次，有人检举魏征包庇亲戚，唐太宗让御史大夫温彦博去调查，结果查无实据。温彦博向唐太宗报告说：“魏征没有问题，但是，他为人行事不够检点，虽然心中无私，但也不是无可指责。”唐太宗觉得有道理，让温彦博去批评魏征，并且说以后要注意检点行为。改天魏征觐见唐太宗，说道：“臣听说君臣一体，应该竭诚相处。如果上下之间要留心检点，有所隔阂，那么国家的兴亡就难以预料了，臣不敢奉诏。”唐太宗很受震动，检讨道：“我已经后悔了。”魏征趁机进一步进谏道：“我为陛下服务，希望能够成为良臣而不要成为忠臣。”什么是“良臣”和“忠臣”呢？良臣是提出好的建言，被君主采纳，君臣同心协力把国家治理好；忠臣则是力谏君主从善，不惜当众谏争，结果被杀而国家也随之灭亡。君臣上下之间不能坦诚相待，就只有通过抓把柄来相互制约，甚至用“投名状”的手段。这种用人的办法组成的官吏队伍必定是孔子所说的“小人同而不和”，臭味相投，貌合神离，为利益而来，因争权夺利而分裂。这种官吏队伍，还能指望以德治国吗？

这两件事情，反映出一个问题来。治理国家，必须依靠一支高素质的官吏队伍，通过他们把朝廷的大政方针贯彻下去。因此，如何管理好这支队伍具有举足轻重的意义。

魏征曾经针对这个问题，给唐太宗讲了一个道理，据说齐桓公问管子，什么事情会妨碍国家强大呢？管子回答道：有三个方面会成为障碍，第一是不能知人；第二是用人而不信任；第三是信任的同时却又任用小人，君子和小人掺杂在一起。说到底，君臣相互信任是非常重要的。对于领导者来说，要做到用人不疑，以礼相待。对于下级来说，应该无私，竭尽忠诚。君臣之间要做到“内外无私，上下相信”（《贞观政要·诚信》）。

对于国家来说，信誉度的高低，直接关系到政令的畅通与否。魏征引用先哲的话对唐太宗说：“同言而信，信在言前；同令而行，诚在令外。”什么意思呢？同样一句话，有的人说了，大家就相信；同样一道政令，有的国家公布了就能够贯彻下去，起决定性作用的就在于有没有诚信。所以，诚信对于官员、对于国家何等重要！魏征语重心长地告诫道：

> 不信之言，无诚之令，为上则败德，为下则危身。虽在颠沛之中，君子之所不为也。（《贞观政要·诚信》）

说不可信的话，发布没有诚意的政令，作为领导者则破坏了自己的品格，作为下面的人就可能给自己带来危险。所以，不诚信的言行，哪怕在艰难困苦之中，君子也不会做的。

国家失信，老百姓就不相信政府，政令就难以执行，这是执政的大碍。

另一种常见的破坏诚信行为，是管子说的任用小人。魏征给唐太宗讲了一个故事，晋国攻打鼓这个地方，打了一年也攻不下来，有个叫间伦的人毛遂自荐，说他和鼓守城的人有关系，可以买通他们，不费一兵一卒拿下鼓城。晋军统帅穆伯半天也不吭声，左右跑去问他，为什么不用间伦呢？穆伯这才说出原因来，他说间伦是个小人，如果他成功了，我不能不奖赏他，看到小人得志，晋国的正派之士不能不舍弃仁义，变身做起小人来。用这样的代价取得鼓，有什么用呢？

于国家来说，诚信无价！任何政绩、境域等都抵不上。要国家长治久安，诚信是唯一的道路。

唐朝著名的宰相房玄龄有位亦师亦友的儒士名叫王通，也称作文中子，是隋末大儒。他孙子就是“初唐四杰”位居首位的王勃。据说房玄龄曾经向文中子请教如何事君，文中子答：“无私”；问如何管人，答：“无偏”；再问如何改变人，答：“正其心”。唐太宗所做的正体现出无私和无偏来，在他的带动下，大家都这么做，诚信就树立起来了，人心也自然跟着正了。

所谓的君子和小人总是成双成对出现的，他们是相互依存的一个整体，唐太宗也说过，君子小人本无常，行善事则为君子，作恶便是小人。所以，想要去小人存君子，追求纯洁，这种想法既不对，也做不到。那么应该怎么做呢？魏征在给唐太宗的上表中指出：

> 若欲令君子小人是非不杂，必怀之以德，待之以信，厉之以义，节之以礼。然后善善而恶恶，审罚而明赏。则小人绝其私佞，君子自强不息，无为之治，何远之有？（《贞观政要·诚信》）

魏征说的待人之道，对所有的人都适用，那就是要“怀之以德，待之以信，厉之以义，节之以礼”，领导人站得高，做得正，讲诚信，就能够感化部下，小人心正了，做好事，不就成为君子了吗？所以，用诚信感召人，用公正对待人，赏善罚恶，才是最好的治理之道。

唐朝有一位开国元勋名叫长孙顺德，是唐太宗皇后的堂叔，最早追随唐朝起兵，出生入死，功勋卓著。建国以后，他当上中央禁军统帅，位高权重，开始松懈下来，收受贿赂。案发之后，唐太宗为他痛惜，说他为国家作出贡献，我都可以把国库分给他，为什么这般贪财呢？想要法办他，又念在他确实为国家立了大功，下不了手。唐朝法律上对于功勋卓著和清廉勤奋的官员是有减刑规定的。

唐太宗反复权衡，终于想出一个办法，在朝堂上当着百官的面赏赐长孙顺德数十匹绢，把他贪财的真相揭露出来，用赏赐来羞辱他，算是对他的惩罚，又不至于做出杀开国元勋这种不近人情的事情。国家审判机构的大理寺负责人对唐太宗的做法提出异议，唐太宗回答道：“如果长孙顺德懂得羞耻，赏绢之辱，比受刑罚还难过。如果不觉得羞愧，那他就是一只禽兽而已，杀也白杀。”一年之后，唐太宗重新启用痛不欲生的长孙顺德当封疆大吏，他吸取教训，努力为老百姓做事，成为大家称颂的好官。

这件事给我们一个重要的启发，没有道德基础，人人见利忘义，多重的刑罚都制止不了犯罪和堕落。因此，最根本的事情是一定要建立良好的社会道德。

《资治通鉴》讲了这样一件事情，贞观六年，唐太宗亲自审核死刑案件，觉得死囚虽然可恨，但是也有可怜之处，特别是他们即将告别人世，家里有亲人，还有很多后事需要安排。唐太宗动了哀怜之心，和死刑犯人相约，放他们回家了结人情世事，到秋天执行死刑时，自己到京城来受死。同时放回家的还有全国各地的死刑犯人。到了秋天，这些犯人都回来了，他们被唐太宗彻底感动了，信守了约定。据说唐太宗也被他们感动了，犯人们明知赴京就是杀头，还是回来了，用生命信守约定，说明他们已经有了从善之心，所以唐太宗宽大了他们。这件简直不可想象的事情，证明诚信为本、以德治国的威力。唐朝大诗人白居易在《七德舞》诗中写道：

> 太宗十八举义兵，白旄黄钺定两京。擒充戮窦四海清，二十有四功业成。
>
> 二十有九即帝位，三十有五致太平。功成理定何神速，速在推心置人腹。
>
> 亡卒遗骸散帛收，饥人卖子分金赎。魏征梦见子夜泣，张谨哀闻辰日哭。
>
> 怨女三千放出宫，死囚四百来归狱。剪须烧药赐功臣，李勣呜咽思杀身。
>
> 含血吮创抚战士，思摩奋呼乞效死。则知不独善战善乘时，以心感人人心归。
>
> 尔来一百九十载，天下至今歌舞之。歌七德，舞七德，圣人有作垂无极。
>
> 岂徒耀神武，岂徒夸圣文。太宗意在陈王业，王业艰难示子孙。

唐太宗的成功，就在于“以心感人人心归”。人心都是肉长的，以诚待人，人间自有真情在。

第十九章
成由俭约　败因奢靡

人的身上，有一部分属于本能，有一部分需要后天的修炼。物欲、占有欲、妒忌攀比、自私自利这些方面，源于本能，这些方面无须提倡，也不应该鼓励。需要鼓励的是如何把这些本能的方面转化为动能，克制在理性的范围之内，成为一个有道德的人，有见识的人，能够与人和谐相处，有所作为。后天的修炼，最重要的是要学会收住躁动的心，节制过度的欲望，学习理性的生活。中国古人一直重视节俭朴素，并将其作为人格培养的一个重要方面，这是非常可贵的。人一旦奢侈，就会约束不住内心的欲望和外部的各种诱惑，由奢生骄，从物质的追求走向自我的极度膨胀，做出各种坏事。唐太宗一再告诫自己和大臣，从历史的教训来看，王朝的失败经常是从领导人的骄奢开始，一步步走向失败的深渊。因此，千万不可把奢侈简单看作生活小节，而应该给予高度的重视。正所谓成由俭约，败由奢靡。

防微杜渐，内外兼修

有一天，唐太宗问专门负责提批评建议的谏议大夫褚遂良，为什么舜帝这么英明的君主打算做几件漆器，大禹想雕塑餐具，竟然有十几位大臣出来苦苦劝阻，这难道不是小题大做吗？褚遂良回答道：雕琢器物会妨碍农业，编织彩绣会劳累女工，最重要的是这样做开启了奢侈淫邪之门，国家就是因此而逐渐走上危亡之路的。为什么呢？因为做了漆器以后，会觉得金器更好，有了金器，便觉得玉器更美，奢侈是没有尽头的。这就是十几位大臣苦苦劝谏的道理。批评应该在事物刚刚萌芽之时，到已经完全成形就来不及了，那时候也没有什么可以劝谏的了。

中国古人一直讲防微杜渐这个道理，做什么事情，不要只看眼前这件事情的大小，而要看它将来发展的趋势。大家都知道三国时代蜀国的创始人刘备，他临终给儿子的遗嘱中，叮嘱道："勿以恶小而为之，勿以善小而不为。惟贤惟德，能服于人。"(《全三国文》)刘备死在内忧外患的困境中，儿子阿斗又不争气，让他很不放心，大家一定觉得他会给儿子留下治国的秘诀，比如有什么高超的手段管束大臣之类，结果却是如此简单而朴实的话。做好事还是做坏事，都会成为一种习惯，会越做越大。儿子没有治国的才能，至少懂得不做坏事，专做好事，身边有诸葛亮这样的贤人辅佐，国家就不会出大乱。刘备真正看到了最根本的地方，他交代的不是鸡毛蒜皮，而是最重要的话。

我们说要修炼内功，那就是要提高免疫力，做到百病不侵，这是最根本的。孩子最需要我们关心的是什么呢？是做人诚实，待人和善，对自己的欲望有克制力。一句话，立得稳，行得正，那就没有什么需要担心的。治理国家也是这个道理，老百姓要富，国家要俭。对于不同地位的人，有着不同的要求。老百姓做几件精美的漆器餐具，没有问题；可是君主和官员就不能做，因为你用的是公款，不用自己掏钱，就会这山望着那山高，心中的欲望放出来了，不知不觉中就滑向了奢靡纵欲的堕落深渊。所以要提高免疫力，首先还得从内心做起，君主、官员和朝廷都必须领会到要想让自己和国家长治久安，就要学会俭约。

俭约贵在内心的自觉

国家也好，事业也罢，都是因为勤俭节约而兴起的，却由于奢侈挥霍而失败。这个道理是无数的历史教训反复证明的。唐太宗用他自己亲眼所见，给大臣们讲了隋炀帝的故事：唐朝攻克长安，进入皇宫的时候，见到的宫内处处是珍宝和美女，府库充盈，年景很好。也就是说，隋朝不是因为国家经济凋敝、贫穷衰败才导致人民起义的，而是好得让人羡慕，唐太宗甚至感到惋惜，说隋炀帝如果不到处生事，老老实实待在关中，隋朝再怎么也不会灭亡。

隋炀帝为什么会生事呢？就因为朝廷收入太多，搜刮民脂民膏，来得容易，就不懂得珍惜，讲究排场，人会变得越来越挑剔，脾气越来越大。唐太宗曾经到东都巡视，入住宫殿，接待的部门因为食宿安排不周到，连连受到责罚。但是在魏征看来，这不是生活上的小事。他当面向唐太宗进谏，讲了隋炀帝的往事，他所到之处，一定要吃最好的山珍海味，搞得地方官挖空心思了解隋炀帝的爱好，争相进献美食。隋炀帝也习惯了这样的排场，变成哪个地方进献的东西不够多，他就觉得怠慢了，动怒责罚。以后他出行，各地无不战战兢兢，老百姓表面强作笑颜，心里只盼着早点送走这个瘟神。

皇帝喜欢吃穿好点，本来也是人之常情，为什么要特别注意呢？因为三个方面的原因：

第一个是皇帝不高兴，下面就要受处罚，于是地方官只好四处搜刮张罗，皇帝一行人所过之处，就像发大水一般，演变成为一场劳民伤财的洗劫。

第二个更要命，那就是生活上的铺张挑剔，一定会滋长起骄气，魏征批评道：“此则不思止足，志在奢靡。既乖行幸本心，何以副百姓所望？”（《贞观政要·行幸》）什么都要追求最好的，根本不懂得体恤百姓，以奢华为政绩，耍威风为功劳，人变得越来越骄狂，好大喜功，急功近利。

第三个是皇帝生活上的奢侈多欲，会给小人邀功的机会，生活上的臭味相投，进而变成政治上的团伙，拍马逢迎之人受到重用，把整个朝廷的正气给搞坏了。

这种规律可以由君王延伸到各级官员。历史上的奸臣小人，大多是依靠迎合皇帝生活所好而成为心腹的，唐太宗面前就活生生地演出一幕，让他亲身体会。

贞观七年（633 年），唐太宗幸到蒲州（今山西永济市）巡视。当地的刺史叫赵元楷，原来是隋朝官员，他拍马溜须的功夫非同一般，因为把皇帝伺候得好，所以在官场上顺风顺水。到了唐朝，他坚信拍马溜须依然是无往不胜的杀手锏，尽管唐太宗三令五申要勤俭节约，他依然用隋朝的那一套来接待唐太宗，命令城内父老穿着整齐的黄纱单衣，站在路旁，排成长长的欢迎队伍，场面很是壮丽。再把官府和庙宇修饰一新，盖起雕梁画栋的行宫，供唐太宗住宿。赵元楷特别细心，不但要招待好皇上，更要打点好皇上身边的权贵要人，他暗中准备了几百只羊，几千条鱼，分头送礼。这回他彻底失算了，唐太宗到了蒲州，一看这排场马上变色，把赵元楷召唤到跟前，当众责备道："朕巡省河、洛，历经数州，所用的都按照官方规定执行。你饲羊养鱼，雕饰楼宇，这些都是隋朝亡国的弊端陋俗，现在不允许再这么做了。你要明白我的意思，改正错误。"一通批评，让赵元楷满面通红，他这回拍马拍在马腿上了，从来没有如此丢脸，回去后又羞又怕，吃不下饭，竟然一命呜呼了。

为什么对于百官逢迎进献的行为更要严格管住呢？魏征指出："上之所好，下必有甚，竞为无限，遂至灭亡。"（《贞观政要・行幸》）为了上司高兴，下面的官员会层层加码，顾着搜刮奇珍异宝、美味佳肴进献，换取自己的功名利禄，搞得民不聊生，隋朝就是这样灭亡的。

本来朝廷强大了，首先应该想到让老百姓也一起享受这份幸福，但隋炀帝却是愁着如何花钱，粉饰太平。他下令从长安到洛阳修建“驰道”，也就是古代的高速公路。道路修得十分开阔，竟然有几百步宽。古时候跑的是马车，车子远远没有今天这么多，却修建如此宽阔的道路，岂不是面子工程吗？而且，他还要在沿途修建离宫别馆，富丽堂皇。做完这些还不满足，接着在并州（今山西太原）、涿郡（今河北涿州）、扬州等地都大兴土木，照着这个标准修筑。

隋朝以前，中国处于最漫长的分裂时代，形成了相互独立的三个主要区域，那就是关中、山东和江南。隋朝统一中国之后，修建道路和运河将这三大区域连接起来，应该是一件意义深远的事业。可是，被隋炀帝当作面子工程来做，铺张浪费，硬是把好事做成了一大恶事，把全国的老百姓推入火坑，终于揭竿而起。难道是隋炀帝从一开始就想做坏事吗？这样说显然不公平，隋炀帝是因为钱太多才变得越来越铺张的，一旦挥霍起来，很自然就无视民生疾苦。所以，说到底就是不懂得国家做任何事情都必须力求花小钱办大事，无论何时何地，都必须坚持俭约。一定要知道，国家花的每一分钱都来之不易，全是百姓的血汗。要做到这一点并不容易，俗话说“崽卖爷田不心疼”，花公款惯了，人会变得麻木不仁，所以，唐太宗告诫道：“以此观之，广宫室，好行幸，竟有何益？”（《贞观政要·行幸》）

隋炀帝身败名裂是偶然的个案吗？显然不是。中国古代王朝，大多是在经济发展起来后腐败堕落直至最后灭亡的。唐太宗又给百官们讲了另一个故事，说的是西晋末年，匈奴族首领刘渊的第四个儿子刘聪，他名叫聪明的“聪”，人也确实非常聪明好学，为人称道。刘渊起兵反晋，刘聪是急先锋，打下大片土地，帮助其父建立前汉王国。后来，刘聪当上皇帝，享受起荣华富贵来，当年锐意进取的意志变成了享乐太平的心情，下令为皇后大兴土木，建造高大的宫殿。这可苦了老百姓，正如古人所说的："帝王所欲者放逸，百姓所不欲者劳弊。"（《贞观政要·俭约》）刘聪手下的大臣劝他节制，引起他勃然大怒，传令把大臣拖出去斩了。幸好皇后还不昏，听说此事，赶忙亲手写了一道手疏，言词恳切，才平息了刘聪的怒气，饶了大臣一条性命。

唐太宗讲了这么多历史故事，其实说的就是一句古话，叫作"饱暖思淫欲"。历史上亡国昏君大多是有钱才变坏的。危难往往能磨炼人，富贵却容易变成魔鬼的诱惑。所以，治国之人，一定要时刻懂得节制内心的欲望，提高俭约治国的自觉性。唐太宗总结道："固知见可欲，其心必乱矣。至如雕镂器物，珠玉服玩，若恣其骄奢，则危亡之期可立待也。"（《贞观政要·俭约》）身处有权有钱的地位，更要懂得节制修心，俭约为怀，才能长治久安。

唐太宗的"四条禁令"

危难兴邦，放逸丧国。自古以来，执政者的心一旦骄奢，首先就会表现为大兴土木、兴办大型工程。那么，是不是国家工程都是坏的呢？那倒不是。唐太宗曾经对此问题做过分析，指出远古的大禹凿九山、通九江，工程十分浩大，动用的人力很多，天下没有怨言。秦始皇兴建皇宫，民怨沸腾。同样是土木工程，为什么效果截然相反呢？因为大禹治水，做的是老百姓的事情；秦始皇修皇宫，满足的是私欲。

当了大官，做了皇帝，往往都会想摆摆阔，显露风光，追求舒适的生活，这就是为什么这些人热衷于大兴土木的原因。自己享受了，还让大家羡慕，从而获得虚荣心的满足，感到了享受权力的风光。唐太宗明白人内心的弱点，权力欲、表现欲等，都是心不静的反映。爱慕虚荣，是帝王的喜好，但它恰恰是老百姓所讨厌的。唐太宗引用孔子的话"己所不欲，勿施于人"，所以，他和大臣誓约："劳弊之事，诚不可施于百姓。"（《贞观政要·俭约》）

贞观时代，唐太宗号召百官全面学习历史，他自己带头聘请十八学士，虚心拜师，延请有识之士到宫内客观深入地剖析历代兴亡成败的经验教训，推动朝廷出现了学习历史的热潮。君臣处理国家事务，以及平时在一起讨论问题的时候，都习惯讲历史，从历史总结出最符合国情，也最真实可靠的治国理论。他们讨论了一个问题，非常有趣，也非常有启发。

俭约治国这个道理，很多人都知道，每一次改朝换代，新的统治者都会总结前一代奢侈腐败的教训，严厉批判，信誓旦旦要厉行节俭，这样的事例多得讲不过来，就说离唐朝最近的隋朝，隋文帝号召节俭，私生活过得像清教徒一般，对子女管教也甚严。有一次太子杨勇和文人交游，带回一具铠甲，高兴之余，装饰一通，不巧被隋文帝见到，被狠狠训斥，告诫他“历观前代帝王，未有奢华而得长久者”，(《隋书·杨勇传》)还留下一套自己的旧衣裳，命令太子经常翻看，学会节俭。隋炀帝也懂得这个道理，在同杨勇争夺继承人位子的时候，特别节俭，住在破旧的房子里，屋里的古琴断了弦，布满灰尘，显示自己无意于声色。可是，他当上皇帝之后，渐渐变了，越来越奢侈。当年的表现或许有些矫情，但也不能说他完全不知道俭约的道理。所以，一部反奢侈求俭约的历史，上演最多的是后人批判前人，最后自己变成前人的故事。这是多么可笑又多么惨痛的教训。唐朝宰相马周写道：

> 故人主每见前代之亡，则知其政教之所由丧，而皆不知其身之有失。是以殷纣笑夏桀之亡，而幽、厉亦笑殷纣之灭。隋帝大业之初，又笑周、齐之失国。然今之视炀帝，亦犹炀帝之视周、齐也。故京房谓汉元帝云：“臣恐后之视今，亦犹今之视古。”此言不可不戒也。(《贞观政要·奢纵》)

嘲笑前人犯错误，结果自己犯了同样的错误，道理在哪里呢？就在于许多人经常犯的毛病，不晓得看书只是眼睛的学问，听书只是耳朵的学问，这些东西都是飘在空中的彩云，看着美丽，却不曾变成属于你的学问，最多也就是饭后茶余的谈资。真正的学问，所有的道理，只有亲自实践，才会理解其真谛，铭刻于心，有所体悟，成为自觉。例如讲俭约，不光是对别人的要求，首先是自己内心的修行。所以，马周跟唐太宗讲："自古明王圣主，虽因人设教，宽猛随时，而大要以节俭于身、恩加于人二者是务。"（《贞观政要·奢纵》）真正的明君圣王，是对自己讲俭约，对老百姓讲广施恩惠。所以，节约首先要从自己做起，然后要求百官遵守。

正因为如此，所以，唐太宗一登基，马上针对王公百官颁布了"四条禁令"：

第一，住宅；
第二，车马、服装；
第三，婚嫁；
第四，丧葬。

这四条都必须严格按照各级官品所规定的待遇执行，不得超过限制。凡是超过标准的一律禁止。

这几条禁令执行得非常严格，所以，整个贞观年代崇尚俭约，《贞观政要·俭约》描述道："由是二十年间，风俗简朴，衣无锦绣，财帛富饶，无饥寒之弊。"

唐朝首都长安的夏天非常炎热，唐太宗患有高血压，惧怕热天。大臣们知道了，请他盖一座阁楼避暑。唐太宗拒绝了，他引用汉文帝的事例，说当年汉文帝打算建一座露台，估算下来，费用大约相当于十户人家的财产，汉文帝心疼不盖了。唐太宗说，我积德没有汉文帝那么厚，而建造阁楼的费用却要超过他，这怎么可以呢？这不是为君之道。

到了贞观时代中期，天下太平，王公百官开始出现追求奢华的倾向，旧的传统重视死后的世界，现实的奢华被唐太宗严格管住了，不少官员转而去修建豪华的墓葬，准备在阴间里享受此生得不到的奢靡。这样做已经在冲击贞观初年制定的禁令，唐太宗知道后，马上重申禁令，并且宣布让各地官员公开进行检察，按照法律规定，发现一起，处理一起。唐太宗还特地要求对于京城五品以上大官以及王公贵戚触犯禁令的，要直接向他报告。

唐太宗带头，大臣们身体力行，后人看到贞观年代的社会繁华，却不知道这个时代宰相们过的是十分清贫的日子，这里简单举几个例子：

堪称贞观时代脊梁骨的魏征，住的房子竟然没有正堂，非常简陋。魏征得病，家里人来人往，得不到很好的休养。唐太宗知道这个情况，赶快派人把自己积攒下来准备盖间小殿的木料搬到魏征家，用五天的时间建起一间房子，送去被褥，让魏征有间专用的房屋休息。

主管全国经济的大臣戴胄去世，谁都没想到他天天经手的钱物数以万计，家里却拥挤得连放牌位祭奠的地方都没有。唐太宗下令有关部门给他造庙，供人凭吊纪念。

这简直可以说是死无葬身之地，然而，这种情况不止戴胄一人，国家行政首脑温彦博也是如此，死后同样是由唐太宗为他立庙，并赠送钱物帮他们家办理丧事。

主管朝廷决策的中书令岑文本，住在低湿的地方。唐人家中常用帷帐来分隔空间，同时也成为一种装饰，营造气势。岑文本家里没有这些东西，一眼从前厅望穿后院，哪里像个官人的家。身旁的人劝他积攒一点产业，岑文本叹了一口气，回答道：我本来是江南一个布衣之人，没有立下汗马功劳，只是因为擅长文墨而当上中书令，这已经非常够了，况且还领许多俸禄，让我深感愧疚，哪里还想到经营产业！劝说的人感叹而去。

贞观之治是建立在朝廷俭约的基础之上的，淡泊明志，宁静致远，俭约治国。

俭约则民乐

崇尚俭约，是执政为民精神的体现。皇帝和内外百官节俭，不仅是美德，更是为了不让权力的手随便乱动。皇帝和百官一旦追求奢华，马上就会变为官府的行为，那就不是个人道德的问题了，而会演变成为社会的重大危机。

有一天，唐太宗读完史书，感慨万千，对身旁的大臣们说道：我读了北齐和北周末代皇帝的传记，发现他们有着惊人的相似之处，那就是喜欢奢侈，好大喜功，因此就发起了许多工程，国库不够用了，开始增加税收，再不够，就想尽一切办法收费，税如牛毛，无孔不入，什么手段都用上了，这就像肚子饿了，割身上的肉吃，肉吃光了，人也死了。国家也是如此，百姓被剥削干净，君主也灭亡了。

从历史中总结治国的经验，唐太宗明白了一条最质朴却最容易被当权者遗忘的道理，那就是“国以人为本，人以衣食为本”。(《贞观政要·务农》)如何务本呢？对于农业社会来说，那就是不违农时。然而，国家工程往往和农民争夺劳动力和最佳时间，结果对于农业造成的破坏难以估量。凡是违背社会经济规律的行为，都会遭到社会经济的报复，付出惨痛的代价。这是国家有所作为的时候首先要考虑的要素，唐太宗称之为“以不失时为本”。如何做到这一条呢？唐太宗认为最重要的在于执政者要“简静”，简单而安静，不要轻举妄动，“安人宁国，惟在于君。君无为则人乐，君多欲则人苦。朕所以抑情损欲，克己自励耳”。(《贞观政要·务农》)朝廷俭约了，民间就有了很大的发展空间，社会经济便活跃起来，繁荣的捷径竟是如此的简单明了。

对于俭约治国的原则，要从一开始就坚持贯彻，始终不移，丝毫不能松懈？其道理在哪里呢？马周在给唐太宗的表文里面指出："凡修政教，当修之于可修之时，若事变一起而后悔之，则无益也。"（《贞观政要·奢纵》）也就是说，不能幻想先发展再整治，因为奢侈的风气就像吸毒一样，一旦上瘾，成为风气，就很难克服了。更不要说奢靡造成社会动乱，一旦爆发，再后悔也来不及了。

成由俭约，败因奢侈。这是唐朝走向盛世的又一条宝贵的经验。繁荣的唐朝，不是奢靡的花花世界，而是理性的蓬勃朝气，"风正一帆悬"。

第二十章
谨言慎行作表率

一个人地位越高，手中的权力越大，就应该打从心底里认识到肩上的责任更重，一言一行都会产生恐怕自己都不曾预料到的影响，对事情带来改变，产生后果。尤其像皇帝这种处在权力顶峰的人，对此没有充分的认识，依然像一般人那样随意说话，引起事端，等到事情发生以后才后悔，覆水难收，这是非常不负责任的。所以，作为领导人，应该多听少说，多调查少批示，每作一项决定都要反复掂量，慎之又慎，避免因为思虑不周而给国家和百姓造成不良的后果。

这个道理，唐太宗当上皇帝之后，有了更加深刻的体会。人一旦坐上巨大的权力的宝座，往往会有两种截然不同的态度：一种是感觉到无上风光，于是颐指气使，张牙舞爪。这种人属于内在浅薄，一爬高就飘起来的类型，古人称之为“德不配位”，必有灾殃。另一种则是把权力变成内在激励和奋发行善的动力，增强责任感和使命感，手握大权，心存敬畏，就像古人所说，执政者要战战兢兢如履薄冰。

说话要对现实负责

唐太宗当上皇帝之后，整个人变得更加内敛，更加平和，脸上总是带着笑容，让人怎么看都离过去那种统帅百万大军叱咤风云的英豪形象仿佛远了。在他身上，言行举止都在不知不觉中发生变化，连写字都看得出来，他书写的《晋祠铭》变得如此不温不火，端庄而内敛。这一切是如何发生的呢？了解大军统帅性格的人会知道，让他们大块吃肉，大碗喝酒，言出必行，斩钉截铁，恐怕是人生快事。反过来，让他们小心说话，脸上总挂着笑容，耐着性子听文臣叽叽喳喳，有时还被顶撞得一肚子火不敢发作，比什么都难受。所以，唐太宗的这种改变来得不容易，是自己硬生生按捺性子地自我修炼。

为什么出现这么大的转变呢？

大臣们的批评建议是外在的因素。唐太宗登基之后，大臣就对他说，陛下您出自行伍，相貌威武，平时严肃的时候，旁人见到都暗自心惊，更不用说生气的时候，所以，您一定要和颜悦色，说得直白点，就是要唐太宗不要发怒，要给大家摆笑脸。这话唐太宗不仅听进去，还真这么做了。

内在的因素是什么呢？唐太宗当一年皇帝之后，对大臣们说了这一年来的感受，那就是坐在庙堂高位，再也不敢随意说话了，“每日坐朝，欲出一言，即思此一言于百姓有利益否，所以不敢多言”(《贞观政要·慎言语》)。

对国家负责，对当下负责，促使唐太宗不敢随意，每说一句话，作一个决定，都要三思，想想是不是有利于百姓，有利于国家。说话谨慎，是负责任的表现，体现出领导人的成熟和担当。

说话要对历史和百姓负责

对于当下负责，几乎是领导人思考问题的出发点。然而，如果仅仅局限于此，显然站立的高度并不高。有许多事情，眼前可以做，当下合理，可是，过一段时间再来回顾，就发现当初思考并不周全，甚至是错误的。这就是短期利益同长期利益未必一致的地方。处理短期的事情，容易就事论事，眼光不会放得太远，非常容易被具体的利益牵着鼻子走。所以领导人一定要能够经常从具体事务中超脱出来，学习从历史的角度看待问题，不但要对当下负责，也要对历史负责。如果善于把当前的事物放到历史的长河中考察定位，哪怕同现实条件相妥协，心里也能够明白妥协让步的意义和价值，乃至今后应该如何纠正。把事情的本质看得越透，眼光越远，眼前的事情反而更加透亮。中国古话说“人无远虑必有近忧”，讲的就是这个道理。

唐太宗比其他皇帝强的地方，在于他总是挑选一批具有远见卓识的贤良人才围绕在自己身边，时时刻刻对他提出高标准、严要求。这一次也不例外，当唐太宗在介绍自己谨慎发言的心得时，给事中杜正伦马上接过话头，说了起来。给事中是什么官呢？它原来是皇帝身边的高级顾问，由博学多闻的文士担任。唐朝的给事中负责的事务更多了，属于制定和审议政令的专门机构“门下省”的日常事务负责人，对于朝廷起草政令具有很大的发言权，甚至可以驳回草拟的诏令。给事中的职责要求他们思考问题必须站得高，看得远。杜正伦对唐太宗说道：陛下所说的话，我们都会记录在案。所以如果说话不在理，不仅会损害当今的老百姓，而且，千年万载以后依然会损害您的声名德望，请陛下一定要慎重。

中国自古以来有一个优良的传统，那就是在最高权力者身边设立史官，随时随地记录其言行，收藏为档案。为什么中国的历史学如此发达，就是因为有如此深厚的原始积累，还有历史学家根据国家档案编纂史书的时候，必须秉笔直书，尽量做到真实。这个传统及时给后人留下宝贵的历史经验和教训，同时，对于当权者也是很大的制约。唐太宗知道自己的言行会被记录下来，很有感慨，说道：一般百姓说句坏话，旁人会记下来，成为他的耻辱和累赘，何况是君主，更不能说话不在理，造成的伤害非常之大，不是一般人所能比拟的。所以，言语是君子的命门，谈何容易啊！我常常以此为戒。

自从秦始皇建立起高度集权的朝廷体制以来，能够对权力形成一定制约力的因素实在不多，历史就是其中之一。就以唐太宗为例，他听说左右大臣会把他做的事情都记录下来，曾经几度要求看史官的记录，结果遭到拒绝。

有些皇帝会想篡改历史记录，自我粉饰。他们确实也这么做过，以致今日有不少人怀疑古史的真实性。对于历史留一颗辩证的心肯定没错，但是也犯不着怀疑一切，甚至认为正史的记载全都是假的。千百年来，考古和各种传说记载、古代文书简牍，乃至海外留存的记录，更多证明的是中国古代史书记载的正确性。真正的历史是难以篡改的。魏征就对唐太宗说过，皇帝作为四海之尊，被捧得那么高，反而变得更加透亮，就像太阳和月亮，高悬天空，有一点黑点或者亏损，大家都看得清清楚楚。地位越高，越难以有隐私。很多人想着捞取更多的好处，希望爬得越高越好，不知道有没有想过地位高了，自己的品行和才能就全都暴露出来，是非功过，众人皆知。所以，历史在这个意义上是由老百姓编写的，口口相传，有如碑刻。因此，敬畏历史，其实也是敬畏百姓，正所谓“吃百姓之饭，穿百姓之衣，莫道百姓可欺”。

要建立强大的纠错机制

要一个领袖不说错话，那未免太过苛求。实际上，建立其强大的纠错机制，远比谨小慎微不犯错误重要得多。永远正确是谎言，知错能改却不容易，特别是对于位高权重的人，更多见到的是文过饰非，指鹿为马。

唐太宗经常和大臣在一起讨论国家事务，批阅奏章，如果和自己的看法不同，他常常会提出质疑，当众辩驳。而且，唐太宗还喜欢询问大臣的家庭出身。古代是个等级社会，出身贫寒的大臣最不好意思让人知道自己的家世，乃至贫贱时代的经历。结果常常被唐太宗问得面红耳赤。唐太宗出身贵族，很难了解下级的心理。有位名叫刘洎的大臣专门给唐太宗写了一封上书，指出这些问题，说道皇天以无言为贵，圣人以不言为德，老子说最善于辩论的人往往表现得木讷，皇帝掌握的情报比部下全面得多，下级面对强势的领导，要鼓起多大的勇气才敢出来说话，往往站出来后紧张得说话都结巴，这时候被您质问几下，又惊又吓，含羞而退。这恐怕不是鼓励大家畅所欲言的做法。唐太宗读了之后，感觉到自己确实不对，向刘洎认错，表示一定会改正。

能够认错并改正的人，最有自信、底气和胸怀。悔过是人生难能可贵的前进动力。唐太宗曾经回顾自己走过的历程，自豪地说自己十八岁开始创业，二十四岁就平定天下，二十九岁当上皇帝。纵观历史，开国皇帝差不多都是四五十岁的人，哪怕最年轻的东汉光武帝，也已经三十多岁了。就年龄而论，唐太宗堪称前无古人，后无来者。他也以此得意，颇为自豪。自从和十八学士一起读书以后，腹中文墨多了，人也越来越厚实深沉，对于早年的自负感到羞愧，视为己过。深深的悔过促使他发奋读书，感叹道：

> 君臣父子，政教之道，并在书内。古人云："不学，墙面，莅事惟烦。"不徒言也。却思少小时行事，大觉非也。（《贞观政要·悔过》）

治国的道理，先哲贤人都写在书里面，不好好学习领会，不懂得从大局着眼，纲举目张，而是就事论事，成日忙于具体事务，把自己搞得不胜其烦，事情还处理不好。所以越是工作忙，越需要读书学习，提高理论和处理事情的水平。这是唐太宗通过学习后的心得，回想自己以前总爱夸耀功绩，觉得没有一个创业的皇帝比得上自己，凭着经验处理事情，自己还觉得非常高明。读书以后，学会从宏观大局审视问题，站在历史的高处，往日的各种做法尽显出短视和盲目的弊病，对于那时候自以为是的骄傲自负，感到非常可笑和后悔。

旁观者清，所以，一定要倾听方方面面的意见，这是一个很好的纠正错误的机制。在没有人指出问题的时候，自己读书学习，从历史和传统，乃至古今中外的经验教训中，发现问题，也是一个很好的补救途径。

谦卑执政

唐太宗是一位非常有领导力的皇帝，然而，他执政的风格却以开明、开放而被后人称赞不已。自从五胡十六国以来，像唐太宗这种风格的领袖十分罕见。这时期大多数的皇帝渴望具有强大的领导力，有位皇帝临终前给儿子传授执政秘诀，那就是大权独揽，遇事独断。这种思路绝不是个例，几乎是统治者的共性，他们把领导力等同于专制，结果始终出不了像唐太宗如此大气的领袖。

那么唐太宗本人对于领袖这个角色是怎么认识的呢？登基不久，他就对大臣们说道：当皇帝不是作威作福，无所畏惧，而是相反，要“自守谦恭，常怀畏惧”。他还引用舜告诫禹的话：“汝惟不矜，天下莫与汝争能；汝惟不伐，天下莫与汝争功。”（《贞观政要·谦让》）作为最高领导人，国家治理好了，人们自然把所有功劳都归之于你，你还要和谁争功呢？然而，你自己一定要明白，事情要靠许许多多的贤能之人去办，能不能团结人，凝聚人心，这才真正体现出当政者的领导力和魅力。

怎么团结人呢？《周易》说：“人道恶盈而好谦。”讨厌骄傲自满，喜欢谦虚礼让，这是人们普遍的心理。唐太宗引用古训，打了一个很好的比喻，说君王应该像一只容器，而众人则像是水。古语说得好，有容乃大。为人谦恭，胸怀广大，这只容器就做大了，可以装下许多水。水是没有形状的，容器什么形状，装在里面的水就呈现什么形状。也就是说，作为领导人要给众人作表率，立规范。尧和舜两位圣君率领天下崇尚仁爱，结果整个社会和谐美满。桀和纣两位暴君实行专制统治，结果民风暴戾。领导人谦卑执政，以民为本，把道德和法制作为轨道，社会没有不繁荣的道理。唐朝盛世就是这么创造出来的。

慎行

古人很早就知道“上有所好，下必甚焉”的道理。墨子曾经讲了楚王喜欢细腰的故事，因为国王喜欢，大臣们生怕自己吃多腰粗，纷纷节食，一餐就是一小碗饭，几年下来，一个个饿得头昏眼花，坐在席上的人都得扶着墙才能站起来。这个故事，人们耳熟能详，但是，领导人真正懂得其含义的并不多，所以，这个故事在历史上变了个样子一再重演。

唐太宗同大臣们讲，南朝最繁荣安定的梁武帝时代，和平日子过得久了，大家似乎都忘记北方的敌人，小富则安，梁武帝本人也厌倦朝政，随着年纪越来越大，他也越来越沉迷于拜佛诵经之中。问题是梁武帝不是真正懂得佛教的人，他以为建庙起塔，做这些表面文章就是虔诚。其实，佛教教人的是破除杂念，放下自我，克服偏执，解脱俗缔。而梁武帝做的表面上看起来轰轰烈烈，“南朝四百八十寺，多少楼台烟雨中”。为了建造这么多的寺院，需要动用多大的财力和人力。所以，梁武帝三次舍身入寺院，让朝廷出重金来为他赎身，用这个办法给寺院弄到很多钱，在各地修建寺庙，剃度僧人。他觉得自己做了很多功德事业，遇到从印度来的高僧达摩，便讲给达摩听，询问这样做有没有功德。达摩让他很失望，告诉他这些都是表面文章，没有功德。其实，不但没有功德，还把国家给带坏了。在梁武帝的影响下，梁朝上下沉醉在佛教之中，除了建造寺塔等土木工程，就是在一起空谈，从老庄到佛经，讲论人生之苦，宇宙之空。梁武帝亲自登坛说法，百官都穿宽衣大袍、高脚鞋子，把国家大事统统放到一边去。梁武帝佞佛，全社会追求浮华，权贵公子身肥骨脆，养尊处优，连马都没见过，听到马叫以为是狮子吼，吓得魂飞胆裂。富而弱，内忧外患怎么不发生呢？从北方前来投靠梁武帝的将军侯景，看穿了梁朝像个吸毒晚期的病人，起兵作乱，攻入首都，把梁武帝给活活饿死了。

梁武帝佞佛，给唐朝一个重要的教训，就是朝廷不可轻举妄动，领导人更要注意自己的爱好。因为官场乃至社会会跟风，从而演变成为社会问题。就说梁武帝，他自己信佛倒也没事，要命的是他把个人爱好加以提倡，上行下效，演变成为整个朝廷的自我麻醉，全社会都跟着漂浮起来。所以，唐太宗强调朝廷和领导人一定要学会慎重行事，切勿盲目爱好，崇尚虚妄。

这个问题之所以重要，是因为世上有很多人根本不相信科学，他们更喜欢迷信，越是虚无且不可捉摸的世界，对他们越有吸引力，甚至由恐惧转变为盲目崇拜。

崇尚迷信的人，最常见的有两种，一种来自没有文化和教养的底层，一种来自位高权重的高层。尤其是高层，享受荣华富贵，吃香的喝辣的，成天祈祷长生不老，永远享受下去。对于他们来说，风水、算命、神药仙丹几乎成为生命的支柱。高层热衷于求神拜佛，底层执着于迷信，虽然各自的原因和目的不同，却能一拍即合，上下呼应，社会的道德思想轻而易举地被击破，从而日趋堕落。社会上邪教和迷信的根子，往往不出在底层，而来自高层。这种例子实在太多了，比如秦始皇，相信术士的话，派遣徐福带五百童男、五百童女前去寻找长生不老的仙药，花费巨大，在国内掀起了神仙崇拜，老百姓也都相信。陈胜起义的时候，不是先派吴广假扮野狐在夜里鸣叫，让大家相信他有天命，才发动起来的吗？所以，唐太宗说："神仙事本是虚妄，空有其名。"身居高位的人一定要知道，当你对社会的影响越大的时候，你的私人空间就变得越小，在别人是私事，在你就成为公事了，至于皇帝，那就几乎没有私事，你的兴趣爱好很快会变成社会时髦。因此，出于对国家和社会的责任，你就只能管住自己的爱好，尤其像神仙、玩物、娱乐等。唐太宗说道："君天下者，惟须正身修德而已，此外虚事，不足在怀。"(《贞观政要·慎所好》)领导人切不可耽迷于神仙道术，在中国历代王朝中，迷信的皇帝比比皆是，求仙丹、服仙药、请术士看风水、充当国师，等等，匪夷所思的故事，可以写成好几本书，唐朝大诗人李商隐曾经写诗讽刺皇帝热衷于迷信道："可怜夜半虚前席，不问苍生问鬼神。"可是他们的结果呢？没有一个得道升仙，倒是不少人服了仙药后奔往黄泉，国破人亡。

说到这里，我们更能体会"无官一身轻"这句古话，官越大，责任越重，甚至成为公共象征形象，大家都在看着你，一句话，一项爱好，一个行动都会像一块石子投入水中，泛起一圈又一圈的波纹，你都不知道会影响到哪里。谨言慎行，是对自己负责，更是对国家和社会的责任承担。唐太宗以身作则，奠定了唐朝走向盛世的牢固根基。

第二十一章 教育是根本

再好的制度，再好的政策，都需要有人来维护和贯彻，要建设高度文明昌盛的社会，更需要造就一代又一代高素质的国民，所以，以文德治国的大政方针，从长远的眼光来看，成败的关键在哪里呢？就在于教育，在于文化素质。关于这个问题，唐太宗曾经专门论述道：“为政之要，惟在得人……今所任用，必须以德行、学识为本。”（《贞观政要·崇儒学》）

振兴教育，重建学统

前面我们曾经专门介绍过，唐朝起义为什么能够超越众多英雄豪杰，脱颖而出呢？至关重要的是唐朝成功树立起仁义之师的形象，并且实实在在地贯彻执行。

从隋朝急功近利的执政理念转变到以文德治国的航向上来，需要大批具有理想、充满热情而有能力的人才。有没有这样的人才，关系到国家的兴废，对此，唐朝吸取了隋朝的前车之鉴，花大气力，振兴教育，培养人才。

隋文帝建国当初，也曾经痛下决心要缔造空前大帝国，兴办教育。

常言道：十年树木，百年树人。教育是一项长期的事业，它看不到立竿见影的效果，更不能表现为物质性的增长，而且需要大的投入。对于急功近利的人来说，这简直就是在烧钱。隋文帝办了二十年的学校，感觉不到对国库的增长有丝毫的好处，于是在晚年下诏，指责中央到地方的各级学校“徒有名录，空度岁时”（《隋书·儒林传序》），干脆命令废除学校，只保留国子学一所，学生区区七十二人。堂堂大国，竟然废除学校，专制而愚蠢，难怪唐太宗君臣批评隋文帝是“天性沉猜，素无学术，好为小数，不达大体”（《隋书·文帝本纪》）。

完全轻视教育的结果是造成学者见识短浅、品格庸俗，汲汲于功名利禄。刘炫是隋朝最有学问的学者，因为在轻视文化的社会里学者难以自立谋生，所以，他把学问用于造假，伪造了多部所谓的珍本古籍卖给朝廷，换点生活费，结果被人告发，险些丢了性命。刘炫的学问好，太子杨勇听说了，将他召唤到京城来，来了却不用他，把他转手派送给了弟弟蜀王杨秀。皇子个个专横跋扈，根本不把士人放在眼里，刘炫不愿意去受辱，磨磨蹭蹭，赖着不去。蜀王见他不来，大怒，派人将他五花大绑押到蜀中，让他天天手执长矛在衙门前门充当卫兵。一个顶级的学者就被作践成这样，足以看到隋朝统治者对待文化和士人的态度。

践踏文化的结果，表面上看是学校门可罗雀，社会上没人唱诵诗歌，其实，更加严重的后果是造成了人人恶性竞争，为一点私利不择手段，唐朝史官描述隋朝后期的社会是“皆怀攘夺之心，相与陷于不义”。到了这地步，真的应验了中国的一句古训，叫作“学者将植，不学者将落”。学校的兴衰，最终决定国家的成败，“盛衰是系，兴亡攸在，有国有家者可不慎欤！”（《隋书·儒林传序》）

隋朝的教训太深刻了，急功近利，眼光短浅，拍脑门决策，高压蛮干，所有这些短视的做法，根子就在于不尊重文化。官员没有文化，没有理想，没有见识，最重要的是没有善恶是非的人文情怀，盛世是绝对建立不起来的。所以，唐朝提出了“必须以德行、学识为本”的方针。大臣王珪也指出官员特别是高级官员没有文化的危害性，说道：“人臣若无学业，不能识前言往行，岂堪大任。”（《贞观政要·崇儒学》）

治理国家，既要解放生产力，更要给国家和社会的发展铺设轨道，那就是重中之重的精神文明建设。唐朝君臣在这个问题上有共识，认为：

> 儒之为教大矣，其利物博矣！笃父子，正君臣，尚忠节，重仁义，贵廉让，贱贪鄙，开政化之本源，凿生民之耳目，百王损益，一以贯之。（《隋书·儒林传序》）

建立道德规范，追求高尚，抵制腐败，要从根本做起，这就是唐朝起义当初就宣布大兴学校的缘故。在兴学育人方面，唐朝做了三件影响深远的事情。

第一件是恢复学校，充实师资，扩大规模，最高学府还成为朝廷的智囊。

唐高祖在军事形势非常严峻、缺人少钱的情况下，毅然宣布在中央恢复国子学、太学、四门学，分别招生 72 人、140 人和 130 人。在文化成本很高的古代，这个招生的数量算得上多的。同时，命令所辖地方，由官方兴办学校，郡一级的学校，根据当地人口多少，招收 40 名到 60 名学生；郡下面的县也有官方办校，同样根据人口多少，招收 20 名到 40 名学生。也就是说，唐朝在夺取政权而天下未定的第一时间，就在全国恢复学校。绝不是等有钱了再办学校，而是再穷再危险，砸锅卖铁都不能苦了孩子没有教育。

到了唐太宗执政，学校事业获得了强大的推动力，取得长足的进展。唐太宗在正殿左侧设立弘文馆，在全国精心挑选真正有学问的学者，担任“学士”，执掌教席，给他们五品官员的薪俸待遇。五品相当于今日司局级官员的级别，属于高干，这是很高的礼遇。更难得的是，弘文馆学士，以及级别略低的“直学士”，都没有编制上的限制。要知道唐太宗时期严格控制官员编制，整个中央朝廷才只有643人，只有文化机构是不受编制限制的，充分反映出唐朝尽揽天下英才、文化治国的决心和诚意。

弘文馆学士要承担什么工作呢？

第一，他们要帮助皇帝学习，讲解经典。唐太宗处理政务，最显著的特色，是特别重视从国家治理的宏伟战略，以及同中国传统治国思想相结合的理论高度，来指导和处理日常工作，既不陷入烦琐的事务，迷失方向，也不急于求成，浮夸躁进。要做到这一点，就需要不断地深入学习，始终站在时代的制高点上。唐太宗让学士们在皇宫正殿旁边值班，一下朝马上就开始学习。他甚至把学士们请入内殿，一起研究典籍，理论联系实际，探讨当前的治国方略，常常要讨论到深夜才结束。

第二，教授学生。弘文馆既是皇帝的智囊，同时也是最高层级的教育机构，招收皇亲国戚和部长以上官员的子弟，传授学问，招收30名学生。

第三，参与决策。凡是朝廷有关制度沿革、礼仪轻重等重大事务，他们可以参加决策。

唐朝的学校建设是多方位展开的，可以从以下四点反映出来。

1. 国家的各种学校都得到很大的发展，唐朝把国家最高学府国子监祭酒定为三品，几乎相当于宰相的品级，成为非常荣耀的职位。国子监下面管理“六学”，分别是国子学、太学、四门学、律学、书学和算学。

2. 唐太宗时代，中央学校大规模扩建校舍，国子学达到1200间，太学、四门学等学校也都扩大招生，像书学、算学这类专科学校，学生达到 3260 人之多，在当时堪称空前。

3. 唐朝的中央学校还广泛招收外国学生，像高丽、百济、新罗、日本，以及周边各个国家的酋长贵族，纷纷把自己的子弟送到唐朝留学。

我们知道，国家实力的竞争归根结底是人才的竞争。唐朝非常成功的经验，是全力以赴办当时东亚最好的学校，吸引全世界的人才前来学习，其中有相当部分品学兼优的人才毕业后留在唐朝任职，使得唐朝能够得天下之英才为我所用，一直具有强大的竞争力。由此可知，高等学府既是培养人才的机构，同时也是人才的制高点。

4. 要办好高等学府，就必须有高度开放的精神，让思想和学术能够充分地展开，在交流和碰撞中不断完善和提高。唐朝学府的讲坛是非常开放的，《旧唐书·儒学传》中记载，来自五湖四海的学者可以在这里登坛开讲，相互辩难，记录下来的讲演者多达 8000 多人，“济济洋洋焉，儒学之盛，古昔未之有也”，学术之繁荣，足以显示一斑。

第二件是重新建立学府的学统，确立学术的崇高地位。

贞观二年（628 年），唐太宗颁发诏令，在国子学内建立孔子庙，同时停止把周公作为学府礼拜的最高先圣人物，改立孔子为先圣，以孔子最得意的学生颜渊为先师。

这道诏令表面看似乎不是那么重要，其实不然。周公不论他对于兴学有多少贡献，总的来说，他是一位杰出的政治家，而孔子就不一样了，他是一位纯粹的教育家、思想家。在学府里面，用孔子取代周公，是唐太宗给教育和学术重新定位的举措，让学术独立，教育高尚，文化挣脱了权力的牢笼而高昂屹立，孔子在中国古代教育和学术思想上至高无上的地位，也从此建立起来。

提高教育和学术的地位，从而形成传统，这是需要长期坚持去做的事业。所以，到了贞观十四年（640 年），唐太宗再次颁布诏令，表彰南北朝以来杰出的儒学思想家和教育家，优待这批儒学家的学生，让他们能够专心致志地传播学术，讲求学问。同时，命令各地官府访求这批儒学家的后人，上报朝廷，以体现国家奖励学术的精神。

贞观二十一年（647 年），唐太宗又再颁布诏令，选出自春秋时代的左丘明以来，历朝历代的杰出儒学家 21 人，将他们的著作选为教材，让他们的画像和牌位放在太学里面，作为孔子的陪祀。

经过将近二十年坚持不懈的建设，唐太宗成功地建立起儒家的学统，并确定为国家的主流文化，为树立核心价值观夯实基础。

这件事情的意义非常重要，而且影响深远。我们知道，东汉帝国的灭亡，是从国家信仰崩溃开始的，此后漫长的岁月里，玄学思想狂扫士林，主流意识形态被冲击得落花流水。然而一个国家、一个民族，没有大多数人认同的伦理道德和价值观念，是凝聚不了的。国家真正的统一，是在军事统一、政治统一、制度统一之后，更加深层次的文化统一。没有文化统一，就没有凝聚力，是不可能走向繁荣昌盛的。五胡十六国以来，几十个政权犹如泡影，呼啸而起，转瞬破灭，其中非常重要的原因就是这些政权只重视实力，从来没有建立起与时代相适应的新文化。唐太宗从它们失败的教训中，深深懂得了文化的重要性，所以如此努力地进行文化事业的建设，继往开来。

第三件是重新编撰修订儒学经典。

前面说过，东汉灭亡以来，儒学遭遇最严重的挑战，世人以标新立异为风尚，各种学说勃然兴起，一方面是思想的大解放，另一方面则是众说纷纭，无所适从。在这种局面下，儒家经典失去了往日的权威，或者散乱，或者传抄错讹，没有一个公认的标准文本。更严重的是对儒学经典的解释非常混乱，各家有各家的解释，师承不同，解说各异。南北朝时期，南北分裂进一步加剧了儒学的分裂，南北学风不同，面对的社会也不一样，加上北方多民族并存，不同的文化背景，导致对儒学的理解更是千差万别。

唐朝重新把儒学作为朝廷的主导思想，这种儒学解释混乱的情况，显然不利于建构唐朝的意识形态。所以，唐太宗下令原来的中书侍郎颜师古在秘书省内专心考定儒家最基本的五经。

颜师古是当时最为著名的经学家、历史学家，他爷爷就是有名的《颜氏家训》的作者颜之推。颜之推在南方和北方都当过官，熟知南北文化的异同，把这些学问传给儿子，成为家学。所以颜师古有深厚的家学渊源，几代人都是名满天下的大学者，自己也十分博学，精通经史，唐太宗选他来考订儒经，制定范本，是选对人了。颜师古果然不负重托，完成了这项工作。

紧接着，唐太宗命令宰相房玄龄召集天下名儒，刊定各家学说，集其大成，把具有代表性的解释选择出来，择其要，去其讹。这项工作看起来不是太难，实际上争论非常激烈。幸好颜师古学识精深，在众说纷纭中，能够引经据典，讲清楚其源流脉络，让众人深感佩服。最后，终于编撰成书。

儒家经典从义理考据，到文字注释，包含的内容非常丰富，光凭一个人的学识进行全面整理，实在任务太过繁重。所以，唐太宗再命令朝廷主管教育的最高学官孔颖达等人，会同颜师古一起编撰。

孔颖达是孔子的后人，八岁时师从隋朝大儒刘焯，日诵千言，学问非常渊博。他主持五经的编修，破除各家门户之见，融合南北学说，采选精审，结束了汉代以来各家的纷争，最终完成《五经正义》，总共一百八十卷，成为儒家五经最为规范而权威的解释，打造了儒学史上的一座纪念碑。

尊师重道

要振兴教育，就必须尊师重道。教育的本质是培养人，首先要教会你怎样做人，所以，就不能仅仅进行知识的灌输，那不叫作教育，而是训练。那么，教育的目标是培养独立而健全的人格和理性的批判精神，这才是教育的灵魂。具备这两方面素养的人，就一定会成为社会的栋梁和学术的大师。

要达到这个目标，首先必须对学问怀有虔诚和敬畏，充满热情。学术的具体体现，往往就是老师。尊师不是要对老师顶礼膜拜，而是通过老师这个化身表现出对于学问的崇敬。这就是自古以来有很多老师并不是特别杰出却培养出非常拔尖的学生的奥秘。说到底，尊师是为了打掉自己心中的傲气和无知，从而对世间万物充满好奇，虔诚地学习，思考领悟。尊不尊师对于老师并没有损失或者获得，对于学生就大不一样了。所以，中国古代一直把尊师重道视作美德，成为传统。

唐太宗本人对此有着深刻的领悟。贞观六年（632 年），他发布了一道诏令，专门讲到从黄帝以来，到尧、舜、禹、商汤、周文王，周武王，每一代圣君都是虚心拜师学习才学会治国之道的。唐太宗谦虚地说，自己才智不如古代圣君，如果再没有师傅，怎么能够实现天下大治呢？正所谓“夫不学，则不明古道，而能政致太平者未之有也！”（《贞观政要·尊敬师傅》）因此，要修改法令，朝廷设立三师之位。

唐太宗身为表率，而且，还要把这个优良传统保持下去，要求下一代接班人的太子必须尊敬老师。

老师这个职业，在古代不是有知识就可以担当的。我们常说“为人师表”，所以，老师一定要挑选有道德的学者。唐太宗让大臣们访求“正直忠信”的人，每人推荐两三人，让他优中选优，作为太子的师傅。

唐太宗选择李纲出任太子的师傅。李纲是隋朝以来德高望重之臣，学识渊博，凡事讲究一个道义，为人刚正不阿。唐高祖用他主管文教，兼任儿子李元吉的师傅。李元吉当并州总管，在太原作威作福，常常出来打猎，践踏庄稼，更可恶的是在街头拿弓箭射人，看百姓惶恐躲避，以为乐趣。因为他是皇子，太原的百姓敢怒不敢言。李纲就不管你是什么人了，只要为非作歹，他就直接弹劾，把状子告到唐高祖那里，硬是把李元吉给撤了。

唐太宗挑选李纲给太子当师傅，这时候李纲年纪已经大了，行走不便，唐太宗亲自下令给他配轿子，每次请他入宫讲学，或者讨论国家大事，都用轿子抬进来，这是多么大的礼遇啊！在皇宫里面，只有皇帝才坐轿子。至于到太子所在的东宫，更不用说了，必定是坐轿子进出。而且，唐太宗还给太子立规矩，要他亲自迎接李纲上殿，行拜师大礼，然后才给太子讲课。

后来，唐太宗把这规矩制度化，专门编写了《三师仪注》，明文规定太子要出殿迎接师傅，先拜师，老师答礼之后，迎入宫中，每进一道门，都要让老师先行。上殿之后，老师坐下，太子才能坐。给老师写信，开头要用“惶恐”，结尾要写“惶恐再拜”。这些规定成为唐朝的礼仪。

为了推动崇尚文化的风气，唐太宗多次来到国子学。在庄严的学术殿堂里，唯有学问最为崇高，容不得丝毫的骄狂。所以，唐太宗毕恭毕敬地当起学生来，请国子学的校长、老师们上台讲解经典，发表高论。讲演之后，唐太宗给老师献上大礼，表示酬劳。

在朝廷大力推动之下，学术风气高涨起来，四面八方的儒生背着书籍前来求学，数以千计。而且，唐朝还开设专科学校，例如法律、数学、书法等，推动专门教育的发展，培养各个方面的人才。

唐朝在建设新的教育体系方面倾注全力，取得了巨大的成就。而教育是同建构核心文化以及官吏的培养紧密相连的，教育的成功，推动了唐朝精神文化建设的高度繁荣。

图书在版编目（CIP）数据

盛唐格局：唐太宗的国家治理 / 韩昇著．—北京：中国方正出版社，2020.5

ISBN 978-7-5174-0822-2

Ⅰ．①盛… Ⅱ．①韩… Ⅲ．①政治制度—研究—中国—唐代 Ⅳ．①D691.2

中国版本图书馆 CIP 数据核字（2020）第 085278 号

盛唐格局——唐太宗的国家治理

SHENGTANG GEJU —— TANGTAIZONG DE GUOJIA ZHILI

韩 昇 **著**

责任编辑：王楚楚
责任校对：李兴格
责任印制：李惠君

出版发行：中国方正出版社
（北京市西城区广安门南街甲 2 号　邮编：100053）
编辑部：（010）59594709　出版部：（010）59594625
发行部：（010）66560933　门市部：（010）66562755
网址：www.lianzheng.com.cn
经　　销：新华书店
印　　刷：保定市中画美凯印刷有限公司

开　　本：787×1092 毫米　1/16
印　　张：19.75
字　　数：255 千字
版　　次：2020 年 6 月第 1 版　2020 年 6 月北京第 1 次印刷
（版权所有　侵权必究）
ISBN 978-7-5174-0822-2　　定价：46.00 元

（本书如有印装质量问题，请与本社出版部联系）